- 本书系国家社科基金项目（13BZX007）最终成果
- 本书获得汕头大学马克思主义学院专项基金资助

VIEW OF
TIME AND SPACE

实践时空观

杨沐 ○ 著

中国社会科学出版社

图书在版编目(CIP)数据

实践时空观 / 杨沐著. -- 北京：中国社会科学出版社，2025.6. -- ISBN 978-7-5227-4970-9

Ⅰ. B016.9

中国国家版本馆 CIP 数据核字第 2025NC7558 号

出 版 人	赵剑英
责任编辑	刘　艳
责任校对	陈　晨
责任印制	郝美娜

出　　版	中国社会科学出版社
社　　址	北京鼓楼西大街甲 158 号
邮　　编	100720
网　　址	http://www.csspw.cn
发 行 部	010-84083685
门 市 部	010-84029450
经　　销	新华书店及其他书店
印　　刷	北京君升印刷有限公司
装　　订	廊坊市广阳区广增装订厂
版　　次	2025 年 6 月第 1 版
印　　次	2025 年 6 月第 1 次印刷
开　　本	710×1000　1/16
印　　张	14.75
插　　页	2
字　　数	186 千字
定　　价	88.00 元

凡购买中国社会科学出版社图书，如有质量问题请与本社营销中心联系调换
电话：010-84083683

版权所有　侵权必究

目　录

导　论 …………………………………………………… *001*

第一章　时空的历史演进 …………………………………… *021*
  一　自然时空与抽象时空　//021
  二　绝对时空与先验时空　//033
  三　相对论时空观与生命哲学时空观　//045

第二章　时空的生活实践基础 ……………………………… *057*
  一　时空思维：从主客二分到实践　//057
  二　时空的生活世界溯源　//063
  三　客观时空的实践生成　//081

第三章　时空的实践建构 …………………………………… *095*
  一　时空的新内涵界定　//095
  二　时空的实践本性　//105

第四章　实践时空观引发的科学观念变革 ………………… *149*
  一　实践时空观与自然科学观念的变革　//149
  二　实践时空观与历史科学观念的变革　//168

结　语 ………………………………………………………… 204

附　录　立体时间逻辑的建立与哲学的视界转换 …………… 206

参考文献 ……………………………………………………… 218

后　记 ………………………………………………………… 227

导　论

一

　　时空是值得人为之深思穷诘的课题。一方面在于这一课题的古老性、恒常性，可以说它与我们人类的存在和发展相终始。早在原始时代，世界各国的先民们便以其独特的语言文字符号，表达了自己模糊而朦胧的时空意识。对时空概念作明确的探讨，在中国最早出现在春秋时代的《管子》一书的《宙合》篇中，在西方则以古希腊早期赫西阿德的"虚空"概念的提出为源头。其后在近三千年的文化流衍中，时空问题始终保持着其古老而又新鲜的面容，吸引着一代代思想家、哲人、科学家乃至艺术家、文学家对其进行思考和探索。直至今天，它已构成我们日常生活世界必不可少的一部分，像我们的一些习惯用语，如"有空""没空""抽空""空闲""时候""时刻""时机""时运"等，便打上了明显的时空印记。由于时空与我们的生活如此紧密相关，以至我们自以为熟悉它、了解它，但熟知也许未必真知，其情形正如奥古斯丁关于时间的问答所说："时间究竟是什么？没有人问我，我倒清楚，有人问我，我想说明，便茫然不解了。"① 因此对时空这一古老而又年轻的问题进行追问，

---

① ［古罗马］奥古斯丁：《忏悔录》，周士良译，商务印书馆1963年版，第242页。

实践时空观 >>>

本身便预示着对我们熟悉的生活方式和世界图景的一种颠覆,它保证了我们哲学追问上的源始性和彻底性,或者按我们中国式的表达,时空问题的追问使我们走上了一条"极高明而道中庸"的真正哲学探索之途。

  另一方面则在于这一课题的根本性和重大性。从科学角度来说,科学的发生渊源于欧氏几何空间,对此胡塞尔曾作过明确揭示。他认为科学的解释乃植根于把万事万物的原因都看作是能从几何形状的变化上推演出来的,而各门具体科学归根结底不过是几何在不同领域的应用罢了。① 正是基于时空与科学的这种内在关联,无形中便造成时空的革新与科学观念变革的一体化和同步性。因此当我们回顾科学史,揭开科学序幕的哥白尼革命,是以"日心说"对"地心说"的时空颠覆,而奠定近代科学大厦的牛顿物理学则依赖其"绝对时空"的理想性构造,至于掀开现代科学划时代革命的爱因斯坦"相对论",更是开辟了时空问题的新纪元。从哲学角度来说,由于哲学从其本质上就是对自明性的挑战,对不可怀疑者的怀疑,它的问题总是既古老又年轻,"亦旧亦新"的,因此司空见惯的时空问题引起哲学家的普遍关注,乃是情理之中的事情。回顾哲学史,几乎所有重要的哲学家都涉及并研究到时空问题。像赫拉克利特、亚里士多德、奥古斯丁、康德、柏格森、胡塞尔、海德格尔、梅洛-庞蒂等人,时空问题在他们的哲学体系中均占有极其重要的位置,甚至在一定意义上是理解其哲学体系的枢纽。对时空问题的关注,在当代哲学面向生活世界的生存论转向中也有日趋强化的趋势,这不仅表现在现象学、存在主义一系中,而且诸多后现代理论如德里达的"解构"理论、奥斯本的"时间的政治"、苏贾的"后现代地理学"

---

① [德] 胡塞尔:《欧洲科学的危机与超越论的现象学》,王炳文译,商务印书馆2001年版,第48—52页。

等都专门探讨过时空问题，至于罗素、麦克塔修等逻辑实证主义者，也对时空问题作出过重大贡献。可以说在当代若要建构起真正面向现实、切近生活世界的新哲学形态，时空问题是不容回避的理论中轴。

从以上两方面，我们了解到时空问题既有着古老悠远的历史，又在哲学史和科学史上关系重大，因此对这一根本性问题发问，并由此作出新的诠释，其意义亦不言自明。具体来说，这主要体现在以下三个方面：

（1）时空问题的突破标志着21世纪哲学面向现实的又一次重要努力。哲学对现实的介入，从浅层次上看，是对生产生活中出现的新问题、新情况、新内容作出合乎理性的解释。但就即便是这种要求，传统时空观也已远远落后于当代现实，它不但无法容纳"相对论"、"量子力学"、热力学等现代科学涉及的时空问题，如时空的相对性、测不准原理、时间的可逆性等问题，而且就即便是社会活动空间、精神文化空间、网络空间、虚拟世界等因与传统的实体性时空相左，它也无法作出富有说服力和针对性的诠释，因此及时转换时空观，成了哲学面向现实生活的当务之急。从深层次上看，哲学面向现实，是借助于更新人们的思维观念尤其是科学观念来实现的。在历史上，哲学曾经历过与科学共生、"科学之科学"的阶段，但是随着近现代科学的迅猛发展，哲学和科学开始分离，哲学家和科学家对对方的研究领域知之甚少，这种情况正如恩格斯所说："如果说理论家在自然科学领域中是半通，那么今天的自然科学家在理论的领域中，在迄今为止被称为哲学的领域中，实际上也同样是半通。"[①] 哲学与科学的这种隔离，使人们不禁怀疑哲学如何通过影响科学来作用于现实？在这里我们认同孙正聿先生的观点，哲学的这

---

① 《马克思恩格斯选集》第3卷，人民出版社2012年版，第873页。

种影响并非是干涉科学自身的进程,越俎代庖,而是揭示构成科学的内在原则、思想前提,它从事的是清理地基的工作,从而为科学的发展敞开新的可能性空间。① 正是在这一意义上,时空的基础性地位凸显出来。正如胡塞尔的揭示,在由前科学世界至科学世界的转轨中,几何学起着至关重要的作用。爱因斯坦也认为科学的"所有基本概念都可以归结为空间—时间的概念。只有这些概念才作为'自然规律'出现;在这个意义上,所有科学思维都是'几何的'"。② 因此对时空的突破乃是对科学根基的超越。虽然这种超越的价值和意义我们还暂时无法考量,但是从科学前沿研究中暴露出的诸多时空"反常"现象,如"时光倒流",又如"一物同时出现在所有地方",再如"测不准原理"等问题,无疑都是对现存科学观念和解释原则的一种挑战,而且问题的澄清,在某种意义上也关乎着科学观念领域的重大变革。因此,以时空为突破口,哲学将发挥其对科学的基础性作用,从而在新的历史条件下,实现对现实世界的"深度"参与。

(2) 时空问题的突破能深化对哲学尤其是马克思主义哲学理论性质的认识。哲学从传统到现代的自我更新,在一定意义上亦可理解为时空内涵变革的过程。其一,从时间的角度看,传统哲学与现代哲学的差别乃是时间逻辑的差别。传统哲学是把世界视为由过去、现在、未来这一依次更迭的时间流程组建起来的,它注重事物的历史性、承接性,强调事物的纵向发展,服从的是线性时间逻辑。而现代哲学在把握世界时立足现在,并由此统摄过去和未来,它认为这三者的关系是一体化的,理解现在就同时包含了过去和未来。它注重的是从当下的生成建构性来理解世界和历史,拒斥实体思维,

---

① 孙正聿:《理论思维的前提批判》,辽宁人民出版社 1997 年版,第 41—54 页。
② 《爱因斯坦文集》第一卷,许良英等译,商务印书馆 1976 年版,第 523 页。

拒斥任何先在的历史设定，走的是一条纵向问题横向化的道路，服从的是立体时间逻辑。其二，从空间的角度看，传统哲学与现代哲学的区别乃是一元同质性空间与多元异质性空间的区别。传统哲学对世界的理解是同一性的、一元化的，有一个整体的空间世界图景。而现代哲学尤其是后现代理论，则更注重差异性、多元化，以边缘颠覆中心，拒斥元叙事，注重他者的存在，在现代哲学的视域里，世界的整体形象是分裂、破碎的，呈现为多元、多层次的离散空间图景。以上两个角度表明，从时空的内涵变化去理解哲学的历史发展，确实有助于我们去把握哲学从传统到现代变革的真实脉络。不仅如此，时空观的突破也能深化我们对马克思主义哲学理论性质的认识。当前哲学界一般把马克思主义哲学定性为辩证唯物主义、实践唯物主义、历史唯物主义这三种观点。辩证唯物主义由于与实践这一马克思主义哲学的核心范畴无关，作为一种传统观点已渐沉寂，至于历史唯物主义则认为历史是包容实践，比实践更丰富的范畴，作为一种世界观理论（非历史观理论），实质上是实践唯物主义的一种新的演化形态，因此近年亦被学界倡导。但是实践唯物主义和历史唯物主义的提法本身就意味着世界观上的二元性，因为我们面临的疑问是实践（或历史）与唯物主义到底谁更根本？如果说物质更根本则回归物质本体，这样马克思主义哲学新世界观的意义将隐没不彰；如果说实践或历史更根本，那么在人类活动、人类历史诞生以前有没有自然界呢？毫无疑问，我们面临着一个两难的问题。事实上这一问题的最终解决将依赖我们在时空观上的创造性推进。如果我们找到时间的真实逻辑，即立足现在，统摄过去和未来的新时间逻辑，则实践活动和人类历史以前的自然界的存在就是一个假问题。同样如果我们揭示出空间的实践本质，那么物质的观念也将改变，因为从哲学史上看物质范畴与空间的广延性几乎等同。显然我们所设想的上述可能性将使马克思主义哲学摆脱二元论，朝向历史本体或实践本体方向发展,最终的结果将是实践本体的真正奠定,倘使我们能证明时空和历史的本质是由实践构成的话。不难看出,上述对马克思主义哲学理论性质演化轨迹的设想,是有赖于时空观的革新和突破来推动和完成的,因此在某种意义上我们可以说,新时空观的确立就意味着马克思主义实践哲学体系的最终确立。

(3) 时空问题的突破能深化人对自身存在的理解。人作为有限的时空存在却又置身于茫无涯际的无限宇宙之中,这种有限与无限的矛盾、个体和整体的冲突,一方面表现在人类精神文化领域中那种宇宙无穷、人生渺小的强烈的生命意识的流露。正是这种强烈的生命意识催生出人类文化中最夺目的篇章,如"前不见古人,后不见来者,念天地之悠悠,独怆然而涕下"的陈子昂的《登幽州台歌》;又如"天高地迥,觉宇宙之无穷,兴尽悲来,识盈虚之有数"(《滕王阁序》) 的王勃的千古名句都体现了这种融入骨髓的生命意识,这种因时空的冲突带来的人类情感的永恒浩叹。另一方面则体现在现实生活中,人类运用科技伟力去拓展时空,使有限的人生焕发出无限的光彩。如凭恃交通、航空技术的进步,在空间上横渡沧海、翱翔星月,世界成了"天涯若比邻"的世界,地球成了"地球村";又如先进的技术带来了生产效率的提高、时间的节约,使有限的时间创造出无限的价值和财富,由此一个自由闲暇的、适合人生存的新生活世界也得以建立。但这两方面都无法摆脱人类存在由时空赋予的那种有限与无限的永恒矛盾,尽管后一方面充分表达了以有限去驾驭无限的人类创造的豪情,但是无论我们多么节约时间,时间还是在流逝,无论我们多么拓展空间,空间之外还有空间,人类始终处在时空的"恶无限"之中,人终究不能获得绝对的幸福和自由,因为时空规定了人的有限性。但是如果我们在时空问题上突破传统的思路,人类将实现对自身有限性和自我理解的升华。这基于过去我们总是用外在的方式来理解时空,时空成了与人无涉的纯客观的东西，而人则是被放在时空的容器中的有限物。如果我们换一种思路，把时空看作是人的活动方式，是内在于人的，那么我们将获得对时空的新理解，这种理解就是时空的界限和范围不是固定的、一成不变的，而是动态的、实践的，当实践的内涵发生改变，时空的界限和范围也就会发生改变。例如同是10分钟的距离，步行、乘车和登机肯定是不一样的。又如当人类以精神或信息的方式活动，那么时空就会被压缩或趋于消失；而当人类以自然物理的方式活动，人类将会感到自身的渺小和宇宙的无穷。实际上，人自身的活动方式便携带着时空的有限和无限，是时空的真正创造源泉。所以在这个意义上，我们不是在时空中，而是时空就是我们的存在形式，是我们出入世界的方式，我们在世界上的存在不是被动的、有限的，而是积极的、主动的，具有"超时空"的意义和价值。因此，理解了时空的本性，也就理解了人类的幸福和自由，实现了人对自身存在和自我理解的升华。

由上述可知，时空问题的突破既有现实和理论上的意义，又能超越人对自身存在的理解，是哲学的重大课题。不过在这里，问题出现了，前面我们已预设了传统的时空观，但如果传统时空观的内涵是什么没有彻底澄清的话，那么我们所谓的突破、所谓的超越，也就失去了真实的理据。

二

我们这里所指的传统时空观是指受苏联教科书哲学影响的时空观，这种时空观的主要内容概述如下：时间和空间是运动着的物质的存在形式；时间是指物质运动过程的持续性；空间是运动着的物质的广延性；时间和空间同物质的运动是不可分的，这种不可分表明了时间和空间的客观实在性；时间和空间的客观实在性是不变的、

实践时空观 >>>

无条件的,因而是绝对的,它们的具体形态、具体特性又是可变的、有条件的,因而是相对的;物质运动是无限的,作为其存在形式的时间和空间也是无限的。这些内容几乎通行于所有的哲学教科书中,成为解释马克思主义哲学时空观的主流性观点。在这里,我们承认它确实起到了一定的历史进步作用。毕竟它坚持了唯物论和辩证法,揭示了时空本质的客观性,并以此"驳斥了牛顿的'绝对时空观',也批判了康德、马赫等人的主观化时空观,并部分地克服了黑格尔、杜林等人的时空有限论"①,它的基本论点大致反映了19世纪下半叶科学发展的水平,在某种意义上,它是19世纪古典式的时空观和20世纪开始的时空观革命的中介。

但是毋庸讳言,传统时空观的历史局限是非常明显的。一是作为一种客观时空观,它不符合马克思主义哲学时空观的真实意旨。这种时空观从其来源上说,其主体是由恩格斯对杜林的驳斥、列宁对马赫的批判构成的,在这两次论战中,恩格斯、列宁的立足点乃是为了阐明唯物主义时空观的一般性内容,揭示杜林和马赫在时空观上的唯心主义和形而上学实质,它还没有完全体现出马克思主义实践哲学革命的真实意旨,也就是说传统时空观仍停留在费尔巴哈的唯物主义时空观的理论水平上。这从恩格斯与费尔巴哈观点的类同可以看出,如费尔巴哈认为:"空间和时间是一切实体的存在形式。只有在空间和时间内的存在才是存在。"② 恩格斯的论断是:"一切存在的基本形式是空间和时间,时间以外的存在像空间以外的存在一样,是非常荒诞的事情。"③ 又如费尔巴哈认为世界"没有始端和终端",恩格斯相近的论述则是:"时间上的永恒性、空间上的

---

① 张明仓:《虚拟实践论》,云南人民出版社2005年版,第154—155页。
② [德] 费尔巴哈:《费尔巴哈哲学著作选集》上卷,生活·读书·新知三联书店1959年版,第109页。
③ 《马克思恩格斯选集》第3卷,人民出版社2012年版,第428页。

无限性，本来就是，而且按照简单的词义也是：没有一个方向是有终点的，不论是向前或向后，向上或向下，向左或向右。"① 至于列宁受到费尔巴哈的影响表现在《唯物主义和经验批判主义》一书中，他曾以肯定的方式引证过费尔巴哈关于时空问题的见解。而且他关于时空的论述与费尔巴哈和恩格斯的观点也大同小异："正如物或物体不是简单的现象，不是感觉的复合，而是作用于我们感官的客观实在一样，空间和时间也不是现象的简单形式，而是存在的客观实在形式。"② 由此可见，传统时空观跟以费尔巴哈为代表的一般唯物主义的时空观并无本质区别，它还不是真正的马克思主义哲学的时空观。毕竟在《关于费尔巴哈的提纲》中，马克思阐明了自己的哲学世界观与以费尔巴哈为代表的直观唯物主义的立场区别，他说："从前的一切唯物主义——包括费尔巴哈的唯物主义——的主要缺点是：对对象、现实、感性，只是从客体的或者直观的形式去理解，而不是把它们当做人的感性活动，当做实践去理解，不是从主体方面去理解。"③ 马克思这句被广泛引证的话，是否也可启示我们对时空的理解，不应从"客体的或者直观的形式去理解"，而应从"人的感性活动"，"当做实践去理解"呢？而马克思把时间理解为"人的积极存在""生命的尺度"，不也印证了这一点吗？事实上，正由于传统教科书哲学局限于时空的客观实在性，它无法说明时空观的历史变迁，只能采取时空既有绝对性的一面又有相对性的一面，来抽象地解决这个问题，但是这与牛顿把时空划分为"绝对时空"和"相对时空"又有什么本质的区别呢？同时这种绝对性和相对性的统一，是否反而证实了时空的实践本质，正是时空的实践本质造成时空观的自身分裂呢？二是它是一种自然科学的时空观，而非哲

---

① 《马克思恩格斯选集》第 3 卷，人民出版社 2012 年版，第 425 页。
② 《列宁全集》第 14 卷，人民出版社 1963 年版，第 179 页。
③ 《马克思恩格斯选集》第 1 卷，人民出版社 2012 年版，第 137 页。

学意义上的时空观。传统时空观乃是一种自然科学的时空观,尤其代表了 19 世纪下半叶占主导地位的物理科学的时空观念。这种时空观仅把时空理解为自然物理意义上的,反映的不过是人类时空观念中极狭小的一部分,现实生活中人类的时空观念的范围要宽泛得多,不仅包括自然物理时空,还包括社会文化时空、精神心理时空等,像与列宁同时代的马赫就已将时空划分为生理时空、心理时空、物理时空和几何时空这四类,撇开马赫时空观的唯心主义特质,我们承认他确实注意到了时空的多样性和多元化,标志着时空理论上的长足进步。既然传统时空观仅是一种自然科学意义上的时空观,一方面,它具有自然科学的历史局限,反映的是当时经典物理学的发展水平。正如有人评价作为传统时空观的主要理论来源的恩格斯的《反杜林论》中的时空观所说的:"将时间看作顺序延续、均匀流逝的存在形式,不受物质运动变化的状况所左右,而变化本身只存在于照常流逝的时间中,就是说,物质运动状况的变化不引起时间特性的变化,这是与当时统治自然科学的经典物理学的发展状况相适应的;将空间看作物体的广延形式和运动变化的场所,这个广延形式和场所不受物质运动状态的影响而均匀不变,这是与当时仍然占统治地位的欧几里得的平直空间观念和经典物理学的发展水平相适应的。"① 因此这种时空观与后来的爱因斯坦的现代物理学时空观是根本不相容的。不过在具体的论述上,传统时空观认为时空随物质运动而变化这一过程也是客观存在的,因而把爱因斯坦的相对论纳入传统的客观时空的范畴下,以此证明传统时空观符合现代科学。但相对论与其说承认时空的客观实在性,毋宁说它是反对时空的客观实在性的,因为相对论表明没有一个独立的、客观的时间和空间,

---

① 陈荷清、孙世雄:《人类对时间和空间本质的探讨》,河南人民出版社 1986 年版,第 228 页。

在不同的参考系,时空是不一样的,它在本质上是一个关系范畴。另一方面,作为一种科学时空观,传统时空观缺乏哲学解释上的全面性和彻底性。由于传统时空观仅仅是物理意义上的时空观,它不能容纳人类实践活动中丰富多彩的时空形式,如社会生活时空、精神心理时空、文化艺术时空、虚拟时空等,因而它对时空的揭示是不全面的,偏于物理科学的一隅。而且它对时空的解释也是不彻底的,这体现在它混淆了科学与哲学的界限,以科学的时空观充当哲学的时空观,因而它对现代自然科学的时空观,如爱因斯坦的相对论便只能采取非批判的盲目附和的态度,不能进行真正的反思和超越。这里我们强调哲学时空观与科学时空观是有本质区别的,科学时空观回答的是时空是如此,而哲学时空观则回答的是时空何以如此,前者是外在的,是既定存在的显现;后者是内在的,是由人的活动生成建构起来的。因而只有哲学意义上的时空观,才能揭示人类诸种时空的内在构成原则,理解每一时空的原初发生和历史形成,从而达到时空解释上的彻底性和完备性。从这个意义上讲,传统时空观作为外在的科学时空观,应被内在的生存性哲学时空观取代。

从传统时空观的非实践性和自然科学性这两方面的局限,便决定了当前时空研究的两种趋向:一种趋向是为彰显马克思主义哲学的实践本性,提出了马克思主义哲学的时空观是社会时空观;另一种趋向是重新回归哲学意义上的时空观,出现了时空观研究由外向内的主体性转向。

先谈第一种趋向。这种趋向认为马克思主义哲学的实践本性决定了其时空观肯定与传统的自然时空观有区别,因为从马克思对时空考察的理论重心来说,已从以往的"物质(或者脱离人的自然)—运动"领域置换到"社会—人类活动"领域,特别是对马克思的时间结构(必要劳动时间、剩余劳动时间和自由时间)和社会空间学说展开分析,表明马克思时空理论与人类争取自由解放运动之间具有内在联系，实际上人类实践是时空观的基础和源泉，马克思时空观绝不是一种自然观，它的创造性更特别地体现在社会时空观方面，唯其如此，马克思的时空学说才能有机地融入其实践哲学的整体概念框架中。① 我们承认上述把马克思时空观定性为社会时空观的确已注意到了时空的实践本质这一维度，而且也有马克思的相关论述可供佐证，如"时间实际上是人的积极存在""时间是人的发展的空间""时间的节约""自由时间"等，但是就此把马克思时空观定义为社会时空观则有欠考虑。一是没有彻底地贯彻时空的实践本质。因为社会时空观是在承认传统的自然时空观的基础上，认为马克思时空观的创造性更体现在社会时空观方面，也就是说社会时空观在社会历史领域坚持了时空的实践本质，但是在自然物理领域它还不能坚持时空的实践本质，没能实现在时空解释上的自然与历史的统一。二是社会时空观还有待提升为哲学时空观。社会时空观的时间和空间，具有社会学和经济学的性质，如"剩余劳动时间""社会必要劳动时间""发展空间"等都还不具有哲学意义上的时空范畴的普遍解释效力，而且马克思也没有明确地把自己的时空观定义为社会时空观。因此从不与经济学、社会学等具体学科的时空范畴相混淆的角度，我们还需要从马克思实践哲学概念框架中去重建哲学意义上的时空观。

再谈另一种趋向，即回归哲学意义上的时空观的主体性转向。意识到科学时空观的局限，回归与人内在相关的哲学意义上的时空观，在当代中国表现为时空研究上的时间转向，像《时间的观念》《时间概念史研究》《社会时间研究》《海德格尔与黑格尔时间思想比较研究》等著作的出版，是这一趋势的典型代表。究其原因在于

---

① 刘奔：《时间是人类发展的空间：社会时—空特性初探》，《哲学研究》1991年第10期；张明仓：《虚拟实践论》，云南人民出版社2005年版，第158页。

相较空间的客观性而言，时间作为人的"内感形式"（康德语）则与主体的存在相关，因而时间研究一开始就奠定在与人内在关联的哲学层面上。而众多学者对时间的关注，也基于通过时间的突破来揭示时空存在的非客观性，从而走出科学时空观，并依赖时空观的革新，建立起我们与世界的新的内在关系。但直至今天，关于时间的研究却没有在时空观上得到实质的突破，其原因在于：一是缺乏对空间的重视，仅把空间理解为凝固的时间，空间的属人性、生成性没有被揭示出来，这样由空间组成的既成世界图景便无法颠覆。二是没有实现对西方哲学时空研究的超越。实际上，今天对时间研究的重视，乃是受柏格森的生命哲学和由胡塞尔开启的现象学思潮的影响。柏格森第一个起来批判传统哲学使时间空间化，时间成了空间的叠加和扩展，时间的不可分割性、不可对象化的生命特性没有显现出来。而胡塞尔则通过对过去、现在和未来这三个时间向度的分析，使过去、现在和未来由客观之流成为与主体相关的内在结构，按他的观点，过去并不过去，它总是现在的过去，而未来并非不来，它总是"预存"于现在，在这里时间三向度与人的当下存在紧密相关，时间的主体性维度得以显现。确实，当前的时间研究在一定程度上继承了柏格森、胡塞尔、海德格尔等哲学家的研究成果，也揭示了时间在哲学史上的独特价值。但遗憾的是，这些研究没有迈出创造新时空观这关键性的一步，这一方面在于论域所限，另一方面则在于没有实现空间的同步主体化，空间内在于人的性质没有被发掘出来。而这需要对海德格尔、梅洛-庞蒂、皮亚杰等人的思想进行深层解读。尽管如此，对时间的重视，则表明了哲学界走出科学时空观的一种态度，虽然这种态度暂时还所获甚微，但是一种内在于人的活动，具有主体向度的哲学时空观能否成立则已被列入主题。

通过分析时空观的实践向度与主体向度这两种趋向，我们发现，在把实践理解为人的活动方式或人的存在方式这一广义的基础上，二者其实是可以交汇在一起的，也就是说，它们共同指向了一种新时空观——实践时空观的到来。

三

既然这个新的时空观被称为实践时空观，便涉及实践的内涵问题。谈到实践的含义，种种观点莫衷一是，有人把它理解为主体与客体之间双向对象化的活动，有人把它理解为"物质生产活动"，有人把它理解为有目的、有意识的活动，有人把它理解为"人的感性活动"，总之内容非常宽泛，在这里正如前面所述，我们在广义上把实践理解为人的存在方式或人的活动方式。这一方面在于马克思的经典著作已从不同侧面揭示了在实践活动中，人成为"能动的自然存在物""社会存在物""有意识的类存在物"，实践构成了人类特殊的生命形式，因而把实践理解为人的存在方式，符合马克思的原意。另一方面则在于把实践理解为人的存在方式或活动方式，才能赋予实践以本体性的意义，凸显马克思实践哲学的世界观性质。因为如果把实践理解为主客体之间的中介活动或对象化活动，则主客体分化已在实践之先，实践也就不具有作为本体范畴的逻辑先在性了。

当我们把实践作为人的存在方式或者活动方式来理解，也就意味着我们的时空观，既不是客观的时空观也不是主观的时空观，而是内在于人的由人的实践活动生成建构的时空观。但是有鉴于当前对实践的理解，学术界有时强调实践的物质的一面，把它纳入客观一方；有时强调实践的主体选择的一面，把它划归到主观一方，这样实践时空观便与传统的主观和客观时空观混同了。因此，为了突出新时空观的理论特质，便涉及我们所运用的哲学方法。

我们所运用的哲学方法是现代哲学的后主客式的或者生存论的哲学方法，这种方法实质上也是一种彻底的实践哲学的方法，它们具有本质上的三位一体性，先来谈后主客式的哲学方法。一般认为哲学的发展经历了主客未分、主客二分和后主客式这三个阶段，作为对主客二分的克服，后主客式的哲学方法认为传统哲学的主客体的区分是没有必要的，世界具有绝对的主体结构，具有内在于人的性质，事物在任何地方、任何时候都是主客统一的。举个例子，过去我们认为万事万物的运动变化是客观存在的，是不依赖于主体的，但是现代哲学则戳穿了这种客观的幻象，它认为正由于主体是从某个特殊的角度观察，才有运动变化的发生，如果主体置身于运动变化之中，"神与物游"则无法感受到运动变化，如在飞驰的列车上不看窗外的景物，就不会感到运动变化的客观存在。因此，所谓的客观、所谓的意义乃是由主体观察的方向赋予的，所以梅洛-庞蒂认为"物体——的意义本身应该受到其方向的约束，正如'sens'（意义，方向）一词的双重含义所表明的。颠倒一个物体就是夺走它的意义"。[①] 正由于世界的客观存在及其意义已潜在地包含着一个行动的观察的主体，所以主客的合一具有绝对性。如果归纳起来，这种合一可相对地区分为：（1）物我打破，即我的规定便是物的规定，物的规定便是我的规定。例如，光滑、轻重、大小、冷暖、浓淡等既是物的规定，同时又是主体自身的规定，它们依赖主体的状况即自身感觉而存在。（2）内外消解，即把所谓思想、品德、知识、才华等一向视为内在的精神性的东西，现在视为内外一体、无内无外的。因为正如黑格尔所说，思想都是关于世界的思想，而品德、知识、才华等也是属于世间的，是关于世间万物的，我们生活的世界的品德、知识和才华。同样，如果一个人不在行为上同时外在地表现出

---

① ［法］梅洛-庞蒂：《知觉现象学》，姜志辉译，商务印书馆2001年版，第322页。

他的思想、品德、知识和才华，我们也就认为他同样没有内在的东西，内外的分别是完全没有必要的。（3）天人合一，即"我即世界、世界即我"，我与我生活的世界是一体的，我是世界之我的大我，而非肉体之我的小我。这种天人合一、世界即我举一个通俗的例子来予以辨明：如果早上起来看世界，发现四周混沌一片，尽管眼睛没有疼痛，但我们知道它肯定有毛病了，因为眼睛不仅属于自己，同时也属于世界，它与它所看到的世界是一体的，世界有，它才有，世界正常，它才正常。同样我们的欢乐是世界的欢乐，我们的悲哀是世界的悲哀，欢乐和悲哀不仅属于小我，同时也属于大我。在这里我们强调上述的区分乃是一种相对的区分，实际上物我的打破、内外的消解、天人的合一这三者是融为一体的，均体现了世界内在于人的性质。

这种世界内在于人的后主客式哲学如果没有生存论作基础，它与传统的主观唯心主义是很难区分的。它们之所以能区分乃在于后主客式哲学的主体是行动的、体验的主体，而主观唯心主义的主体则是抽象的、认识的主体，因而后主客式哲学实质上也即是把世界理解为由人的活动生成建构的生存论。为了更好地理解后主客式哲学必须要依赖生存论才能与主观唯心主义相区别，二者本质内在一致。我们举个例子来澄清：当我们去认识一幢建筑时，按康德的说法我们的感觉每次只能触及一部分，呈现在我们面前的建筑理应是分裂的，而我们之所以能形成一幢建筑的整体形象，乃在于主体有先天的综合能力，能把不同的感觉综合起来，所以我们获得的总是建筑的完整形象。而后主客式哲学对这幢建筑的理解则是生存论的方式，我们之所以能形成这幢建筑的完整形象，乃在于我们有一种真实观察的体验，倘使我们一开始处在这幢建筑里，而不是从外面前后左右去观察、体验过它，无论我们有怎样的主体综合能力，也很难对这幢建筑形成整体观念。即便我们是从外面观察它，尽管我们有时只是处在某一固定的地点,只看到它的一个侧面,但我们也必须设想或想象我的目光在这幢建筑的前后左右完整地观察过它、打量过它,否则我们也不会把它当作一幢独立的建筑物来认识。也就是说,除非我们真实观察的体验全部完成或在想象中全部完成,否则对一个完全陌生的东西、陌生的环境,我们是很难把它作为一个整体形象来把握的。无疑这两种综合是不一样的,前者(康德式的)是预设前定的、人先天就有的"主动的综合";后者(后主客式的)则是一种生成性的、依赖于体验的实际被完成的"被动的综合"。后一种综合使世界与人的活动方式、体验方式时刻联系在一起,呈现为一种境域之真、体验之真。所以,后主客式哲学地地道道就是生存论的哲学。既然后主客式哲学本质上就是生存论,那么它们的区别何在呢?区别在于侧重点的不同,当我们从哲学史的角度出发时,毕竟传统哲学的基本问题是思维和存在的关系问题,因此用后主客式哲学更能体现哲学思维方法在主客关系上从传统到现代变革的轨迹。而当我们突出现代哲学对传统形而上学的超越,突出其生成性、开放性的特质时,则把世界理解为由人的活动生成建构的生存论,便成为我们强调的重心。二者本质其实是一致的。不仅如此,后主客式、生存论、实践哲学都是相通的。因为在马克思的哲学观里,世界是由实践生成建构的,实践具有本体性的意义,这从马克思哲学的发展历程亦可见出,因学术界近年已达成共识,我们不再赘述。这里仅从马克思关于世界本质的实践阐明的一系列论断亦可明了,如"社会生活在本质上是实践的","而人们的存在就是他们的实际生活过程"[①],马克思在批判费尔巴哈时也间接提到了感性世界的实践本质:"他没有批判现在的爱的关系。可见,他从来没有把感性世界理解为构成这一世界的个人的全部活生生的感性

---

① 《马克思恩格斯全集》第2卷,人民出版社1960年版,第29页。

实践时空观 >>>

活动"①。可见，马克思是把世界理解为由实践生成的。既然实践是人的活动方式和存在方式，因而具有本体意义的实践哲学即是生存论，所以后主客式、生存论和实践哲学是三位一体的。不过，如果要具体区别，实践哲学偏重人的活动的社会历史性，而后主客式和生存论则偏重人的活动的直觉体验性。一旦我们把世界理解为后主客式的、生成性或实践性的，赋予这三者以本体性的意义，就会遇到一个能否彻底贯彻下去的棘手问题。因为人类出现以前的自然界或者与人的活动无关的自然界能依赖人的生存活动和实践活动存在吗？而这个问题的合理解决又需要我们重新理解时间和空间的本质。在这里出现了一个有趣的循环，即为了正确揭示时空的实践本质，我们需要后主客式哲学、生存论和实践哲学提供方法论上的帮助，但除非我们已经揭示了时空的实践本质，否则我们坚持的后主客式哲学、生存论和实践哲学将是不彻底的、不具有本体意义的哲学。

为了更好地理解这个循环确实是一个必要的循环，一方面，我们先来看如果缺乏现代哲学方法论的支撑，能否坚持时空的实践本质。事实上，今天哲学界不少人已意识到了时空的本质是实践性，甚至提出了实践时空观，但由于没有在哲学思维方法上实现对传统哲学的超越，最终对时空的把握仍然又回到受实体主义的思维方式影响的传统时空观上去。例如，过去关于时间和空间的定义是：时间是运动着的物质的持续性，空间是运动着的物质的广延性。现在主张实践时空观的人便提出时间是实践的持续性，空间是实践的广延性，在这里"运动着的物质"被"实践"一词所取代，但是新瓶装老酒的"持续性"和"广延性"仍然表明时间和空间是被当作一种结果或对象来处理的，而不直接就是人的实践活动本身，它仍然是处在对象化思维的传统客观时空观的宰制之下。另一方面，后主

---

① 《马克思恩格斯选集》第1卷，人民出版社2012年版，第157—158页。

客式哲学、生存论和实践哲学均旨在阐明整个现实世界与人的实践活动、人的存在方式内在相关，但世界能否实践化、能否内在于人的活动的最后难题，无疑是时空能否实践化。原因在于：从伽利略开始，笛卡尔、霍布斯、波义耳、洛克等科学家和哲学家相继区分了物体的两类性质，一类是广延、形状、运动、变化等性质，另一类是色、声、味等性质。认为前一类性质是物体自身固有的客观属性，不依赖于主体感觉而独立存在；后一类性质依赖于主体感觉，与主体相关。空间和时间无疑属于第一类性质，因为广延、形状与空间相关，而运动、变化与时间相联。所以把这一向视为第一类性质的最具客观性的时间和空间，揭示为是通过实践生成建构的，其本质是实践性，这不仅是时空观上的一个创造，而且随着时空——这一世界客观独立性的最后基地被颠覆和动摇，世界才能被揭示为完全是由实践生成建构的，由此后主客式、生存论和实践哲学才具有本体的性质，才在世界观的意义上真正立住脚。

可见，新的时空观和新的哲学方法是相辅相成的，这就决定了这篇论文的全幅流程：第一章：时空的历史演进。由于传统的时空观受主客二分思维的局限，因此我们可以从主客关系上去把握时空，把时空的历史划分为：自然时空与抽象时空，绝对时空与先验时空，相对论时空观与生命哲学时空观这三个依次发展、演进的系列。第二章：时空的生活实践基础。从本章开始超越主客二分思维进入到从实践哲学维度建构时空观，这种建构乃是向生活实践的回归，通过现象学和发生学的时空溯源，我们揭示了生活实践乃是一切时空的始源，同样客观时空也是由生活实践一步步生成建构起来的，其具体建构过程包括实践发展的要求、时空技术的进步和社会的"规训"这三个步骤。第三章：时空的实践建构。从实践哲学维度对时空作了新的内涵界定，即时间是实践的隐匿性或否定性，空间是实践的显现性或肯定性，这个新定义解决了时空观上的实体性思维的问题和时空统一性的问题。随之本章进一步把时空的实践本性区分为属人性、立体性、演化性，并进行了系统的分析和阐释，从而建构了真正符合马克思主义哲学基本精神，又具有时代新意的新时空观——实践时空观。第四章：实践时空观引发的科学观念变革。从历史渊源来看，自然科学与空间、历史科学与时间联系尤为紧密，因此实践时空观的建立将昭示着自然科学和历史科学的观念变革。基于此，我们在本章从新的时空维度实现了建立新的自然科学观和新的历史科学观的设想。

第一章

时空的历史演进

时空的历史从主客关系上可以划分为如下三个系列：自然时空与抽象时空，绝对时空与先验时空，相对论时空观与生命哲学时空观。这三个系列中每一系列均具有主客对立统一性，而且这三个系列之间具有时间上的先后和逻辑上的递进关系，基本上涵盖了人类历史上涌现出来的不同的时空形态，反映了人类在时空认识史上由浅入深、从低到高的逻辑发展进程。

一 自然时空与抽象时空

时空观的产生乃在于主客的相分，在主客未分的原始阶段，时空是与人的本能活动、心理感觉直接融合在一起的，体现出极强的类生物特性。对此，卡西尔就曾在《人论》中揭示过原始部落的空间感，他说："原始部落中的人通常赋有一种异乎寻常的空间知觉。生活在这些部落中的人一眼就能看出他周围环境中一切最小的细节。他对他四周围各种物体在位置上的每一变化都极其敏感，甚至在非常困难的环境下他都能够找到他的道路。在划船或航海时他能以最大的精确性沿着他所来回经过的河流的一切转角处拐弯。"① 但是卡

---

① ［德］卡西尔：《人论》，甘阳译，上海世纪出版集团2003年版，第72页。

实践时空观 >>>

西尔认为这只是一种近乎生物本能的空间知觉能力,因为在原始人对空间的把握中有一种缺陷:"如果你要求他给你一个关于河流航线的一般描述或示意图,他是做不到的。"① 可见,这是一种还不能把空间对象化、抽象化,仍然停留在直觉本能阶段的原始的空间意识。同样时间在这一阶段也具有生物特性,如同候鸟、鱼类的周期性迁移,动物的定期休眠和孵化,树木年轮的岁岁增长,原始人的时间意识也受自身生物钟及物候的影响,他们一般日出而作、日落而息,按季节耕耘收获,对年岁的判断也以周遭的景物变迁为据。如古代蒙古人以草青为一岁,问其几岁则说是几草了。② "松花江下游的赫哲人,以捕鱼为业,每年见大马哈鱼沿江上游便是一年。一个人年已六十,即说他吃过六十次大马哈鱼。"③ 总之在原始部落中由于主客未分,其时空意识还仅是一种本能意识,是混沌模糊的,因而从原始的时空意识发展成真正意义上的时空观是一个漫长的过程,它需要依赖主客的区分,依赖时空观念的抽象化和人类抽象思维能力的提高。当然从时间上来说,东西方都诞生了自己的时空观,但是从理论的完善性和逻辑的环节上看,我们将以古希腊的时空观作为源头来探讨,因此具有理论意义的时空观的真正诞生便出现在被黑格尔称之为世界精神"青年时代"的古希腊时期。

在古希腊最早出现的时空观是自然时空观,这是一种以自然态度或素朴实在论的方式来看待时空问题的时空观,像泰勒斯、阿纳克西曼德、阿那克西美尼、赫拉克利特、留基波、德谟克利特、伊壁鸠鲁、卢克莱修等人的时空思想便是其典型代表。不过虽然时空观的第一个形态是自然时空观,它从时间的起源上来说早于由毕达哥拉斯、柏拉图发展起来的抽象时空观,但是对这一时空做出全面

---

① [德]卡西尔:《人论》,甘阳译,上海世纪出版集团2003年版,第72页。
② 汪天文:《社会时间研究》,中国社会科学出版社2004年版,第134页。
③ 刘文英:《中国古代的时空观念》,南开大学出版社2000年版,第10页。

而系统阐释的则是后于柏拉图的被誉为"一切哲学家的老师"（黑格尔语）的亚里士多德。因此我们将以亚里士多德的时空观来揭示自然时空观的总体轮廓。谈到亚里士多德的时空观，其具体内容可概述如下：

（1）规定了时空探索的基本方向。亚里士多德在分析总结希腊时空探讨的利弊得失中，第一次系统涉及时空的本质、时空的结构、时空的存在形式以及时空的关系这四大类，这也就为后世探讨时空划定了方向和范围。所谓时空的本质，就是指时空是主观的还是客观的，怎样对它进行定义，它与感性事物相比有何特质，等等。时空的结构是指时空的构成形式（或维度），亚里士多德认为空间是由长、阔、高构成，时间则是由过去、现在、未来构成的，现在起着基础性作用，它是"过去和将来的界限"。时空的存在形式包括时空是有限的还是无限的，是连续的还是可分的；时空与运动的关系如何，能否脱离运动变化而存在，它们是相互依赖还是各自具有独立性；等等。时空的关系，即探讨时间和空间是统一的还是分离的，"在空间里"和"在时间里"有何区别；时空如果是统一的，它们又怎么相互规定；等等。可以说，亚里士多德是从这四个基本方面对时空进行了深入而严谨的分析，在他的论述中值得注意的两个问题是：其一，他是以追问时空究竟是什么，引出全部时空问题的，因而时空本质（或本性）乃是其逻辑演绎的主线。其二，亚里士多德在探讨时空问题时，是从直观经验出发，有时为了内容的丰富性而牺牲其逻辑性，从而为时空问题留下了颇具冲突性的多重头绪。如时间的本质在亚里士多德那里，一方面作为"运动的数"、运动的存在方式，它是客观的；另一方面他又认为如果没有人，没有对运动变化的感觉者（计数者）也不会有时间存在，因而时间又具有主观性。同样像物体与空间的关系、运动和时间的关系，在亚里士多德学说中都具有冲突和矛盾的地方，但是这种多重视域的时空探索却为后世的时空研究留下了广阔的思考空间。对此,海德格尔就曾单独评价其时间学说道:"亚里士多德的时间论著是第一部流传至今的对时间这一现象的详细解释。它基本上规定后世所有的人对时间的看法——包括柏格森的看法。"① 实际上亚里士多德同样规定了后世空间研究的基本方向。

(2)揭示了时空的素朴实在性。亚里士多德在时空问题上的主导倾向是认为时空是客观实在的,是不能创造或消灭的。但是在分析这一客观实在性时,他是采取朴素的经验、直观的视角,还不能上升到完全抽象概括的理论思维高度。在这里,我们先从其空间阐释对直接经验的依赖就可见出。亚里士多德认为有两种空间:一种是共有空间,它是可容纳各种物体的处所,它们是可以脱离事物的,不能移动的,类似于一个固定的大容器。另一种则是特有空间,"即每个物体所直接占有的",也就是包围一个物体的长、阔、高这三维,但它不是物体的形式,而是物体的限面。在区分这两种空间的基础上,他对空间的特性总结道:"我们认为:(1)空间乃是一事物(如果它是这事物的空间的话)的直接包围者,而又不是该事物的部分;(2)直接空间既不大于也不小于内容物;(3)空间可以在内容事物离开以后留下来,因而是可分离的;(4)此外,整个空间有上和下之分,每一种元素按本性都趋向它们各自特有的空间并在那里留下来,空间就根据这个分上下。"② 以上内容表明:一方面,亚里士多德承认空间是客观存在的,它不依赖于人,甚至还可脱离事物而存在。说空间不依赖于人可以从亚里士多德仅承认空间有上下这两个方向即可明了,他认为前后左右这四个方向依赖于人的身体,它们是相对的方向,而唯有上下是轻的物体自然向上,重的物

---

① [德]海德格尔:《存在与时间》,陈嘉映等译,生活·读书·新知三联书店1987年版,第33页。
② [古希腊]亚里士多德:《物理学》,张竹明译,商务印书馆1982年版,第100页。

体自然下沉，是空间的客观属性，因而整个空间有上下之分，无前后左右之分。说空间脱离事物独立存在，除了上面所说的"空间可以在内容事物离开以后留下来"，亚里士多德还直接指出：空间"它比什么都重要：离开它别的任何事物都不能存在……它却可以离开别的事物而存在：当其内容物灭亡时，空间并不灭亡"。① 另一方面，亚里士多德对空间客观性的承认乃是立足于经验观察的基础上，当他采取宏观视角时，空间是"共有空间"，是所有物体的大容器；而当他采取微观视角时，空间是"特有空间"，是每一事物的直接包围者。可见亚里士多德还不能统摄微观和宏观视角得出一个统一的空间观，他还局限于现象的罗列和分析，因此他的空间观仍然是一种立足于经验观察意义上的素朴实在论的空间观。

亚里士多德的时间学说也具有素朴实在性，他认为"时间是运动和运动存在的尺度"，正如运动客观存在一样，时间也是客观存在的，由于运动的尺度或比例实际上就是数，因此，亚里士多德往往用"数"来说明时间，他说："时间不是运动，而是使运动成为可以计数的东西。"② "我们以数判断多或少，以时间判断运动的多或少。因此时间是一种数。"③ 但这是一种什么数呢？亚里士多德一方面直接指出："时间正是这个——关于前后的运动的数。"④ 另一方面他又把数区分为"被数的数"（或"可数的数"）和"用以数的数"。他认为："时间呢，是被数的数，不是用以计数的。用以计数的数和被数的数是有区别的。"⑤ 简言之，这种区别在于计数的数可以从事物中抽象出来，例如三、四、十等数目就是如此，而时间

---

① ［古希腊］亚里士多德：《物理学》，张竹明译，商务印书馆1982年版，第93页。
② ［古希腊］亚里士多德：《物理学》，张竹明译，商务印书馆1982年版，第125页。
③ ［古希腊］亚里士多德：《物理学》，张竹明译，商务印书馆1982年版，第125页。
④ ［古希腊］亚里士多德：《物理学》，张竹明译，商务印书馆1982年版，第125页。
⑤ ［古希腊］亚里士多德：《物理学》，张竹明译，商务印书馆1982年版，第125页。

则不能从事物中抽出来,它与事物融合在一起,尽管我们也可用小时、几分、几秒来表明时间,但是前一个小时、分钟或秒与后一个小时、分钟或秒是截然不同的。所以亚里士多德说:"时间不是我们用以计数的数,而是被计数的数,所以这个数因先后不同而永不相同,因为'现在'是各不相同的。"① 亚里士多德在阐明时间与感性事物融成一体的同时,他也通过事物的运动揭示了客观存在着的时间的周期性,他说:"象运动过程能一再反复地同一那样,时间也能如此,例如年、春、秋即是。"② 不过相比空间的客观性,亚里士多德还注意到了时间的主观性,但这种主观性也是建立在朴素的自然经验的基础上的。亚里士多德认为如果我们在主观上没有感觉到变化,也就意识不到时间,也就是说"只有当我们已经感觉到了运动中的前和后时,我们才说有时间过去了"。③ "如果我们没有辨别到任何变化,心灵显得还保持在'未被分解的一'这种状态下,我们就会发生以为时间不存在的现象"④。总之,亚里士多德一方面通过直接经验观察到的运动来阐明时间的客观性,另一方面他又肯定了时间依赖感觉而存在的主观性,而且亚里士多德对时间主体向度的认识极大地左右了后世的时间学说。不过从总体上来说,亚里士多德的时间学说仍以朴实实在性为主导。

(3) 对时空进行了辩证分析。作为"比较精密地研究过"(恩格斯语)辩证法的大师,亚里士多德对时空问题的研究颇具辩证精神:其一,阐明了时空与运动的辩证关系。首先,亚里士多德认为时空与运动是相互区别的,运动包括位置的移动和性质的变化,而空间作为运动的场所与运动的区别是显而易见的,他着重的是时间

---

① [古希腊] 亚里士多德:《物理学》,张竹明译,商务印书馆1982年版,第128页。
② [古希腊] 亚里士多德:《物理学》,张竹明译,商务印书馆1982年版,第128页。
③ [古希腊] 亚里士多德:《物理学》,张竹明译,商务印书馆1982年版,第125页。
④ [古希腊] 亚里士多德:《物理学》,张竹明译,商务印书馆1982年版,第124页。

与运动的区别。亚里士多德认为时间与运动的区别乃在于前者具有普遍性和一般性,而后者具有特殊性和个别性。他说:"每一个事物的运动变化只存在于这变化着的事物自身,或存在于运动变化着的事物正巧所在的地方;但时间同等地出现于一切地方,和一切事物同在。其次,变化总是或快或慢,而时间没有快慢。因为快慢是用时间确定的"①。其次,亚里士多德认为时空依赖运动而存在,没有运动时空也就不会存在。他说:"如果不曾有过某种空间方面的运动,也就不会有人想到空间上去。须知也正是因为这个缘故我们才特别觉得宇宙也是在空间里的,因为它总是在运动着。"② 也就是说运动使空间的存在成为必要。同样时间对运动的依赖性更紧密,亚里士多德说:"我们要探究'时间是什么'的问题,我们必须以此结论为出发点来了解'时间是运动的什么'。"③ 时间是奠定在运动的基础上的,正如他说的"时间是不能脱离运动和变化的"。最后,时空与运动还相互转化。关于空间与运动的相互转化性,亚里士多德揭示得比较模糊,但他还是阐明了空间与运动的事物相关,认为"只有能运动的事物才在空间里",在大多数情况下,他还揭示了正是因为运动,准静止的空间才凸显出来,空间乃是运动状态的一种特殊情况。而时间与运动的相互联系和转化性,亚里士多德则做了完整的说明:"在时间和运动的关系上也一样,因为我们一方面用时间来计量运动,另一方面也用运动来计量时间。"④ "例如作了长途的跋涉,我们就说路途是长的;如果路途是长的,我们就说作了长途的跋涉。"⑤ 在这里时间和运动是相互规定的。其二,揭示了时空

---

① [古希腊] 亚里士多德:《物理学》,张竹明译,商务印书馆1982年版,第123页。
② [古希腊] 亚里士多德:《物理学》,张竹明译,商务印书馆1982年版,第100页。
③ [古希腊] 亚里士多德:《物理学》,张竹明译,商务印书馆1982年版,第124页。
④ [古希腊] 亚里士多德:《物理学》,张竹明译,商务印书馆1982年版,第129页。
⑤ [古希腊] 亚里士多德:《物理学》,张竹明译,商务印书馆1982年版,第129页。

的有限与无限，连续性与可分性的辩证关系。亚里士多德认为空间是有限的，因为在任何空间中运动的物体，都有上下、前后和左右，如果空间是无限的，则有无限实体，但是任何可感觉的事物都是有限的，没有无限实体的存在，因而无限空间也不能有。他说："每一可感觉事物各有其空间位置，而位置则有六类，这些都不能存在于一个无限实体中。一般说来，假如没有无限空间，无限实体也不能有；（无限空间实际是不能有的）在一空间就得在某处，这就得是在上或在下，或在其他任何方向之一，这些各都有一个定限。"① 在这里亚里士多德把空间都看作是可凭感觉经验直观到的，而一个可观察到的无限实际上只能是有限。但他也不是不承认有无限，他认为无限有两种：一种是加起来无限，另一种是分起来无限。因此世界上的事物虽然加起来不是无限，但分起来却可以是无限的。时间和空间就是分起来的无限。但是关于时间的有限性和无限性，亚里士多德没有过多涉及，他主要探讨时间的连续性和可分性。亚里士多德认为：一方面时间是连续的，时间不是由孤立的一个个"现在"组成的，因为"现在"只是一个个静态的结果，不是连续性或过程性本身，"而时间是在两个'现在'之间的东西"，是永远生成变化的，在这个意义上时间是连续而不可分。另一方面时间又是可分的，因为如果时间没有可分性，则所谓时间上的快慢从何而来，怎样区别？同样如果时间不可分，也就无法量度时间，这样时间就不具有现实的存在价值，而经过一段时间就变成荒诞的承认一个正在走路的人没有中间过程就同时已在目的地了，所以时间又是可分的。可以说时间的连续性和可分性在亚里士多德学说中是对立统一的，正如他所说："我所说的连续的事物是指可以分成永远可再分的部分的

---

① ［古希腊］亚里士多德：《形而上学》，吴寿彭译，商务印书馆1959年版，第231页。

事物；正是根据关于连续事物的这个定义才说时间必然是连续的。"①

从以上三方面亚里士多德奠定了自然时空观的主要框架，但是由于当时学科分化不明显且处于萌芽状态，因此亚里士多德在强调时空的自然属性时，也强调了时空的主体属性，追求时空的理想状态，如他认为最圆满的运动是圆周运动，因为圆周运动没有停顿，具有时间的无限性。这种对理想空间的追求，以及他对时间主体属性的探讨，也都涉及与自然时空观对峙而立的抽象时空观的内容。

抽象时空观，简言之就是把时空理解为与人相关，体现出人的精神本质具有属人性的时空观。这种时空观以毕达哥拉斯、柏拉图及奥古斯丁的时空学说为典型。由于抽象时空观不像自然时空观仅以亚里士多德学说就可以一览全貌，因此我们在这里综合三方观点，把抽象时空观的主要内容梳理如下：

（1）抽象时空观是一种具有精神特性的理想化的数学或几何时空。抽象时空观与自然时空观不同，它把时空理解为思想的对象，而非感性的客观对象，不过这个思想的对象此时还没有完全脱离感性的形象，因此它以介于感性和理性之间的数学或几何的形式表现出来。这在毕达哥拉斯和柏拉图的学说中很容易见到。毕达哥拉斯认为，时空是一种数的关系和几何秩序，正是这种数的关系和几何秩序，产生了时空结构并形成了整个世界。按毕达哥拉斯的话说就是："万物的始基是'一元'。从'一元'产生出'二元'，'二元'是从属于'一元'的不定的质料，'一元'则是原因。从完满的'一元'与不定的'二元'中产生出各种数目；从数目产生出点；从点产生出线；从线产生出平面；从平面产生出立体；从立体产生出感觉所及的一切物体，产生出四种元素：水，火，土，空气。这四种元素以各种不同的方式互相转化，于是创造出有生命的、精神

---

① ［古希腊］亚里士多德：《物理学》，张竹明译，商务印书馆1982年版，第167页。

的、球形的世界"①。显然在这里世界是由以数为始基发展出来的空间构成。而对于时间，毕达哥拉斯也提出"时间是天球本身"，不过亚里士多德认为这个观点太荒谬而不值得反驳，但是它表明了毕达哥拉斯是以几何图形来定义时间的，因为他曾提出："一切立体图形中最美的是球形，一切平面图形中最美的是圆形。"② 无独有偶，柏拉图也是把时空视为几何理想图形并以几何图形为基本元素生成整个现实世界的。柏拉图反对通行的看法，即认为事物是由土、气、火、水这四种元素构成的，他认为世界形成的真正元素是两种直角三角形："一种是正方形之半，一种是等边三角形之半。这两种三角形是最美的形式，当四种元素处在不同的地位，处在混乱中的时候，神以这两种三角形的不同数目来整理它们，然后构成各种物质。因这两种三角形可以造出五种正多面体中的四种，土的原子是立方体，火的原子是四面体，气的原子是八面体，水的原子是二十面体。立方体是由正方形之半的三角形构成，其他三个是由等边三角形构成。"③ 不难看出，柏拉图的空间学说与毕达哥拉斯的空间学说非常类似，但是在时间学说上则有出入。柏拉图认为"时间是天球的运动"，"为了时间的变化，神也创造了太阳、月亮及其他也被称作行星的五颗星，以区分和保存时间的数目"。④ 这些星球之所以能区分和保存时间的数目，在于星球的旋转和运动形成了我们通常的单位时间，如月亮是一个月，太阳是一年，天体运动的周期：年、月、日，同时也是计算时间的长度。显然，由于天体的运动轨迹是符合

---

① 参见陈荷清、孙世雄《人类对时间和空间本质的探讨》，河南人民出版社1986年版，第42页。
② 参见陈荷清、孙世雄《人类对时间和空间本质的探讨》，河南人民出版社1986年版，第44页。
③ 参见陈荷清、孙世雄《人类对时间和空间本质的探讨》，河南人民出版社1986年版，第57页。
④ 苗力田主编：《古希腊哲学》，中国人民大学出版社1989年版，第382页。

几何的理想图形的,因此"时间是天球的运动"表明柏拉图的时间学说具有几何属性,所以他与毕达哥拉斯的时空观都是奠基在数学或几何上的抽象时空观。

(2) 抽象时空观是一种具有属人性的人化时空观。柏拉图的时空学说具有属人性表现在,他认为时间是由拟人的神或"创造者"在以理念世界为原本,创造宇宙这一摹本时生成出来的,他说:"他(创造者)决心让摹本更像原本。原本是永恒的,他也尽可能使宇宙永恒。存在本性永恒,要把这个属性完满地给予创造物是不可能的。因而他决定造一个永恒的运动性摹本。他使天空井然有序,摹仿那永居统一的永恒,创造了永恒的摹本,摹本要按照定数运动,这个摹本我们叫做时间。"① 不仅时间具有属人的创生性,而且在柏拉图的学说中空间也具有人化性质。柏拉图在《蒂迈欧篇》中,把理念看作源泉,比拟为父亲,而空间则是"接受器"或"接受者",宛如一个母体。他说:"空间作为存在者和变化者之外的第三者(Drittle),在世界生存之前就已经存在了,它象真实的存在那样是不会消失的;它又象一个母体,为万物的生成提供了一个场所。"② 可见柏拉图的时空观具有拟人性质,尤其是他把时间视为创生的,在古希腊学者中更是别具一格。亚里士多德说:"只有柏拉图一个人主张时间是产生得来的,他认为宇宙是产生得来的,时间和宇宙同时生成。"③ 柏拉图之后,奥古斯丁也认为时间是由理想的超人——"天主"在创世时一起创造的,他说:"你(天主——引者注)创造了一切时间,你在一切时间之前,而不是在某一时间中没有时间。"④ 天主由于创造了时间,他是超越时间并在时间之外的,因此我们不

---

① 苗力田主编:《古希腊哲学》,中国人民大学出版社1989年版,第382页。
② 参见李烈炎《时空学说史》,湖北人民出版社1988年版,第272页。
③ [古希腊] 亚里士多德:《物理学》,张竹明译,商务印书馆1982年版,第220页。
④ [古罗马] 奥古斯丁:《忏悔录》,周士良译,商务印书馆1963年版,第241页。

能问在创造天地及时间之前，"那时候"天主在做些什么，毕竟"那时候"也是属于时间的，正如他说的"没有时间，便没有'那时候'"。① 除了揭示时间的创生性，奥古斯丁的卓越贡献最主要在于从心灵及主观印象中去澄显时间的本质，开辟了时间内在化研究的新视域。奥古斯丁批驳了流俗见解把时间分为过去、现在和将来这三类，他认为当我们思考时间时，就会发现过去和将来并未存在，存在的只有现在。他说："说时间分过去、现在和将来三类是不确当的。或许说：时间分过去的现在、现在的现在和将来的现在三类，比较确当。这三类存在我们心中，别处找不到；过去事物的现在便是记忆，现在事物的现在便是直接感觉，将来事物的现在便是期望。"② 既然只有现在，那时间就可归于当下存在，度量时间的长短就是度量现在的长短了。但是一旦对现在进行分析，就会发现，现在是没有长度的，因为现在是无限可分的，如果说现在是一年，我们便马上又可把一年分十二个月，那么现在只能是其中一个月，其余分属过去和将来，同样月又分成天，天又分成小时，以至"设想一个小得不能再分割的时间，仅仅这一点能称为现在，但也迅速地从将来飞向过去，没有瞬息伸展。一有伸展，便分出了过去和将来：现在是没有丝毫长度的"。③ 现在的无长度性，使它不可能是时间，因为在生活中时间是有长短可度量的，那么真正的时间是什么呢？奥古斯丁认为是现在的"印象"，由此他使时间内在化了。为了更好地阐明时间是一种"印象"，奥古斯丁举了一个声音发生和消失的例子。奥古斯丁指出，我们要判断一个声音在时间上的长短，只有在这个声音响起到结束时才能度量，可是在结束时那实在的声音已经没有了，怎样度量，但是我们却又分明感觉到声音的长短，"因此我

---

① ［古罗马］奥古斯丁：《忏悔录》，周士良译，商务印书馆1963年版，第241页。
② ［古罗马］奥古斯丁：《忏悔录》，周士良译，商务印书馆1963年版，第247页。
③ ［古罗马］奥古斯丁：《忏悔录》，周士良译，商务印书馆1963年版，第244页。

所度量的不是已经不存在的字音本身,而是固定在记忆中的印象"。① 正是记忆中的印象有一种回旋或持续使时间成了有长短可度量的,为此他强调道:"我再说一次,我是在你里面度量时间。事物经过时,在你里面留下印象,事物过去而印象留着,我是度量现在的印象而不是度量促起印象而已经过去的实质;我度量时间的时候,是在度量印象。为此,或印象即是时间,或我所度量的并非时间。"② 这里值得注意的是,奥古斯丁一方面认为时间依赖于印象,另一方面他又对印象保持了必要的怀疑,即"或我所度量的并非时间",可能基于他意识到以主观印象来度量时间,有可能会使时间失去客观效准。但无论如何奥古斯丁都以一种极具哲学思辨的方式阐明了时间与主体的内在相关,他的时间观是一种内在的或人化的时间观。

在我们概述自然时空与抽象时空的主要内容之后,不难辨明二者的相异之处乃在于它们分属主客两个不同的向度,因而前者呈现的是时空的客观属性,后者呈现的则是时空的主观属性,但是它们共同的地方在于二者都植根于个体的经验感受和自然态度的观察方式,都没有脱离形象思维(或表象思维)的局限,因此从超越个体经验服膺普遍理性的视角,时空观便必然跃升到新的发展阶段,进入更高的环节,这一阶段的典型代表便是客体向度的牛顿的"绝对时空"与主体向度的康德的"先验时空"。

二 绝对时空与先验时空

牛顿以一种非常简洁明晰的风格阐述了他关于"绝对时空"的

---

① [古罗马] 奥古斯丁:《忏悔录》,周士良译,商务印书馆1963年版,第254页。
② [古罗马] 奥古斯丁:《忏悔录》,周士良译,商务印书馆1963年版,第255页。

实践时空观 >>>

基本思想:"1. 绝对的、真正的和数学的时间自身在流逝着,而且由于其本性而在均匀地、与任何外界事物无关地流逝着,它又可以名之为'延续性';相对的、表观的和通常的时间是延续性的一种可感觉的,外部的(无论是精确的或是不相等的)通过运动来进行的量度,我们通常就用诸如小时、日、月、年等这种量度以代替真正的时间。2. 绝对的空间,就其本性而言,是与外界任何事物无关而永远是相同的和不动的。相对空间是绝对空间的可动部分或者量度。我们的感官通过绝对空间对其他物体的位置而确定了它,并且通常把它当作不动的空间看待。如相对于地球而言的地下、大气或天体等空间就都是这样来确定的。绝对空间和相对空间,在形状上和大小上都相同,但在数学上并不总是保持一样。因为,例如当地球运动时,一个相对于地球总是保持不变的大气空间,将在一个时间是大气所流入的绝对空间的一个部分,而在另一时间将是绝对空间的另一个部分,所以从绝对的意义来了解,它总是在不断变化的。3. 处所是物体所占空间的部分,因而像空间一样,它也有绝对和相对之分。我说的是空间的部分,而不是物体的位置,也不是其外部的表面。因为相同的固体,其处所总是相等,然而由于其形状的不同,它们的表面也往往不等。正确地说,位置并没有量可言,它们不是处所本身,而是处所的属性。"① "4. 绝对运动是一个物体从某一绝对的处所向另一绝对的处所的移动;相对运动是从某一相对的处所向另一相对的处所的移动。"②

从上面的内容看,牛顿的绝对时空观的第一个特性显现出来了:(1)它是超越感觉经验的。这从牛顿强调了绝对时空与相对

---

① [英]牛顿:《牛顿自然哲学著作选》,王福山等译校,上海世纪出版集团2001年版,第26—27页。
② [英]牛顿:《牛顿自然哲学著作选》,王福山等译校,上海世纪出版集团2001年版,第27页。

的、可量度的时空的区别即可见出。那么牛顿为什么必须要设立超越感觉经验的时空观呢？在另一个地方，他作了说明。因为人们谈到时间、空间、位置和运动时，往往是从它们与可感知的事物的联系中来理解的。"这样就产生了某些偏见，而为了消除这种偏见，最好是把它们区分为绝对的和相对的，真正的和表观的，数学的和通常的。"① 牛顿进一步解释道，就时间来说，"虽然我们通常认为自然的日子是均等的而以之作为时间的量度，但实际上它们是不均等的"②。"可能没有这样一种均等运动的东西可以用来准确地测量时间。所有的运动可能都是加速的或减速的"③。因此只有设定与表观的、可量度的（如小时、日、月、年等）时间相区别的绝对时间，在牛顿看来，才能克服在时间认识上受主观偏见的干扰，使时间获得其客观效准。同样，就空间说，牛顿认为我们看到和感觉到的只是可量度的空间，这在日常事务中也没有什么不便，"但是在哲学探讨中，我们应该把它们从我们的感觉中抽出来，考虑事物本身，并把它们同只是对它们进行的可感知的量度区分开来。因为可能没有一个真正静止的物体可以作为其他物体的处所和运动的参考"。④ 也就是说只有设立绝对空间，空间量度也才有最终的效准。尽管超越主观感觉经验的绝对时空的设定有其必要，但这又带来了新的问题，既然绝对时空是超乎感性的，那么我们怎么判断其真实存在呢？毕竟存在如果不是抽象的或数学意义上的，它还是需要经验的验证的，而这就涉及牛顿绝对时空观的第二个特性。

---

① ［英］牛顿：《牛顿自然哲学著作选》，王福山等译校，上海世纪出版集团2001年版，第26页。
② ［英］牛顿：《牛顿自然哲学著作选》，王福山等译校，上海世纪出版集团2001年版，第28页。
③ ［英］牛顿：《牛顿自然哲学著作选》，王福山等译校，上海世纪出版集团2001年版，第28—29页。
④ ［英］牛顿：《牛顿自然哲学著作选》，王福山等译校，上海世纪出版集团2001年版，第29—30页。

（2）它是可通过经验推测的客观存在。牛顿的绝对时空观虽然绝不是我们的感官所能觉察到的，但牛顿认为还是有一些论据证实它是真实存在的，"而这些论据一部分是来自那些表观运动，它们是真正运动之差，而另一部分则来自那些力，它们是真正运动的原因和效果"。① 按照牛顿的说法，论据揭示有两种情况：一种情况是表观运动作为"真正运动之差"能揭示绝对时空的存在。具体的含义可以这样理解，揭示时间的钟表运动、天体运动，它们虽然不等同于绝对时间的运动，但是它们能共同表示时间，并能让我们看出其表示时间的不完善性，就因为事实上已经有一个真实统一的绝对时间的存在作为标准了。同样，空间作为运动的量度或参照，它向我们显现的只是经验的、不完善的一面，但无数相对空间的统一性则证明了绝对空间的存在。另一种情况是力的作用证明了与"真正运动"相关的绝对时空的存在。牛顿认为力的作用能发生绝对的运动，这一运动可以不依赖于具体、可感的参照物，他举例道："例如有两个球，我们用一根绳把它们连在一起，并使它们之间保持一定距离，然后让两球绕其共同重心旋转，那末这时我们就可以从绳上的张力发现两球力图从它们的转轴脱离出去，从而算出它们旋转运动的数量。接着如果我们把任何两个相等的力同时作用在两球的交替面上，以增大或减小它们的旋转运动，那末从绳上张力的增加或减小，我们就可以推断它们的运动是增大或减小"②，而运动增大又证明力的作用顺着旋转的方向，减小则逆着旋转的方向，因而单凭力的作用就可以知道旋转运动的数量及其方向。所以牛顿提出："这样，即使在一个巨大的真空中，在那里虽然没有任何外部的或者可感知的东西可用

---

① ［英］牛顿：《牛顿自然哲学著作选》，王福山等译校，上海世纪出版集团2001年版，第34页。
② ［英］牛顿：《牛顿自然哲学著作选》，王福山等译校，上海世纪出版集团2001年版，第34页。

以和这两球作比较,我们还是可以测得这旋转运动的数量及其方向。"① 按照牛顿的思路,既然单凭力的作用,不用任何现实的参照就可以知道物体在如何运动、方向如何,因而这个运动的参照体只能是超越感性经验的绝对时空,它的运动是发生在绝对时空中的绝对运动。其实除了上面这两种情况,牛顿还举了水桶实验的例子,间接地证实了绝对时空,尤其是绝对空间的存在。水桶实验扼要地说,一个盛满水的木桶被绳子吊起,在旋转多次使绳子扭紧之后,突然松开绳子,我们会观察到,除了木桶旋转外,水也开始旋转起来,并且还会逐渐离开中心向桶的边缘升起,形成一个凹面。牛顿认为这就产生了两种运动:一种是水和桶相对于地面的运动,另一种则是水旋转上升的"真正绝对的旋转运动"。在一般人看来,水和桶都旋转,两种运动其实是一种运动。但牛顿则认为,这两种运动的不同时性,即桶旋转最快时,水旋转上升才刚开始,而桶旋转越来越慢时,则水旋转越来越大,直到达到最大值,表明两种运动性质不同,水不受桶的相对运动的干扰,它有自身的朝向绝对空间的绝对旋转运动,这也就证明了不同于相对时空的绝对时空的存在。

从表面上来看,牛顿的绝对时空观的这两个特性似乎是矛盾的,即一方面它超越于感觉经验,另一方面它又要依赖于感觉经验,但是这两种表面矛盾的现象,在牛顿的力学体系中则是有机统一的。他的时空观之所以超越于感觉经验,缘于其经典力学体系需要借助这样一个理想的时空环境,否则在相对时空的条件下,物体将并非按惯性的方式存在,而力的作用也并不必然导致物体运动及其方向的改变,那么他奠定经典物理学大厦的三个公理设定也就无从成立。而牛顿时空观之所以又依赖于感觉经验,在于牛顿的绝对时空理论

---

① [英]牛顿:《牛顿自然哲学著作选》,王福山等译校,上海世纪出版集团2001年版,第34页。

实践时空观 >>>

不是抽象的、纯粹数学意义上的时空观，而是能回归现实生活本身，能作用和影响我们的现实生活。牛顿也正是以其时空理论为依托，通过其经典力学理论构建，开辟了一个既超越于经验，又能回归于经验自身，在现实中去实现理想筹划的新世界——近代科学的世界。而近代科学世界的诞生，使真实的世界成了处于空间和时间中的在数学上可以测量和计算的物体运动的世界、力学的世界，从此人们关于日常世界的生活图景、思维方式和价值观念被颠覆，而牛顿也以近代科学世界的奠基者的身份而永载史册。

但是牛顿绝对时空理论中这种既依赖于感觉经验又超越于感觉经验的矛盾毕竟是真实而非虚设的，它的真实性在于，我们能设想有这样一个无限的、均匀的以做物体运动和变化的参照的理想的时空环境吗？这根本不可能，因为物体的运动和变化只能参照于另一个物体，而在绝对时空中由于时空的均质性，处处一样，任何一个位置都等于另一个位置，因而物体是运动抑或静止也就无从辨别，因为运动等于换了位置，而静止则等于还在原地，但在绝对时空中到处都一样，因而运动和静止也就相混淆了。为了阐明均质的绝对时空中虽然到处一样，但毕竟是处在同一时空的不同部分，由此物体的运动状态才能得到说明，为此牛顿引入了上帝的观念，这是因为上帝与时空同在，上帝区分事物的位置，感知时空的不同部分是通过神经中枢，以超感官的方式进行的，牛顿解释道："在它的感觉中枢，它通过它的直接出现而感知那些事物，勿需任何第三者的介入。感官不是使灵魂在其感觉中枢中能够感知事物种类的东西，只是在那里传递它们的东西；上帝勿需这样的器官，他处处出现在事物本身当中。"① 更通俗一点说，上帝对时空的感知类似于我们对自

---

① 参见 [美] 爱德文·阿瑟·伯特《近代物理科学的形而上学基础》，徐向东译，北京大学出版社 2003 年版，第 220 页。

己身体位置的感觉，正如我们可直接通过神经系统的感觉，如痒、痛、疼等直接判明身体的具体位置，不需要依赖于眼睛这类感觉器官，同样，上帝对绝对时空的掌控也是如此。这样牛顿最终以一种诉诸主体能力的方式解决了绝对时空理论的内在矛盾，但是牛顿对主体的诉求，是为了弥补其理论缺陷，有情非得已之处，而其后的康德则是直接从主体出发，自觉地建构了自己的先验时空观。

康德的时空学说系统表述在其一生最重要的哲学著作《纯粹理性批判》中，这其中时空观所占篇幅虽不大，但却是其批判哲学中最具活力的部分，罗素甚至认为："《纯粹理性批判》的最重要部分是空间和时间的学说。"[1] 但是康德时空观的形成却非一蹴而就，早在1770年即《纯粹理性批判》问世前的11年，康德在其发表的《感觉世界和理智世界的形式和原理》这篇重要论文中就提出了关于时空问题的初步设想，他说："时间并不是什么客观的和实在的东西，不是实体，不是属性，不是关系，而是人类的理性本性按照一定的规律整理全部感性东西所必需的主观条件，是纯粹的直观。"[2] 同样，空间概念也不是从外界感知中抽象出来的，而是"主观的和观念的东西"。显然这已经大致规定了康德先验时空观的基本方向，但是康德时空观完整而成体系的论述是在他的《纯粹理性批判》中，而时空则属于人类把握现象世界的先天直观形式。

康德认为自在之物刺激我们的感官引起的感性直观能力由两部分构成：一部分经过感觉与对象（自在之物）相关，称之为经验性直观，如不可入性、硬度、颜色等，它们都要依赖于对象才能具体感觉到，属于现象的质料；另一部分则与主体相关，称之为纯直观，例如广延和形状，"它是即算没有某种现实的感官对象或感觉对象，

---

[1] ［英］罗素：《西方哲学史》下卷，马元德译，商务印书馆1976年版，第256页。
[2] 参见杨河《时间概念史研究》，北京大学出版社1998年版，第115页。

也先天地作为一个单纯的感性形式存在于内心中的"。①康德认为空间和时间是使感性经验被整理、被给予的"纯直观"。通过空间，外部事物的经验被给予我们；通过时间，内心的意识活动被我们所经验。前者是外直观的形式，后者则是内直观的形式。把时空定义为人的先天感性直观形式，是时空史上的一个创造，为此康德提出了关于时空的形而上学阐明和先验阐明。

在这里首先涉及何谓形而上学阐明，康德解释道："所谓阐明，我理解为将一个概念里所属的东西作出清晰的（哪怕并不是详尽的）介绍；而当这种阐明包含那把概念作为先天给予的来描述的东西时，它就是形而上学的。"②而关于空间的形而上学阐明包括以下四点：（1）空间不是由外部经验得来的经验的概念。因为我们要想感觉外部事物及其相互之间的关系，必须以空间表象为前提。（2）空间是一切外部直观之中必然的先天表象，即是说空间不是经验的而是先天的。因为我们可以抽去所有事物而想象一个空无所有的空间，却不可能想象任何没有空间的事物。所以空间是不能经验的，相反，经验必须以空间为先天的条件。（3）空间决不是关于一般事物的关系的推论的经验概念，或如人们所说，普遍的概念，而是一个纯直观。这是指空间不是像其他经验概念一样从个别概括出一般，从具体空间概括出一般空间，这是因为空间是唯一的，我们如果谈到许多空间，也是把它理解为同一个独一无二的空间的各部分，空间的唯一性证明它不是概念而是直观。（4）空间是一个无限的所予量。一切概念都有外延与内涵两个方面而不可能包含无限的表象，但是空间却能够包含无限的表象于自身之中。③时间的形而上学阐明则包

---

① ［德］康德：《纯粹理性批判》，邓晓芒译，人民出版社2004年版，第26页。
② ［德］康德：《纯粹理性批判》，邓晓芒译，人民出版社2004年版，第28页。
③ 张志伟主编：《西方哲学史》，中国人民大学出版社2002年版，第543—544页。

括以下五点：(1)时间不是从经验中抽引出来的经验性概念。只有在时间的前提之下我们才能想像一些东西存在于同一个时间中（同时），或处于不同的时间内（相继）。(2)时间是为一切直观奠定基础的一个必然的表象。我们可以设想无现象的时间，却不能设想无时间的现象。只有在时间中现象的一切现实性才是可能的。(3)时间只有一维，时间不是同时的而是相继的，而空间则是同时的，不是相继的。时间关系的原理不能从经验中引出，而只能从先天必然性中得来。(4)时间不是什么推论性的，或如人们所说的普遍性概念，而是感性直观的纯形式，因为只有一个统一的时间，不同的时间乃是同一个时间的部分。(5)时间作为本源的表象以无限的方式被给予出来，时间的一切确定的大小只有通过对一个唯一的、作为基础的时间进行限制才有可能，时间本身是只包含部分表象的概念所无法把握的，它以直接的直观为基础。①

在提出形而上学阐明的同时，康德也提出了时空的先验阐明。所谓先验阐明，"就是将一个概念解释为一条原则，从这条原则能够看出其他先天综合知识的可能性。为了这一目的，就要求：1）这一类知识确实是从这个给定的概念推导出来的，2）这些知识只有以这个概念的给定的解释方式为前提才是可能的"。② 通俗地说，时空的先验阐明是指阐明时空概念赋予其他知识以先天的普遍性、必然性。康德认为有了空间概念才能够推导出具有先天必然性的几何学，因为像"两点之间直线最短"，"三角形两边之和大于第三边"这一类几何定理不可能是来自经验命题和经验判断，也不能从这些经验判断中推出来，它们只能来自我们内心里的纯粹直观，我们主观的感性条件，因而康德认为，我们只有把空间理解为先天感性直观形式，

---

① [德]康德：《纯粹理性批判》，邓晓芒译，人民出版社2004年版，第34—35页。
② [德]康德：《纯粹理性批判》，邓晓芒译，人民出版社2004年版，第30页。

几何学的先天必然性才成为可能。同样，有了时间概念才能够推导出具有先天必然性的普遍运动学说。这是因为变化和运动包含着矛盾，而像"同一个事物在某处存在又在同一处不存在"，这类矛盾的命题不可能通过经验观察到，它只能依赖时间这一直观形式。"只有在时间里，两个矛盾对立的规定才会在一个事物中被发现，即前后相继地被发现。所以，我们的时间概念解释了像卓有成效的普遍运动学说所阐述的那么多的先天综合知识的可能性。"① 一般认为算术的成立也依赖于时间的先天必然性。

康德的时空观表明：（1）它属于主观的感性条件，具有属人性。康德认为，我们只有从人的立场才能谈到空间、广延的存在物等。"如果我们脱离了唯一能使我们只要有可能为对象所刺激就能获得外部直观的那个主观条件，那么空间表象就失去了任何意义。"② 而对于时间，康德同样强调其属人性："时间只是我们（人类的）直观的一个主观条件（这直观永远是感性的，即限于我们为对象所刺激的范围内），它超出了主观就其自在来说则什么也不是。"③ 而康德之所以强调其时空观的主体性乃在于如果时空不是直观的主观条件，要么它们是独立自存的，要么它们是依存于现实事物，作为事物的关系而存在。对于第一种观点，康德批驳道："如果他们采取自存性的看法（这是从数学研究自然的那一派人的通常看法），那么他们必然要假定两种永恒无限而独立持存的杜撰之物，它们存在着（却又不是某种现实的东西），只是为了把一切现实的东西包含于自身之内。"④ 这其实就把时空神秘化并造成了很多混乱和矛盾（如牛顿的绝对时空观）。对于第二种观点，康德也揭示其缺陷道："如果他们

---

① ［德］康德：《纯粹理性批判》，邓晓芒译，人民出版社2004年版，第36页。
② ［德］康德：《纯粹理性批判》，邓晓芒译，人民出版社2004年版，第31页。
③ ［德］康德：《纯粹理性批判》，邓晓芒译，人民出版社2004年版，第37页。
④ ［德］康德：《纯粹理性批判》，邓晓芒译，人民出版社2004年版，第40页。

采取第二派的观点（有些形而上学的自然学家所持的观点），把空间和时间看作从经验中抽象出来的诸现象之关系（并列或相继关系），尽管这些关系在分离中被混乱地表象着——那么，他们必然会否认数学的先天定理对于现实事物（如空间中的事物）有其效力。"① 这里需解释一下，为何把时空看作事物的关系就否定数学的先天定理的必然性呢？这是因为如果时空依赖于现实事物，那么以时空为根基的数学也就依赖于现实事物，就不具有原本独立于经验对象的先天必然性了。这样康德把时空收摄于主体，竟然反而赋予时空以先天必然性，其原因在于康德的先验时空观具有一种主观中的客观属性，这就涉及下面这个重要的特征。

（2）它在经验中有客观效准。康德认为时空具有经验的实在性（即客观有效性）和先验的观念性。具体来说是指时空是现象得以被直观的必然条件，因此它对经验界的事物具有客观效准即经验的实在性；而当越过经验的领域，认为它们属于自在之物的性质，那么时空将失去客观效准，沦为观念形态的存在即先验的观念性。因此关于空间，康德总结道："所以我们主张空间（就一切可能的外部经验而言）的经验性的实在性，虽然同时又主张空间的先验的观念性，也就是只要我们抽掉一切经验的可能性这个条件，并把空间假定为某种给自在之物提供基础的东西，空间就什么也不是了。"② 对于时间，康德一方面承认其经验的实在性和先验的观念性，即"时间只就现象而言才有客观有效性，因为现象是我们已经当作我们感官的对象的事物；但如果我们抽掉我们直观的感性，因而抽掉我们所特有的那种表象方式，而谈论一般的物（即自在之物——引者注），则时间就不再是客观的了"。③ 另一方面康德认为时间作为范畴与现象

---

① ［德］康德：《纯粹理性批判》，邓晓芒译，人民出版社2004年版，第41页。
② ［德］康德：《纯粹理性批判》，邓晓芒译，人民出版社2004年版，第32页。
③ ［德］康德：《纯粹理性批判》，邓晓芒译，人民出版社2004年版，第37页。

的中介，其经验中的客观效准还表现在它内在地参与了经验知识的形成，赋予了经验知识以普遍必然性，从而回答了自然科学何以可能的问题。简单地说，康德认为经验知识的形成依赖于先天范畴的整理，否则经验只能显现为杂多表象。而先天范畴分为四类，即量的范畴、质的范畴、关系的范畴、模态的范畴。这四类范畴是通过时间作用于表象的。因而它们本身就对应于一种时间规定，像上述范畴便依次与时间序列、时间内容、时间次序和时间总和相关，由此先天范畴便通过时间而与经验对象结合，从而形成了以下四类原理，即直观的公理、知觉的预测、经验的类比和一般经验性思维的公设。这四个原理是一切经验知识的必然法则，由此自然科学的先天必然性也就依这四个原理而被奠定。康德虽然阐明了时空的客观性，但他一再强调这只能限定在现象界内，如超越现象界，询问世界本身在时间上有开端或无开端，在空间上有限抑或无限，便会导致二律背反，时空将完全失去其客观效准。

　　通过以上对康德先验时空观这两个特性的揭示，康德把时空理解为先天感性直观形式，它在我们的经验世界有其普遍必然性，表明康德时空观在本质上是一种具有"客观性"的时空观，其实按康德的看法，客观性的含义就是指与偶然、特殊相对立的普遍性和必然性。因此康德的先验时空观与牛顿的绝对时空观属同一系列，共同体现了在时空发展史上对普遍律则的"客观性"诉求。但是这种对"客观性"的诉求本身也蕴含着矛盾，这是因为两种时空观均无法避免形式化和抽象笼统的缺点。罗素就批判康德的时空观这种模糊性，他指出，我们固然可以说时空是源于主体的，但是时空如果跟具体事物没有必然的联系，那么为何事物在空间结构、形态上会各有不同，为何它们在时间上的先后会千差万别，它们"为什么照现在这样整列而不照别的方式整列"。① 可见，康德时空观还需要与真正的客体相关，才能摆脱形式的空疏。同样，牛顿的绝对时空观固然是客观的，但这种剔除主体体验的时空观却是非真实存在的，也是抽象和形式的，因为我们无法设想一种脱离主体体验的均匀平直的空间和均匀流逝的时间竟可以存在，真实的时空总是相对的，其均匀和平直总是在我们对事物相互关系的比较中才获得意义。可见牛顿的时空观需要与主体相关才具有现实性。这样先验时空需要走向客体与绝对时空需要走向主体构成了时空发展的新的矛盾，而矛盾的解决，则使时空的发展跃迁到从主客体相互作用来揭示时空这一新的系列，这个系列的代表，便是从客体向度出发的爱因斯坦的相对论时空观和从主体向度出发的柏格森的生命哲学时空观。

三 相对论时空观与生命哲学时空观

爱因斯坦的相对论的创立，从两个渠道上吸收了前人的思想财富：一是通过赫兹等人的著作掌握了电磁理论，特别是弗普尔的教科书，无论从内容还是形式上都给他以极大的启迪；二是从马赫、休谟、庞加莱等人的著作中掌握了批判思想，彻底摆脱了绝对时空的束缚。② 其中尤以马赫的影响最为巨大，以至爱因斯坦甚至认为马赫是"相对论的先驱"。从这两个渠道上看，爱因斯坦的相对论乃是科学和哲学双重影响的产物，也由此相对论的奠基，应同时具有科学和哲学的双重意义。但遗憾的是在我们承认爱因斯坦的相对论在现代科学的发展史上的划时代贡献的同时，却把其哲学的贡献掩盖了。原因在于：一是相对论的创立确实是为保证物理规律的普遍有

---

① [英] 罗素：《西方哲学史》下卷，马元德译，商务印书馆1976年版，第259页。
② [美] 爱因斯坦：《狭义与广义相对论浅说》，杨润殷译，北京大学出版社2006年版，导读部分第16页。

效性服务的。这从狭义相对论的两个公设——光速不变原理和相对性原理,以及广义相对论的两个公设——等效原理和广义协变原理来看,其实质都在于保证物理规律的数学形式在任何时候都是相同的,具有不依赖于参考系的独立性,而相对论中的时空相对性的问题,是从属于这一论证过程的副产品,自然其哲学的意义被科学的意义所遮蔽。二是相对论的哲学意义(尤其是关于时空相对性的哲学原创贡献)远远没有被正确估量。事实上哲学的意义和科学的意义是不能混同的。哲学的价值和意义一般表现为在思维方法、理论境界上的提升,它往往并不特别重视具体的结论是否客观准确,而科学的价值和意义则体现在它的可验证性和对新颖事实的预见性上。以往我们对相对论所做的解读,基本上都偏重于其科学性和可检验性,其实在我看来,从哲学的层面上,爱因斯坦在时空观念上的巨大变革远远超过了他在物理科学上所得出的那些具体结论,因为这些结论终有被推翻的可能性,如狭义相对论中光速不变原理在广义相对论中就被爱因斯坦自己所推翻,同样其广义相对论中的一些预见,如水星近日点的异常进动就被现代物理学家所质疑,甚至认为爱因斯坦的广义相对论因此是错误的。但是即便如此,其时空相对性的阐释却具有独立的价值,标志着哲学基本观念领域的重大变革。因此下面我们将综合狭义相对论和广义相对论的相关内容,明了爱因斯坦究竟给我们提供了一个什么性质的时空观。

(1)它是一种相对性的时空观。爱因斯坦对牛顿绝对时空的突破是从其狭义相对论的两个公设开始的,即光速不变原理和相对性原理,光速不变原理仅从字面上就可以理解,而相对性原理是指物理学定律在所有惯性系(相对于原坐标系的所有静止或匀速运动的物体的坐标系)中是相同的,不存在一种特殊的惯性系(如绝对空间)。但这两个公设在牛顿经典力学体系中则是矛盾的,这是因为按牛顿力学体系,设在静止时测光速为 C,而在以速度 V 做匀速运动的物体上量光速时，按牛顿力学体系中速度相加原理，光的速度在理论上应为 C+V，即大于光速。这就造成了两个后果，一是光速不变公设是否错了？二是相对性原理是否有谬误？因为光速不变这一物理学定律换了一个惯性系就发生了变化。显然按爱因斯坦的狭义相对论来说，这两个公设都是正确的，而保证这两个公设能在任何情况下都成立，便在于我们需要突破传统的绝对时空观念。爱因斯坦认为现实的具有物理学意义的时空是依赖于一定测量手段的，也就是说时间依赖于钟表，空间依赖于量杆的计量。而在迎着光速运动的物体上出现了尺缩钟慢的效应，因此光传播的距离与时间之比（即光速）仍然是恒定的，也就是说牛顿力学体系中的速度相加原理因时空的相对性并没有实际发生。为更精确地说明时空的相对性，爱因斯坦提出了同一事件在两个坐标系中的时空位置变更的变换公式，即"洛伦兹变换"，以此测量不同坐标系的时空差异。"洛伦兹变换"的具体内容为：设原坐标系为 K，一事件在空间中的位置由它在坐标平面上的三条垂线 x、y、z 来确定，时间则由一时间量值 t 来确定，而对于沿 x 轴方向以速度 v 匀速运动的坐标系 K′，此同一事件的空间位置和时间将由相应的量值 x′、y′、z′、t 来确定，爱因斯坦认为这些量值与 x、y、z、t 并不全等。这里设 c 为光速，其中 y′=y，z′=z，而在运动方向上长度发生了变化 $x' = \dfrac{x-vt}{\sqrt{1-v^2/c^2}}$，时间也发生了变化 $t' = \dfrac{t-(v/c^2)x}{\sqrt{1-v^2/c^2}}$。如果上述公式不是根据光的传播定律，按旧力学所隐含的时间和长度具有绝对性的假定，则两个坐标系的时空变换公式为 x′=x-vt，y′=y，z′=z，t′=t。可见沿运动方向的长度变化和时间变更，表明传统的绝对时空观在狭义相对论中被颠覆了。为了更通俗地说明时空的相对性，爱因斯坦还举了一个浅显的例子来说明同时性的相对性和距离概念的相对性。他说以一列开过路基的火车为例,设在路基和火车的两端 A、B 发生了雷击。如果说两次雷击对路基是同时发生的,指的是当我们在路基的中点 M 观察时,A 到 M 的光信号与 B 到 M 的光信号是同时到达的。但是这种在同一位置观察到的同时性对火车来说却不是同时的,设火车上有一点 M′ 与 M 重合。但在火车上的 M′ 观察,由于火车是以一定速度朝 B 行进,因此这个观察者将先看见自 B 发出的光线,后看见自 A 发出的光线。这样我们就得出以下的重要结果:"对于路基是同时的若干事件,对于火车并不是同时的,反之亦然(同时性的相对性)。"① 与此类似,"如果在车厢里的人在单位时间内走了一段距离 W(在火车上测量的),那么这段距离如果在路基上测量并不一定也等于 W"。② 这就是距离概念的相对性。可以说时空的相对性是爱因斯坦在狭义相对论中奠定的,而在其广义相对论中,这种相对性就更彻底了,这是因为在狭义相对论中时空相对性仅表现在不同惯性系之间,在同一惯性系内还有统一的时间和空间量度,仍服从牛顿的绝对时空观,而在广义相对论中时空已完全失去了统一性,宇宙间任何一点的时空位置都是相对的,都各自有自己的时间和空间。而爱因斯坦之所以能提出这种相对性的时空观,与他把时空的性质理解为主客相互作用有关。

(2)它是一种主客相互作用的时空观。这体现在爱因斯坦认为脱离经验观察测量的空间和时间是模糊和不清楚的。对于空间,它不是抽象的,其空间轨迹依观察时的参考物体而定。例如在一列匀速行驶的火车上往路基扔石头,从火车上看是直线,而从路基上看则是抛物线,如果我们只是从一般意义上说石头在空间中运动,那

---

① [美] 爱因斯坦:《狭义与广义相对论浅说》,杨润殷译,北京大学出版社 2006 年版,第 22 页。
② [美] 爱因斯坦:《狭义与广义相对论浅说》,杨润殷译,北京大学出版社 2006 年版,第 23 页。

么含义就是模糊的,因为空间运动既可显示成直线,又可显示成抛物线。所以爱因斯坦总结道:"首先,我们要完全避开'空间'这一模糊的字眼。我们必须老实承认,对于'空间'一词,我们无法构成丝毫概念;因此我们代之以'相对于在实践上可看作刚性的一个参考物体的运动'。"① 同样对于时间,也需要经验的确定。爱因斯坦针对同时性问题就提出:"对于物理学家而言,在他有可能判断一个概念在实际情况中是否真被满足以前,这概念就还不能成立。"② 可见独立于主体的时间是虚妄的,因此爱因斯坦强调与观察相关的参考物体的作用,他说:"每一个参考物体(坐标系)都有它本身的特殊的时间;除非我们讲出关于时间的陈述是相对于哪一个参考物体的,否则关于一个事件的时间的陈述就没有意义。"③ 把时空理解为主客的相互作用,具有经验和感性的内容,是爱因斯坦时空观的一个重要特征,对此英国学者威特罗就说:"我们看到,牛顿认为时间独立于宇宙之外,莱布尼茨把时间看作宇宙的一个方面,而爱因斯坦的理论却告诉我们,时间是宇宙与观察者之间的联系的一个方面。"④ 但是也有一种观点认为爱因斯坦在狭义相对论中的时空观,体现了主客相互作用,而在广义相对论中,他则重新把时空与物质的运动联系起来,回到了客观时空观。这种观点在我们看来乃是对爱因斯坦时空观的一种误读,这一方面在于爱因斯坦在广义相对论中固然提出了在引力场中时空会发生变化,例如时空弯曲,但这种变化永远是相对于另一参考物体的,是从属于经验观察的,

---

① [美]爱因斯坦:《狭义与广义相对论浅说》,杨润殷译,北京大学出版社2006年版,第9页。
② [美]爱因斯坦:《狭义与广义相对论浅说》,杨润殷译,北京大学出版社2006年版,第18页。
③ [美]爱因斯坦:《狭义与广义相对论浅说》,杨润殷译,北京大学出版社2006年版,第22页。
④ [英]威特罗:《时间的本质》,文荆江等译,科学出版社1982年版,第80页。

实践时空观 >>>

否则爱因斯坦的时空弯曲与他所反对的脱离参考物体的牛顿平直时空观也就没有什么分别了。另一方面在于爱因斯坦在广义相对论中的时空观虽然具有超越于感觉经验的特性，像 M. 玻恩就提出爱因斯坦后来改变了对休谟的经验论的推崇，"没有多大经验基础的思辨和猜想，在他的思想中起了越来越重要的作用"[1]。但是他还是以经验为基础的，只不过他由从直接经验出发变为更注重以直接经验为基础形成的间接推理和相互关联，其广义相对论中的时空观便是如此。如果说在狭义相对论中一事件的时空位置还依赖于经验观察到的钟和量杆来测量，那么在广义相对论中则表现为由高斯坐标确定的一组坐标值来表示。而广义相对论这种时空表示其实是脱胎于钟和量杆的，因为当我们确定一事件的时间时，我们是在读这一事件与钟的指针指定的某一点正重合，空间也是如此，即用已知的量杆量出的特定值表示某一事件的空间位置刚好与它重合，时空的本质在爱因斯坦看来实质上是用已知来表示未知的一种重合关系。因此任一事件的时空位置在广义相对论中是可以用一组数学的纯粹客观的值来表示的，但是作为钟和量杆的一种数学抽象，它却无法割断与原始经验的联系，爱因斯坦自己就说："客体这个概念的意义完全取决于它们同原始感觉经验群的（直觉）联系。这种联系产生了这样一种错觉，好像原始经验向我们直接显示出物体的关系（但这种关系毕竟只有在它们被思维的时候才存在）。"[2] 因此我们可以得出这样的结论，无论是狭义相对论还是广义相对论，其时空本质仍是植根于主客关系，但是在广义相对论中主体往往以一种更隐性的方式存在，以至于人们才会误认为爱因斯坦又回到了客观时空观，而且我们也不得不承认爱因斯坦这种奠定在主客关系基础上的时空观往往

---

[1] 参见杨河《时间概念史研究》，北京大学出版社 1998 年版，第 111 页。
[2] 《爱因斯坦文集》第一卷，许良英等译，商务印书馆 1976 年版，第 246 页。

更偏重于客观的一面，这与他作为一个自然科学家自发的实在论倾向相关。而与之相反，柏格森的生命哲学时空观在主客关系上则偏重于主观的一面。

柏格森的生命哲学是在19世纪精神科学和生命科学取得巨大成就的基础上发展出来的。他认为真实的世界是连绵不绝的生命之流，是包含着我们真实的情感和体验的生命有机体，是不可分割的，其过去、现在、未来互相渗透，并永远变化不息，创造着新的形式。柏格森用绵延这个词来指称这个他所发现的新世界，他认为绵延是真正的时间，而它却不能为知识所把握，而知识所把握的却已是空间而非时间，盖因绵延的各要素是互相渗透的，很难作为独立的对象被认识，因而我们认识绵延只能把各瞬间视为独立的并排置列在一起，而这样时间就下降为空间。柏格森认为认识绵延只能运用直觉的方式，而直觉就是进入事物内部与事物合而为一，从中去体验世界本身独一无二的东西，与生命之流共振合拍。因此柏格森的时间学说一开始就是建立在主客关系基础上的，但相较而言，偏于主观一方，他说："绵延与陆续出现并不属于外界，而只属于具有意识的心灵。"① 相应地，柏格森的空间学说虽偏于客观一方，但是也没有脱离主体，因为柏格森扩大了空间的范围，空间不仅是指事物的位置、形状的外在排列，而且我们的智力本身、我们的思维逻辑也是空间化的、几何化的，因此柏格森的空间也是建立在主客关系上，只不过在柏格森看来，我们思维的东西一旦被对象化、逻辑化，它就沦为空间，不具有真正的主体性了。虽然柏格森的时空学说奠定在主客关系上，但柏格森认为世界的真实在于时间，而空间则是认识时间的一种不完善的方式，因此这就决定了其时空学说偏于主观的一面。具体来说其时空学说有以下两个特性：时间的优先性和时

---

① ［法］柏格森：《时间与自由意志》，吴士栋译，商务印书馆1958年版，第81页。

空的统一性。

（1）时间的优先性。柏格森以极具思辨张力的文字，深入而精辟地分析了时间与空间在性质上的不同，突出了时间的优先性：一是时间是整体互渗的而非分割孤立的。因此他诠释绵延道："我们可以设想有一种没有区别的陆续出现，并可以把它当作一堆因素的互相渗透、互相联系和共同组织；其中每个因素代表着整体，又只有抽象的思想才能把每个因素跟整体辨别或分开。"① 也就是说每个因素都不是孤立的，而是与整体有着性质上的统一性。继而柏格森解释了数量上的统一性与性质上的统一性，前者是指各个部分之间的关系是外在的，各个部分是可测量、可计算的，每一个部分的改变不影响整体的性质；而后者则是互相渗透的，部分或要素的改变会导致整体性质的改变，柏格森总结道："纯绵延是完全性质式的。除非被象征地表示于空间，它是不可测量的。"② 关于纯绵延或真正的时间这种整体的互渗性和性质统一性，柏格森举了音乐的例子作说明，在柏格森看来空间的数量的统一性犹如链条，虽环环相扣，但每一环节的缺失不影响整根链条的性质，而时间或绵延犹如音乐，虽然一首歌是由不同的音符、节奏组成，但每一个音符或节奏和整首歌是一个统一整体，如果不适当地拖长或缩短某个音符，整首歌的性质就会发生改变，甚至曲不成曲，时间这种互渗性和性质统一性是完全不可分的。二是时间是未知的而不是已知的。柏格森认为时间作为连续性，作为变化本身，是未知的，而当我们用已知的东西来表示时间，犹如用桥梁来表示桥下的流水一样，已不是流水本身，同样我们用钟表的刻度来表示时间，也是非时间性的，因为时间是单位之间的东西，无论这些单位分得多么小，时间永远是"之

---

① ［法］柏格森：《时间与自由意志》，吴士栋译，商务印书馆1958年版，第68页。
② ［法］柏格森：《时间与自由意志》，吴士栋译，商务印书馆1958年版，第70页。

间"的东西,是连续性本身。不仅时间作为变化和连续无法用外在方式加以把握,而且时间的未知性还表现在它无法预测,如果时间是可以预测的,那么现在、过去、未来就可以以空间的方式排列出来,时间就下降为空间了,由此柏格森强调以时间—发明代替时间—长度,他说:"我们越是研究时间,就越是会领悟到:绵延意味着创新,意味着新形式的创造,意味着不断精心构成崭新的东西。"① 三是时间是与心灵体验相关的内在的而非外在的对象。柏格森认为时间是意识状态的互相渗透,它只属于"具有意识的心灵",他说:"意识所觉到的内在绵延不是旁的,而只是意识状态的互相溶化以及自我的逐渐成长。"② 他还认为时间需要我们去体验时间单位本身,他说:"对我们这些有意识的生物来说,重要的却正是这些单位,因为我们并不去计算间隔的端点,而是感觉这些间隔,生活(live)这些间隔。"③ 也正由于时间与我们心灵、与我们情感与共,因此它内在于我们的生命,构成了我们的基本自我。柏格森认为这种深层的自我是性质的统一体,很难被观念和语言所捕捉,相反,表层的自我则呈现为数量的统一体,是易于把握的,所以他说:"我们所最坚持的信仰是我们对它们觉得最难加以说明的信仰;我们为它们辩护时所用的种种理由很少时候是那些使我们接受它们的理由。"④ 正由于时间这种非对象化内在于心灵的性质,时间本身就构成了我们生命的内在奥秘。柏格森在确定时间优先性的同时,认为空间也是必要的,因为共同的生活和交流需要把世界外在化、对象化,他说:"随着社会生活的条件逐步齐备起来,那把我们意识状态

---

① [法] 柏格森:《创造进化论》,肖聿译,华夏出版社 1999 年版,第 16 页。
② [法] 柏格森:《时间与自由意志》,吴士栋译,商务印书馆 1958 年版,第 72 页。
③ [法] 柏格森:《创造进化论》,肖聿译,华夏出版社 1999 年版,第 292 页。
④ [法] 柏格森:《时间与自由意志》,吴士栋译,商务印书馆 1958 年版,第 91 页。

从内向外移动的潮流也逐步强大起来。"① 这样看来，时间和空间的区别乃是同一世界对我们主体显现方式的不同，其实二者之间的关系具有内在统一性。

（2）时空的统一性。在柏格森的生命哲学之中，时间与空间乃是同一世界、同一生命大化之流对主体显现的不同方式。当我们进入世界内部，与生命之流合拍时，我们的把握方式是时间性的；而当我们把世界外在化、对象化，我们的把握方式是空间性的。正因为此，柏格森的时间和空间统一于同一的生命之流，具体来说这种统一性表现为：一是空间中有时间。柏格森认为空间本来是彼此外在的，但当我们把这些彼此外在的部分排成一个变化的系列，如把只发生在一个地点的钟的摆锤的连续摆动并排置列起来，它就成了通常意义上的时间。因此通常意义上的时间乃是空间和真正意义上的时间（即绵延）的一种混合物，这是因为绵延的各部分、各瞬间是互相渗透的，它的流逝和变化是非均匀的，而通常意义上的时间则是均匀流逝的，这种均匀性表明其过去、现在和未来是彼此外在的，不能互渗的，这其实是一种典型的空间关系。因此通常的均匀流逝的时间乃是绵延的变化和空间的均匀性（或"纯一媒介"）的一种合成，空间本身就蕴含了通常意义上的时间，柏格森就指出："对于这两种实在（指空间和绵延——引者注）加以比较，使人们关于绵延有了一种从空间派生出来的象征表示。这样一来，绵延就具有纯一媒介的虚幻形式。"② 二是时间中有空间。时间即绵延当它作为对象被认识、被区分为不同的瞬间和阶段时，它就空间化了。柏格森就说："在各种情况下，我不仅表示我有能力去知觉一堆因素的陆续出现，而且表示我能在对它们加以辨别后再把它们排成一个

---

① ［法］柏格森：《时间与自由意志》，吴士栋译，商务印书馆1958年版，第93页。
② ［法］柏格森：《时间与自由意志》，吴士栋译，商务印书馆1958年版，第74页。

行列：简言之，我已经有了空间的观念……甚至仅仅关于时间内某种先后次序的观念，自身之内就涵有关于空间的表象，因而不能用来界说这种表象。"① 还有一种情况就是作为自我意识状态的绵延在与外界接触时受外因影响，从而也显现出了空间的凝固性——"自我的绵延本来是时刻更动的，但在被投入纯一空间之后就被固定下来了；同样地，我们的种种印象本来是经常变化的，但由于它们围绕着那产生它们的外因，它们就表现明确轮廓和具有不可动性了"②。三是时间与空间是同一生命之流的两个不同方向。时间是与生命之流一起扩张向前，与生命之流融为一体；而空间则是生命之流的一种对象化，是对生命之流的一种切割。前者是直觉的、生命的，后者则是智力的、几何的。柏格森就说："直觉与智力代表意识运作的两个对立方向：直觉只朝着生命的方向前进，而智力则朝着相反的方向前进"③。"智力在生命周围活动，从生命外部采取尽可能多的视点，将生命拉向自己，而不是进入生命内部。然而，直觉（intuition）却将我们引向了生命的最深处。"④ 时间与空间、直觉与智力虽然是不同的方向，但是二者对我们完整地把握世界均属必要，毕竟前者使我们置身于以张力、不断的创造和自由活动为形式的世界本身的生命进程中，而后者则使我们赋予这个世界以秩序、逻辑和必然。因此这两个方向理应是统一的，所以柏格森认为："不同的进化，既有可能造成一种或者更为智力的人性，也有可能造就一种更为直觉的人性。在我们所具有的那种人性当中，为了智力，其实几乎全部牺牲了直觉。"⑤ 但是"完整的和完善的人性往往会使意识

---

① ［法］柏格森：《时间与自由意志》，吴士栋译，商务印书馆1958年版，第69页。
② ［法］柏格森：《时间与自由意志》，吴士栋译，商务印书馆1958年版，第88页。
③ ［法］柏格森：《创造进化论》，肖聿译，华夏出版社1999年版，第227页。
④ ［法］柏格森：《创造进化论》，肖聿译，华夏出版社1999年版，第150页。
⑤ ［法］柏格森：《创造进化论》，肖聿译，华夏出版社1999年版，第227页。

活动的这两种形式都得到充分发展"。①

  从柏格森的生命哲学时空观以及爱因斯坦的相对论时空观都不难看出,时空的本质已不能单纯归因于主观性或客观性,而是主客统一的。但如果主客没有实现真正的内在统一,则我们只能在时空本质上要么承认时空的主客统一偏于客观性的一方(如爱因斯坦的时空学说),要么承认其主客统一偏于主观性的一方(如柏格森的时空学说),这样时空问题仍然被束缚在主客二元对立的传统视域下,无法实现时空思维上的质的跃迁,因此问题的真正解决,便是从实践出发,从这一实现主客内在统一的真实基础出发。至此,从实践哲学维度重新诠释时空的本质便成了我们的根本课题。

---

① [法]柏格森:《创造进化论》,肖聿译,华夏出版社1999年版,第227页。

第二章

时空的生活实践基础

克服传统的主客二分模式对时空本质理解的局限,我们将重新回归实践和生活。在实践和生活中有着一切时空最始源的形式,而外在化的取得统治地位的客观时空,也是由社会生活所内在规定的,生活实践无疑是一切时空的基础和源泉。

一 时空思维:从主客二分到实践

从传统的主客二分模式来定义时空的本质,其突出的两个局限在于:一是时空的两极化;二是时空的外在化。

其一,时空的两极化。时空的两极化是指时空的本质要么被定义为主观性,要么被定义为客观性,从而使时空失去了在生活世界中的多重含义。其实在我们的现实生活中,时空从来就不是单质、抽象的,它是由生物时空、社会时空、精神文化时空、自然物理时空等交织成的一个多维系统,这些时空本身各具特色,具有异质性。正如福柯提出的异质性的"异位"是我们生活的现代世界的典型空间,这种空间是"杂乱无章、无据可寻、无序堆砌"的,它表现为现实的"场址"和"场址"之间的诸种关系,他说:"我们生活于

实践时空观 >>>

一套关系之中,这些关系勾画了各种场址的轮廓,彼此无法还原,也绝对不能彼此叠加。"① 福柯识别了许多这类场址,包括墓地与教堂、戏院与花园、博物馆与图书馆、集市与"度假村"、兵营与监狱、妓院与殖民地等,与这种现实的场址或"真正的地方"相比,发轫于伽利略的物理性的均质空间反倒沦为"基本非真实的空间",是一种空间的乌托邦。关于这一点皮亚杰也从发生学意义上给予阐释,他认为我们通常认为的具有容器性的均匀的空间乃是一种现实存在的空间的发展和抽象化,儿童最初的空间感觉只是一种"杂凑空间",他说:"我们观察到在开始时儿童并不存在含有以物体和事件作为内容(如容器含有它的内容一样)的单纯的空间或时间次序,而是存在着几种完全以儿童自己的身体为中心的杂凑空间——如口部的、触觉的、视觉的、听觉的和体态的空间——以及某些时间印象(如在时间上等候妈妈等),但没有客体间的协调。"② "异位""杂凑空间"都表明了空间形态和空间本质上的多样化,其实时间又何尝不是如此。那种均匀流逝的牛顿的数学意义上的时间也只是时间的一种理想,更常见的现实的时间往往是以"时机""节奏""节日""假期""紧急""悠闲"等多种方式存在的。在这里,无论是把时空视为主观抑或客观都是对现实生活的一种简单裁量,都避免不了时空内容上的笼统和空疏。而且随着后工业社会的来临,由信息、科技、人工智能合成的"虚拟世界"、网络空间也对时空本质的两极化提出了质疑,毕竟如果把信息时空、虚拟时空仅视为主观性的,无疑会使依靠科技进步和文明发展积累起来的成果虚无化,但如果把它们视为客观的真实的时空,那么它们与我们现实生活的时空其区别又显而易见,它的客观性究竟何在呢?

---

① 参见[美]苏贾《后现代地理学:重申批判社会理论中的空间》,王文斌译,商务印书馆2004年版,第25—26页。
② [瑞士]皮亚杰:《儿童心理学》,吴福元译,商务印书馆1980年版,第14页。

显然这其间的分际单从两极化的角度是很难界定的。再者，时空的两极化还存在着一种理论上的悖论，这是康德和罗素提出来的。康德认为如果时空是客观的，这就表明事物的位置、形状及先后次序的不同使我们产生了时空意识，因为先有客观的时空才有主观的时空。但问题是事物位置、形状的不同，先后次序的不同，我们之所以能一开始就辨别出是因为我们已先有了先天时空感性形式，因而主观的"先验时空"具有逻辑先在性。与康德相反，罗素提出的问题是如果时空是主观的，那么我们为何还要去观察和计量事物之间的空间差别和时间差别，还要到经验中去认识具体的时空，而不直接诉诸先验思维的无所不能呢？显然这种主观化的先验时空本身是有问题的，其实康德和罗素的观点都各有其合理性，这也是时空两极化所无法避免的一个矛盾，矛盾的解决需要融合主客观的一种时空新思维。但现在我们还是暂且搁置这个问题，先来关注一下传统时空思维的另一个局限。

其二，时空的外在化。它是指时空日益被视为与人的生存体验无关的外部的纯客观存在，时空的生存性意义被遮蔽了。不过时空的这种外在化也有其相对合理性，因为我们共同参与的社会生活，需要把时空作为客观的对象来把握，因此一种可测度的、能为现实生活提供规范和标准的外在化的时空观取得了优势。这具体体现在钟表和量杆的广泛使用以及科学时空观，尤其是物理时空观的迅速传播，像牛顿的绝对时空、爱因斯坦的相对论，我们都耳熟能详，相反依赖于个体体验的本能时空、心理时空、精神文化时空，因其不具有公共效准，往往被视为非真实的、虚幻的而被大众所忽略。但是这种外在化的时空观却是时空的抽象化和自身意义的丧失，因为现实的时空都是内在于人的生存的，我们总是生活在不同的空间和时间中，有的空间使我们感到悦目舒适，正如古希腊人认为圆形、球体、正多面体是理想图形一样；有的空间则使我们感到厌恶不适，

实践时空观 >>>

如尖锐的、断裂的、不规则的、密密麻麻的空间形状都具有这样的效果。同样有的时候我们感到悠闲自在，有的时候则烦躁不安，有时嫌时间过得快，有时又嫌时间太慢……这都表明时空绝对不是与人漠不相关的物理、数学意义上的东西，把时空视为外在的、客观的反倒是一种抽象模糊的处理，因为客观性本身也是值得追问的。这就好比"今夜有暴风雨"这个陈述，表面上看来是清清楚楚的，但"今夜"的时间划定，多大的雨称得上是"暴风雨"，其实都掺入了人为的规定在里面，是内在于人的生存体验的。因此针对外在化的客观时空，这种客观我们也同样可以反思，它在何种意义上是客观，有一种适用于所有人的没有个体的内在体验参与的客观时空吗？回答是否定的，其实我们所谓的客观时空，乃是依赖于个体体验的平均化和综合作用形成的，如果人参与世界的方式被扭曲，则"客观"的时空同样会发生扭曲变形。正因为如此，疯癫者、梦游症者的客观时空与正常知觉者的客观时空是不一样的。梅洛-庞蒂就揭示了疯癫症者的时空建立在人与世界关系的"距离"处理得过长或过短：过长则置身的世界显得与人漠不相关，"大多数事件对我来说已不再显得重要"，时空呈现为恍恍惚惚的虚无离散状态；过短则使事物失去其固有位置，事件堆积缠绕着自我，一个客观正常的自由的时空距离不能被保持。他举例解释道："由明考斯基医治和村本堂神父照料的一位精神分裂症患者，总以为他们碰在一起就是为了谈论他。一位年老的精神分裂症女患者以为很像另一个人的一个人认识她。主观空间的缩小不再给病人留下任何余地，也不再让偶然性发生作用。"① 同空间须建基于人与世界的内在关系一样，对于时间，梅洛-庞蒂也指出："因果关系在成为物体间的一种关系之前，也是基于我和物体的关系。谵妄性因果关系的'短路'和有条理思

---

① [法] 梅洛-庞蒂：《知觉现象学》，姜志辉译，商务印书馆2001年版，第364页。

维的因果长链一样，也表示存在的方式"①。这样看来，时空的客观距离是奠定在人与世界的"主观距离"基础上的，时空不是外在的、客观的，它始终反映着我们生活的广度和深度，体现着我们对世界的参与和真正的存在方式。

实际上，我们对传统时空思维这两个局限的揭示，就已经进入了实践境域。因此唯有转换思维模式，即从主客二分模式走向后主客式的实践思维，立足生活世界，才能克服传统思维的这两个局限，建构具有真正现代意义的时空观。这基于：一方面唯有从实践出发，才能统摄时空诸形态，超越时空思维的两极化倾向。由于"社会生活在本质上是实践的"，实践是现存感性世界非常深刻的基础，因此从实践维度去把握不同的时空形态，具有最广泛的涵摄力，这样不仅传统的主客二分的时空形态如精神、心理、自然、物理时空被包容，而且不那么好分的、介于二者之间的虚拟时空、信息时空、符号文化时空也可以被涵盖，又由于生活世界是一切时空的原型，从实践出发不仅能包容一切时空形态，而且能够对时空的脉络及演化轨迹进行正本清源的梳理，使时空研究从笼统空泛走向微观具体。更何况实践作为马克思主义哲学的核心范畴，具有本体性的意义，它在主客分化之先，因此从实践出发，才能既避免时空的主观性与时空的客观性何者先在的逻辑悖论，毕竟二者都是派生的，又能够突破科学时空观、社会时空观、心理文化时空观的学科狭隘视阈，使时空理论真正上升为具有哲学解释效力的新时空理论形态。另一方面也唯有从实践出发，才能突破时空的外在化倾向，获得其本真的生存性意义。时空外在化倾向的根源在于割裂了主客统一，这不仅包括割裂了主观的外在化的客观时空，也包括割裂了客观的、从

---

① ［法］梅洛-庞蒂：《知觉现象学》，姜志辉译，商务印书馆2001年版，第364页。

实践时空观 >>>

主观出发的外在化的先验时空，这两种外在化都导致了对时空理解的抽象和浮泛，时空成了与人的具体的生存境域无关的纯形式上的东西。在这种时空中，无论何时何处，时空都是一样的，时空与人的行为、情感和自由的内在相关根本不被考虑，这样的时空是不符合生活的真实的。因此只有从主客统一的实践出发，形成既不同于主观主义又不同于客观主义的实践思维方式，时空本有的内在于人的体验的生存性意义才能被恢复和澄清。这里我们以空间的立体感或"深度"的形成为例，具体来谈为何从实践尤其是实践思维出发，才能揭示真正的时空这个问题。首先立体感或"深度"的形成不可能完全依赖客观思维，因为倘若我们的目光是无限的、无遮拦的，那么事物由明暗、深浅的差别造成的"深度"或立体感就会消失，因为明暗和深浅依赖于事物部分被看到和部分不被看到，它的存在必须隐性地设定从某一个方向观察、体验和生活的主体，所以贝克莱就认为事物的立体感或"深度"是目光造成的一种假象，它不是事物的固有属性。同样，立体感或"深度"的形成也不能完全依赖主观思维，因为正是在现实存在的事物中，我们才发现了真正的空间立体感或真正的"深度"。这样通过对空间立体感或"深度"的揭示，我们发现了一种既不同于主观思维又不同于客观思维，却又内在地包含二者的与人的体验相关的思维形式——实践思维，正是实践思维揭示了真正的空间。时间的情形也与此类似。所以最终的结果便是时空与实践在一定意义上形成了互释：一方面以时空为基底，我们才明了实践思维的真正独立意义，它不是在主客之间"搭桥"，而是把二者融合成了新形态，是二者的真理。另一方面只有通过实践思维去理解时空，时空既不会完全主观化，又不会完全客观化，才会从外在性中解脱出来，获得自身存在的真实内容、自身的生命。

以上两方面表明，我们需要从实践出发去建构新的时空观，在某种意义上这种建构也可以称为一种重建或回归，盖因时空本就具有生活实践的真义，只不过在历史发展中它被遮蔽、遗忘了，而现在我们不过是重返其根基，把其生活实践的真义重新揭示、澄明出来罢了。

二 时空的生活世界溯源

时空的溯源我们可以分为两种情况：一种是现象学意义上的时空溯源；另一种是发生学意义上的时空溯源。现象学意义上的时空溯源是指一种逻辑在先的或最始源的时空是如何显现的，而发生学意义上的时空溯源是指时空是如何发生的，其最早、最原始的时空形态如何，这是一种基于时间先在的时空考察。更具体地说，现象学意义上的时空对应于我们的直觉体验，指的是在没有形成明确的时空意识之前的一种时空直接体验，正是这种直接体验发展出了后来作为意识的客观对象来把握的时空。而发生学意义上的时空对应于时间，即最早、最初的时空是如何发生形成的。这两种时空都具有原初和始源的性质，但现象学意义上的时空无疑更根本，因为发生学意义上的时空虽是时空的幼稚形态，但时空毕竟已作为现成的对象被明确把握，因而从时空意识的已实现和尚待实现来看，显然尚待实现的处在前意识阶段的现象学意义上的时空更源始。

现在我们就分别从空间和时间上来揭示这种现象学意义上的始源时空。从空间上看，最源始的空间并不是现成摆在那里的与主体无关的客观空间，相反它是一种体验活动本身内在固有的。这种体验活动的空间在胡塞尔那里表现为通过"看"的活动直接获得的空间，在这种空间中一切都直接在我们的视域之内，"我们可以在这里发现各种相互并列、相互叠加、相互蕴含的关系，可以发现那些完全包围着这个领域的某一个部分的封闭界线,等等。但这些并不是客观空间的关系"。① 注意这些关系不是"客观空间的关系",所谓"客观空间的关系"是指远近、上下、距离位置已区别好的空间关系,但在这种直接看到的空间中远近、上下的区分是无意义的,遥远的太阳和近处的房子一起显现,天空和大地一起显现。而当我向另一个人指示空间时,他通过直接的看就明白了,我没有必要过多地说某样东西近、某样东西远、某样在某样的旁边,这种情况除非是被指示者不在场或目盲,总之被指示客观位置的空间不如直接的"看"更清楚明白。所以胡塞尔揭示道:"如果我们说,视觉领域的一个点离开这个桌角一米,或者,这个点是在这张桌子旁边,在这张桌子上面等等,那么这种说法根本毫无意义。同样,事物显现当然也不具有一个空间位置或任何一种空间关系:房子—显现不会处在房子旁边、房子上面,不会离房子一米远,如此等等。"② 无疑,胡塞尔这种原初的"显现"性的空间,是源自视觉上的体验活动,由"看"生成的。在这里,我们还应注意有两种"看":一种是主体对客体的反映的"看",这种"看"是以客体预先存在为前提的,不是构造性、生成性的活动,不具有实践的意义;另一种即胡塞尔的"看",这个"看"是构成客体的活动,正是在"看"中、在目光中,客体被构成,空间的距离、位置被安排,世界得以成形,这是一种生成性的、建构性的活动,"看"在这里实质上是一种实践活动。

梅洛-庞蒂则揭示了与"看"不同的一种身体活动的原初空间,这种空间"不是如同外部物体的空间性或'空间感觉'的空间性那

---

① [德] 胡塞尔:《生活世界现象学》,倪梁康等译,上海译文出版社2005年版,第74页。
② [德] 胡塞尔:《生活世界现象学》,倪梁康等译,上海译文出版社2005年版,第74页。

样的一种位置的空间性,而是一种处境的空间性"。① 这种"处境的空间性"是指我们不是根据物体的外部位置来区别空间,而是在由身体活动的综合机制形成的某种情境中就使我们对空间有一种类本能的直接洞悉。梅洛-庞蒂揭示道:"如果我站着,手中紧握烟斗,那么我的手的位置不是根据我的手与我的前臂,我的前臂与我的胳膊,我的胳膊与我的躯干,我的躯干与地面形成的角度推断出来的。我以一种绝对能力知道我的烟斗的位置,并由此知道我的手的位置,我的身体的位置,就像在荒野中的原始人每时每刻都能一下子确定方位,根本不需要回忆和计算走过的路程和偏离出发点的角度。"② 这种有别于物体的位置空间,被我们直接占有的身体活动空间之所以具有始源性就在于:一方面当我们还没有明确地意识到它时,我们就拥有它了,而当我们活动不谐和时,客观的位置空间才突兀出来。也就是说,位置空间滞后于身体活动空间,甚至在某种意义上是一种"倒退"。这就譬如在打字时,我们凭着手指的运动变化就自动地拥有了整个键盘的空间位置,或者说空间位置此时根本就没有表现为空间位置,而当我打错字了或手累了,每一个字母或键盘的客观位置才凸显。所以在这里及在更一般的意义上,位置空间是由身体活动的空间性揭示的,梅洛-庞蒂说:"如果我没有身体的话,在我看来也就没有空间。"③ 另一方面身体活动空间的原初性还表现在当对客观位置的辨别力丧失时,通过身体活动机制位置仍然会被发现,这表明身体活动空间是最切近人、最始源的空间形式。如精神性盲者,他不能一开始就正常地指出身体的各个部分(如器官),但是通过身体的运动,他们能找到自己的位置目标:"如果人们要求

---

① [法] 梅洛-庞蒂:《知觉现象学》,姜志辉译,商务印书馆 2001 年版,第 137—138 页。
② [法] 梅洛-庞蒂:《知觉现象学》,姜志辉译,商务印书馆 2001 年版,第 138 页。
③ [法] 梅洛-庞蒂:《知觉现象学》,姜志辉译,商务印书馆 2001 年版,第 140 页。

病人在闭上眼睛的情况下做一个抽象运动,那么,为'找到'作为效应器的肢体,运动的方向或姿势,以及运动展开的平面,他需要进行一系列的准备运动。如果人们不是很明确地要求病人运动他的胳膊时,他开始时就不知所措。然后,他摆动整个身体,接着,运动局限于病人最后'找到'的胳膊。如果人们要求病人'抬起胳膊',那么病人也必须通过一系列的摆动来'找到'他的头(在他看来,头是'上'的象征),在运动的整个期间,摆动是持续进行的,以确定目标。"① 这个例子从反面证明了在正常的客观空间识别被疾病剥夺时,身体活动空间仍然保持着,因此由身体活动构成的情境空间比客观位置空间更具有始基和本原性。

  由于海德格尔的空间观更具有整合性,在这里我们把它放在梅洛-庞蒂之后来探讨,其实在时间上应在梅洛-庞蒂之前。海德格尔认为真正的源始空间是由我们对用具的使用和操作的"上手状态"决定的,上手状态即操作活动决定了用具摆放的具体位置,如笔、墨、纸张为何放在一起,毛巾、牙膏、牙刷为何又放在一起,这都基于它们属于不同的活动整体,从不同的活动整体取得位置的。这种活动整体本身的空间性,一方面规定了用具的客观位置:"周围世界上到手头的工具联络使各个位置互为方向,而每一位置都由这些位置的整体方面规定自身为这一用具对某某东西的位置。"② 另一方面作为"上手状态"的空间性,它也跟梅洛-庞蒂的身体活动空间相类似——"它在一种更源始的意义上具有熟悉而不触目的性质。只有在寻视着揭示上手的东西之际,场所本身才以触目的方式映入眼帘,而且是以烦忙活动的残缺方式收入眼帘的。往往当我们不曾在其位置上碰到某种东西的时候,位置的场所本身才首次成为明确

---

① [法]梅洛-庞蒂:《知觉现象学》,姜志辉译,商务印书馆2001年版,第149—150页。
② [德]海德格尔:《存在与时间》,陈嘉映等译,生活·读书·新知三联书店1987年版,第127页。

可以通达的"。① 也就是说，在正常的操作活动中，用具的位置或场所往往我们没有意识到，而在操作活动异常即"残缺"时，如因某种东西不合手，该用时找不到，其空出的位置或场所反而更容易被意识到。这种"上手状态"的空间性所具有的从整体制定位置以及不触目的熟悉性，就发展出了"定向"和"去远"这种最一般的空间生成形式。所谓"定向"就是确定位置和方向，从其始源性上来说，它不是客观的，而是依赖于人们的活动整体，由生活实践决定的，如东方、南方这些方位，表面上看来是固定的，但是对于一个中国人或一个世界公民来说，含义就大不一样，原因就在于一个在国内活动，一个则在全球范围内活动。"定向"的目的就在于"去远"，即使距离远去，也就是使陌生的、那里的东西，靠近前来成为我们熟悉的、这里的东西，便利我们的生活实践，如果不是这样，我们没有必要确定事物的位置和方向，没有必要测量事物之间的距离相距几何。空间的这种"去远"使事物为我们熟悉的性质，表明在其初始形态上，是与我们生活化的行为活动相关，浸透着生活的内容的。如在最普通的问路中，我们不会说那里距这里多少里，而是回答坐几站车就到了，或抽支烟就到了。在这里行为活动直接就是具有空间性的，或者说空间直接就是行为化的、实践的。海德格尔通过"定向"和"去远"揭示了方向和距离的源始意义，揭示了一种与活动本身相伴的空间性乃是客观空间生成的源头。

这样我们通过胡塞尔的"看"的活动的空间性，梅洛－庞蒂的身体活动的空间性，以及海德格尔的"上手状态"的空间性，揭示出了现象学意义上的原初空间是与人的存在方式、生活实践内在相关的，因此最原初的空间不是客观空间，而是一种实践空间。

---

① ［德］海德格尔：《存在与时间》，陈嘉映等译，生活·读书·新知三联书店1987年版，第129页。

实践时空观 >>>

从时间上看,具有现象学意义的始源时间我们可以分为三类:一类是由胡塞尔揭示的,认为声音或旋律体验是时间起源的"素材";另一类是通常的看法,认为运动是始源意义上的时间;还有一类是由海德格尔揭示的,认为"时机"是最本源的时间。这三类原初时间(或"时间原型"),我们认为都与广义的实践活动内在相关。先来谈第一类,胡塞尔认为"正如现实的事物、现实的世界不是现象学的素材一样,世界时间、实在时间、自然科学意义上的自然时间以及作为关于心灵的自然科学的心理学意义上的自然时间也不是现象学的素材"。① 这些时间不是现象学的素材就在于它们本身的存在是值得怀疑的,它们的含义必须借助于对时间的直接体验才能被理解。因此,胡塞尔就说:"现象学的素材是时间立义,是客观意义上的时间之物显现于其中的体验。"② 那么什么样的时间体验才是最本源的呢?胡塞尔选择了声音和旋律作为时间体验的现象学素材,他说:"对一个声音过程的意识,对我刚听到的一个旋律的意识指明了一种相继,对此我们拥有明见性,而这种明见性使得任何一种怀疑和任何一种否认都显得毫无意义。"③ 胡塞尔还具体分析了声音和旋律并揭示道,我们之所以能听到一段声音和旋律,而不是机械的一声、两声、三声……就在于已过去的声音在当下有一种"滞留",而将来的声音我们也能在当下有前瞻的"期待"。而这种当下的"滞留"和当下的"期待",以及"当下"本身就发展出了客观时间的过去、现在和将来,虽然这个过程异常复杂,但是胡塞尔的原初时间(即时间立义)是一种体验活动,尤其是与声音或旋律相

---

① [德]胡塞尔:《生活世界现象学》,倪梁康等译,上海译文出版社 2005 年版,第 73 页。
② [德]胡塞尔:《生活世界现象学》,倪梁康等译,上海译文出版社 2005 年版,第 74 页。
③ [德]胡塞尔:《生活世界现象学》,倪梁康等译,上海译文出版社 2005 年版,第 73 页。

关的体验活动却是可肯定的。

接着谈第二类，即通常的看法认为运动是最原初的时间。这又分为两种情况：一种是时间直接就是运动。如柏拉图认为"时间是天球的运动"，我们在日常生活中也用天体的运行作为时间的标记，如年、月、日就是如此，此外生活中"时间如流水""光阴似箭"的说法，也都是用运动来表示时间。另一种是时间与运动有差别，它是一种特殊的"运动"。时间与运动的差别亚里士多德就揭示过，他认为尽管"时间是不能脱离运动变化的"，但即使没有运动，时间也会流逝，运动和时间是个别和一般、特殊和普遍的关系。巴罗的观点也与此相近，他提出："就时间绝对的和内在的本性而言，时间的确不更多地意味着运动。时间的量，本身既不依赖事物的运动也不依赖静止，因为不管事物运动还是静止，不管我们睡着还是醒着，时间都一如既往地流逝一个等量的行程。"① 尽管亚里士多德和巴罗都认为运动和时间有差别，但是他们最终不得不承认时间也是一种运动，是一种特殊的运动，即按亚里士多德的说法是时间是同等地出现在一切地方和一切事物同在的运动，巴罗也认为："时间作为一条有长度的直线可以被看成一个点向前运动的轨迹，可以被一个点也可以被一个运动划分，所以，时间也可以被看成一个持续流逝的运动轨迹，可以被一个时刻或一段时间流所划分。"② 其实，巴罗的观点与后来牛顿的均匀流逝的绝对时间已颇为接近，最终运动和时间的差别以时间在牛顿的力学体系中被阐释为：与外界事物无关均匀地流逝着的而告一段落。可是即便在牛顿的绝对时间概念里，时间仍然是一种运动，一种与具体事物无关的绝对运动。综合以上两种情况，运动似乎便是最原初的时间了，如果是这样，那么凡认为

---

① 参见吴国盛《时间的观念》，中国社会科学出版社1996年版，第135—136页。
② 参见吴国盛《时间的观念》，中国社会科学出版社1996年版，第136页。

运动是时间的学说岂非都具有了现象学的意义。但情况并非如此，毕竟现象学始源意义上的时间是绝对自明的、直接依赖于人的体验的，而运动在通常的理解中往往是脱离人的客观的运动，时间也因此成了脱离人的现成摆在那里的客观时间，丧失了其原初性。因此除非我们把运动理解为与人内在相关，运动是原初的时间才具有现象学的始源意义。那么我们能实现这一目标吗？其实早在古希腊芝诺运动悖论中的"飞矢不动""善跑的阿基里斯追不上乌龟"就充分说明了对运动不能把它分割为孤立、静止、客观的点，运动始终是在各个点之间的东西，因此柏格森认为把握运动涉及两方面要素：一个是经过的空间；另一个是经过空间的动作。他举例当看到流星时，能自然、本能地辨别两种东西："一种是流星所经过的空间，它对你显得象一条发亮的线；一种是对于运动或对于可动性的感觉，而它是绝对不可分割的。"① 可见对运动的更本源的把握涉及人的体验活动的参与，因此柏格森的时间学说是具有现象学的始源性的。事实上牛顿把时间视为匀速的运动，这里匀速与非匀速的区分同样依赖于我们内在体验的参与，但牛顿没有意识到这个问题，他的绝对时间不具有始源性。爱因斯坦后来批判牛顿就是把运动重新理解为与经验观察及人的体验活动内在相关，因此相对论对时间的把握在这一意义上也是具有现象学的始源意义的。所以在认为运动是最原初的时间这一类观点中，从现象学的视域上看，隐匿着的仍然是人的存在方式、活动体验。

最后谈第三类，即海德格尔的时间阐释。海德格尔认为最原初的时间是时机，他称为"到时"，即到其时机，他说："时间性可以在种种不同的可能性中以种种不同的方式到（其）时（机）。"② 简

---

① ［法］柏格森：《时间与自由意志》，吴士栋译，商务印书馆1958年版，第75页。
② ［德］海德格尔：《存在与时间》，陈嘉映等译，生活·读书·新知三联书店1987年版，第362页。

言之,时机或"到时"就是指做任何事都恰逢其时,也就是某种环境条件使我觉得是时候做某事,这种"做……的时间",这种适当或恰好,就是最始源的时间,他说:"在烦忙中得到解释的时间向已被领会为做……的时间了。每个'现在作这作那之时',其本身向来就有适当与不适当之别。"① 这种"适当"地做事中,"做……的时间"就包含着人类把时间客观化以抓住时机的计时要求,同样也包含了过去、现在、将来这时间三向度的起源:"这事'而后'就要发生了,那事'先'要了结,'当时'错失之事,'现在'应被补上。"② 无疑,"而后""先""当时""现在"正是抽象的过去、现在、将来的原生形态。不仅如此,海德格尔还认为在做一事的间隙还可以做其他的事,这就导致了时间的可分割性。而恰当地做事需要光亮,需要视的可能性,而"日以其光明给予可能的视;夜剥夺这视"。因为白天能做事晚上不能做事,因此在"烦忙活动"中就生长出了"最自然"的时间尺度——日。海德格尔还以"看表"为例生动地揭示了看表不是读时间而是读事情,是在调整自己的当下活动中指向一种更本源的时间(即时机):"在用钟表确定几点钟之际,我们或明言或未明言地在说:现在这个时候是几时几时,现在是做……的时间了,或还有时间,亦即,现在到……还有时间。看表根据于一种获取时间并由这种获取时间所引导。在最基本的计时处已经显现出来的东西在这里变得更清楚了:以看表的方式依照时间调整自己这回事本质上就是说现在。在这里,现在向来已经就其可定期性、伸张分段、公共性与世界性这些结构的总体实情得以领会得以解释了;这一点是这样'不言而明',乃至于我们根本不予注意,更不对

---

① [德]海德格尔:《存在与时间》,陈嘉映等译,生活·读书·新知三联书店1987年版,第486页。
② [德]海德格尔:《存在与时间》,陈嘉映等译,生活·读书·新知三联书店1987年版,第477页。

之有明确的知。"① 注意这段话里两个省略号实指做什么事情，因此这段话首先意味着读表就是读事情；其次看表"由获取时间所引导"中的获取时间是已具有公共性和世界性的时间，也就是我们在读表时就已经先有一种一般大众化的、不言自明的对时间的理解和安排，一种公共的时间秩序和节奏；再次"现在"就是以"看表的方式依照时间调整自己这回事"，表明"现在"不是一个时间点，本质上是一种事情、一种活动，而且还是可调整分割的，这种调整分割包含对时间先后的定期和时间所固有的伸张性；最后在"看表"这件事中，时间的可定期性、伸张性、公共性与世界性全部被揭示出来。因此在海德格尔的哲学中，原初的时间乃是一种活动，做事的时机，它"不言而明"地存在着，以我们"根本不予注意"的方式彰显着生活实践的真义，而客观时间的全部结构却由它生成。

以上我们辨别了三类原初时间，亦印证了我们一开头的结论，它们都与广义的生活实践内在相关，揭示的是生活实践的本质。

既然，现象学意义上的原初空间和原初时间揭示的都是时空本身是人的存在方式，是内在于人的生活实践的。那么发生学意义上的时空溯源情形又如何呢？

关于发生学意义上的时空溯源，我们分为个体意义上的时空溯源和群体意义上的时空溯源。前者是指对个人而言时空是如何发生的，后者是指人类早期的时空观念的具体发生历程。先谈前者，关于人类个体即儿童时空观念的形成，皮亚杰曾做过深入的研究。皮亚杰认为儿童开始只有一些混杂的空间表象和时间表象，这些表象以儿童自己的身体活动为中心，这期间一种客观化的、对象化的时空观念并没有形成，但儿童在一岁到两岁的时期发生了一场哥白尼

---

① ［德］海德格尔：《存在与时间》，陈嘉映等译，生活·读书·新知三联书店1987年版，第488页。

式的革命,"所谓哥白尼式的革命,就是说,活动不再以主体的身体为中心了。主体的身体开始被看作是处于一个空间中的诸多客体中的一个"①,同时一定的时间因果关系也形成了。而这种情况的产生在于儿童自身活动的协调性,当儿童的活动不协调时,他的各种活动是分割孤立的,"每一活动各自组成一个把身体本身直接与客体联系起来的小小的孤立整体,例如,吮吸、注视、把握等活动就是如此"。② 由于各个活动都是孤立的,因此他的对象也是无秩序的、孤立的,即无时空的,因此只有当各个活动统一起来并形成一定的协调性时,才能把对象看成是一个统一体中的各个部分,即有时空位置的各部分。这正如皮亚杰所指出的:"使活动取得协调就是使客体发生位移,只要这些位移被协调起来,这样逐步地加工制作成的'位移群'就使得把客体安排在具有确定的先后次序的位置上成为可能了。于是客体获得了一定的时空永久性,这又引起了因果关系本身的空间化和客观化。主客体的这种分化使得客体逐步地实体化,明确地说明了视界的整个逆转,这种逆转使主体把他自己的身体看作是处于一种时空关系和因果关系的宇宙之中的所有客体中的一个。"③ 也就是说,时空的发生与主体自身活动的协调是一致的,即如皮亚杰所说:"他在什么程度上学会了怎样有效地作用于这个宇宙,他也就在什么程度上成为这个宇宙的一个不可分割的组成部分。"④ 不仅这种作为感知对象的客观时空的形成依赖于主体的活动,更为抽象化的、概念化的时空结构的形成也同样依赖于主体的活动,尤其是测量运算活动。皮亚杰认为空间的测量意味着:"(1)将它先分成各个部分,并选择其中一个部分作为一个单位,通过重

---

① [瑞士] 皮亚杰:《发生认识论原理》,王宪钿等译,商务印书馆1981年版,第24页。
② [瑞士] 皮亚杰:《发生认识论原理》,王宪钿等译,商务印书馆1981年版,第23页。
③ [瑞士] 皮亚杰:《发生认识论原理》,王宪钿等译,商务印书馆1981年版,第24页。
④ [瑞士] 皮亚杰:《发生认识论原理》,王宪钿等译,商务印书馆1981年版,第24页。

迭，使它与其他部分相等，如 a=a=a……；（2）将这个单位按照一定次序进行'位移'，如 a→a→a，等等，使它并不与其他部分相互重迭；（3）将这些单位变成相加的组合，如将 a 组入（a+a），将（a+a）组入（a+a+a）。可见，空间测量就是'位移'和各部分相加的综合。"① 由于空间测量涉及数量运算，皮亚杰还指出，儿童对空间测量概念的形成比儿童具有数量的概念迟约六个月。正是在空间测量及其数量运算中，儿童逐步具有空间的维度，空间的次序、邻接、分离，空间的开放、闭合等概念以及形成空间的基本结构，所以空间的结构是由空间的运算形成的。时间的情况也类似，时间结构的形成与运算过程同样分不开。皮亚杰指出："从时间观念的完整形式来看，它以下述三类运算作为基础：（1）事件的序列，它构成时间的先后次序；（2）发生在某一时间内的事件的时间间隔，即时间久暂观念的由来；（3）时间度量（远在任何科学作品之前，已在音乐领域的音符单位中起着作用）同空间度量相类似。"② 正是以这三类运算为基础，儿童形成了时间的基本结构。不过儿童对时间本质的认识到 10—11 岁才能达到，这大大迟于对空间本质的认识。之所以如此，缘于儿童总是认为一个运动的物体如果离得越远，这个物体运动的时间也就越长，而忘掉了物体运动的速度。只有当他把速度同运动在运算中自觉地联系起来，这才把速度看成为时间的一个客观标准，从而掌握时间的结构。③ 由上述内容可知，人类个体时空观念的初步形成及其时空结构的基本奠定，从发生学意义上来说，是与人的实践活动紧密相关的。

---

① 参见陈荷清、孙世雄《人类对时间和空间本质的探讨》，河南人民出版社 1986 年版，第 384 页。
② 参见陈荷清、孙世雄《人类对时间和空间本质的探讨》，河南人民出版社 1986 年版，第 385 页。
③ 参见陈荷清、孙世雄《人类对时间和空间本质的探讨》，河南人民出版社 1986 年版，第 384—385 页。

那么，从群体视角入手，人类早期的时空观又是如何发生的呢？先谈空间观念的发生，从空间方位的形成来看，有一个从左右、前后、上下到东西南北，最后到六合或宇的过程。而这整个发生过程，其实都与我们的日常生活实践密切相关，是由生活实践建构起来的。

最先形成的无疑是左右、前后和上下之类的方位，它们直接依赖于我们身体的活动，最简单又最实用。"甲骨文'左右'二字分别是左右两个手臂的象形。纳西象形文字则更真切，'左'为一人头朝左而伸左臂，'右'为一人头朝右而伸右臂。"① 而"上下"在纳西象形文字中，"上"为竖立者顶尖之物，"下"为脚掌所踩之物，有很强的生活色彩，但是甲骨文和金文的"上下"则显得有些抽象。至于前后，前即面前，后即背后，以及旁边、侧面、远近等，由于均以身体为支点，甚至在今天教育儿童也是必须辨别的，因此都同为最早形成的方向、方位概念。但这些方向、方位有一个弱点，即不能交流，只能自身携带，如果你告诉一个人左右、前后的方向，你必须还得另外找一个客观的参照物，这样具有客观性的"东西"方位的建立就有其必然。无疑，太阳是我们生活中最切近明显的参照物，因此东西方位的发生与日相关，"东方"即日出的方向，而西方则是日落的方向。例如，汉字的"东西"两字（指繁体字）有两义：一是从字形上说，东之形为日在木中，而这个木是指神话中的神木"扶桑"，相传太阳是从扶桑升到天空上的，因此"东"是指日出之所；"西"字的字形，其形状为鸟在巢上，指日落而鸟归巢。二是从字音上说，"东者，动也"，据说是"物见日出，群静皆动"；而"西"则是鸟栖之栖的音转，"东西"在字音上也是指日出日落。② 其实直接以日出日落为东西的标志，在

---

① 刘文英：《中国古代的时空观念》，南开大学出版社2000年版，第19页。
② 刘文英：《中国古代的时空观念》，南开大学出版社2000年版，第20—21页。

实践时空观 >>>

世界各民族中极为普遍。"北美印第安人的易洛魁部落，称东方为'特——卡——圭特——卡斯——瓜'，称西方为'哈——加——夸斯——瓜'，即'日出之方'和'日没之方'。阿拉伯语称东方为'舍格'（shege），称西方为'格阿勒布'（gealb），亦即'日出'、'日落'。"① "南北"的方位一般发生在东西之后，这由于南北方位不像东西方位那样明显，因此对南北的辨向原始民族比较混杂：有以地形辨向的，西南苗族、佤族、傣族的生活环境都是北高南低，于是先民们称"南北"为下方上方、下坡上坡。有以河流辨向的，纳西象形文字"南北"二字分别为"水尾""水源"之形，彝族"南北"亦是"水尾""水头"之意，这跟河流的南北走向相关。有以气温辨向的，北美易洛魁人称南方为"太阳高照之处"，称北方为"寒冷之方"，这是因为该地北冷南暖较明显。有以生活辨向的，由于蒙古包门朝阳（面向南方），因此蒙语称"南北"为"前方、后方"；阿拉伯语称南北为"右手、左手"，这是因为早上面朝太阳礼拜，自然右手为南，左手为北。还有的民族则一直没有南北的观念，如云南西盟佤族有明确的"东西"观念和专门的词汇，"南北"观念则不明确，没有专门词汇。这反映了方向与生活的关系，与生活实践最切近的方向也总是最先建立的，空间观念就是先有东西而后有四方的，因此"许多古书上称四方不说东南西北，而说'东西南北'；我们现在仍然把四方出产的一切物品，通称之为'东西'而不叫'南北'。这些都是因为在一个相当长的时间内，人们把周围的方位只是简单地划为东西两方的缘故。语言的表达方式，不过反映了那个阶段所造成的习惯"②。"东西南北"的方位再加上"上下"的方位，最终形成把空间总称为"六合""宇"。至于"六合"与

---

① 刘文英：《中国古代的时空观念》，南开大学出版社2000年版，第22页。
② 刘文英：《中国古代的时空观念》，南开大学出版社2000年版，第25页。

第二章 时空的生活实践基础

"宇"的最初含义,据刘文英先生考证,"合"作为名词,本来指的就是我们今天用的盒子,《广韵》曰:"合,器名。"《正韵》曰:"合子,盛物器。"最初的盒子可能是四方形的,整个结构有上下四方。所以,人们又用这个形象具体的东西抽象地概括一般的空间。所谓"四方上下曰六合",正是由此演变而来的。而"宇"字的本义,按《说文》的讲法,具体指"屋边",屋边或屋檐都从屋体向外伸张,古人最初以"宇"表示空间,可能主要取其"伸张"之义,同时仰望天空,苍穹犹如房屋,因此也产生了"天宇"的观念,最后古人以四方上下为宇、古往今来为宙,合称"宇宙"来总揽时空。

空间的观念除了方位外,还包括空间的维度或结构,从发生学上看,也有一个随实践逐渐建构的过程。最初人们的空间是一维的,这是因为行走及狩猎的需要,因为行走直线距离最短,而狩猎则需要估计人与动物之间的距离,以便掷出标枪和发射箭矢,这便是最初对一维空间的目测。随着生产的发展,一方面要参照自然物体的空间形状去制造器具,如参照太阳、月亮的形状制造圆形的石器、陶器,参照水的平面磨光石板的凹凸,使之平齐光滑,参照光线调整弦直等诸如此类的活动,就形成了对二维空间即平面几何的初步认识。另一方面土地丈量的实际需要更直接导致了二维平面几何的建立。在古希腊,几何学(geometry)的本义就为土地的测量①;在古埃及,由于一年一度的尼罗河洪水退去之后需要重新丈量土地,因此他们很早就发现了勾股定理(毕达哥拉斯定理),充分认识到了二维空间的特性。空间从二维到三维则依赖于建筑技术的进一步发展,早在我国夏代就已有像样的都邑,商代的都邑不仅规模宏大,而且有了复杂的布局结构,如果当时没有对三维空间属性的充分认识,其设计是不可想象的。至于埃及的金字塔,其构造技术一直是

---

① [意] 维柯:《新科学》上册,朱光潜译,商务印书馆1989年版,第416页。

实践时空观 >>>

人类建筑史上的一个奇迹,古埃及人正是在建造金字塔的过程中形成了三维立体几何的萌芽,英国科学家贝尔纳就指出,古埃及人"可用边的长度来算一些平面形和立体的面积和体积","计算一个棱锥体的体积是埃及数学的最高造诣"。① 因此,三维空间结构的建立与人类生产生活实践的发展是同步的,可以说,实践发展到何种程度,人们关于空间结构的认识就达到何种程度。

谈到时间观念的形成,也因与社会生活的联系程度,同样有一个从昼夜、早晚到日、月、年、四季,最后形成为历法的具体发生过程。昼夜、早晚等时间观念之所以是最先出现的,是因为人们的社会生活一刻也离不开照明,所以先民们往往用天上的太阳来表示白昼,称之为"日",像云南纳西族的象形文中"日"字和太阳完全是同一种形象,而古汉字"日"在甲骨文和金文中也是画一个太阳,在汉语中"日"字还同时作为一天的单位,其实这也很容易理解,因为在古代日出而作、日落而息的生活中,白昼能做事,更能代表一天,因而"日"字同时就有日子、"每一天"的含义。与中国相似,在古埃及的象形文字中,太阳的形象除了表示太阳外,同时兼指白天和一日的时间单位。至于黑夜,先民们往往以月亮的形象来表示。"纳西象形文字'夜'字就是画一个月亮的形象,不过在弯月的边缘上加了一个黑点,或把月亮涂黑,表示借月之形表示黑夜。"② 汉字"夜"是天下都休息的意思,字形从"夕",而"夕"字则是半月的形象。古埃及的"夜"字与月亮无关,但也是用星星来表示,还有的民族表示夜虽不用月亮或星星,但也与光照相关。不仅如此,从光照的不同人们还进一步对白天和黑夜进行了划分。如把白天分为"旦""朝""暮""昏",在古代象形文字中这

---

① [英]贝尔纳:《历史上的科学》,伍况甫等译,科学出版社1959年版,第67页。
② 刘文英:《中国古代的时空观念》,南开大学出版社2000年版,第4页。

些字往往都用太阳上升或下落之形来表示，像早晚的"晚"字，其字形为左日右免，"免"在《说文》释为：免者，去也。也就是"晚"字迄今还有日没（去）之意。在昼夜早晚之后是日、月、年的形成。日（即天）的差别，先民们往往用狩猎活动中动物的形象作为标志。"中国汉族和印度、巴比伦、埃及都有过由不同动物组成的'十二相'，原初都是用来计日的。"① 彝族先民则用虎、兔、穿山甲等兽名来排列日名。关于月的确立，因为月亮的阴晴圆缺即月相的周期性变化是固定的，因此月在中文中又同时指"月亮"，由于月相的周期约等于30天，所以"月"一开始就标志着因计算而成的意思，"在英语和与之同源的其他语言中，'月亮'一词与'测量'同根，都是 me。月是第一个用到计算和测量技术的计时单位"② 月之后是年，年与实践活动的关系更密切，我国古代"年"一般称岁，而"岁"最初是一种既可拿来宰牲畜作祭祀又可收割庄稼的武器。由于杀牲祭祀和收割庄稼是一年一次，所以就形成了以岁表示年的概念。而具体考察"年"的原初含义，直接是指一次谷物的成熟。古希腊人也是"用若干次收割动作来代表若干年岁"③。年的建构性还体现在它有一个从模糊到确定的过程。"据考古学的材料，埃及的先民曾以月为年，月圆一次即一年，所以说有人活到一千岁。有些原始民族也曾以三个月为一年，或以夏季为一年，冬季又是一年。"④ 后来人们才根据客观的物象变化确定一年的时间周期。今天我们都知道一年有四季，但实际上春夏秋冬也如东西南北一样有一个发生过程，在我国古代是先有春秋而后有冬夏的。据现有甲骨文关于时节的记述就只有春秋没有冬夏，而且春秋往往对称，这是因

---

① 刘文英：《中国古代的时空观念》，南开大学出版社2000年版，第7页。
② 吴国盛：《时间的观念》，中国社会科学出版社1996年版，第13页。
③ ［意］维柯：《新科学》上册，朱光潜译，商务印书馆1989年版，第409页。
④ 刘文英：《中国古代的时空观念》，南开大学出版社2000年版，第8页。

为在一年春种秋收的农作活动中，春秋是最便于区分的两个季节。刘文英先生就指出："由于在一个很长的时间内，人们一直把一年划为春秋两季，习以为久，春秋二字便成了年岁的代称。直到春秋时期（公元前770—前476年），史学家编年记事，还通称之为'春秋'……过去许多史学家不知道我们祖先四时观念的发展过程，认为古史之名'春秋'，是因为'年有四时，以春秋二字错举'。这种看法是错误的。"① 把季节视为生成性的其他民族也是如此，古埃及人就把一年分为泛滥、生长和收获三个季节，这与尼罗河定期泛滥决定的耕作生活相关。在希腊神话中，时序女神（Horae）原来是两位，后来增加到三位、四位，由此推测，希腊先民也是先把季节分成两季，后来才过渡到三季、四季的。在记年、记月、记日之后就是历法的形成。谈到历法，历法中的"历"字，古作"秝"，"从二禾"，即历法的最初含义并不复杂，是指从今年推算来年春种秋收的时间。历法共分三类：一类是阳历，它以地球相对于太阳的周期性运动进行计时，涉及动植物的季节性变化，发源于古埃及，今天流行的公历即阳历；另一类是阴历，以月亮相对于地球的周期性运动来计时，阴历又称回历，是伊斯兰地区广泛采用的历法；还有一类是阴阳合历，是以太阳和月亮在空中的运动周期来计算时间，我国的农历俗称"阴历"，实际上是一种阴阳合历，即每月30天是参照月相变化即阴历制定的，而一年分24节气则有阳历的成分。历法的创制是跟先民们的生产生活相关的，如果没有具有一定周期性的农业生产，先民们是不会注意到季节的变化、年岁的更迭的。而且历法的建立也具有人为性，反映了社会生活的本质。如星期的设定，就是一种人为规定，表示人们工作一段时间需要一天休息，这是古巴比伦人发明的，完全来自对社会生产生活的自我调整。又如现行

---

① 刘文英：《中国古代的时空观念》，南开大学出版社2000年版，第14页。

公历中大小月的规定也有人为性,这是因为凯撒在推行公历时,为体现其权威,把他出生的单数月(他出生在7月)定为31天,双数月就是30天,一年366天多了1天,由于当时罗马的死刑在2月份执行,人们认为该月不吉利,减1天只有29天。凯撒死后屋大维上台,则把自己出生的8月定为大月,并且8月以后的双数月也定为大月,而又多出的1天便又从2月减,2月就只有28天,逢闰年加上1天才是29天。这种从吉凶观念来制定历法,也体现了历法创制中的社会生活本质。需要说明的是,我们在这里不探讨时间的维度即过去、现在、未来的具体发生过程了,这是因为过去、现在和未来的分界不是固定的,它们的区分一刻也离不开人的生存体验,可以说时间维度的形成与人的存在方式的内在相关,完全称得上是自明的。

从现象学的时空溯源和发生学的时空溯源,我们揭示了时空的原初形态,或直接或间接地源于具体的生活实践,与生活实践息息相关。那么我们不禁会问,为何一种外在化的具有客观意义的时空观终究会取得统治地位,以至反而把其生活实践的原初本义遮蔽了呢?其实我们前面的论述已有所触及,下面我们将就此展开更深入而系统的探讨。

三 客观时空的实践生成

一种外在化的具有公共效准的客观时空,从其形成、发展到最终取得统治地位,是由生活实践一步步内在规定的,具体来说分为三个步骤:

(一) 实践发展的要求

在原初的时空中,时空与实践是合而为一的,因此时空皆可直

实践时空观 >>>

接用实践来表示。用实践表示时间如："掌灯时分""一顿饭工夫""一袋烟工夫"，就是如此，像蒙古族人表示短暂的时间单位就直接源于其生活方式，如："安装蒙古包的时间（1 小时多），备马鞍的时间（2—4 分钟），挤羊奶的时间（约 10 分钟），一袋烟的工夫（5 分钟左右），一顿茶的工夫（约 30 分钟），等等。"[①] 同样空间用实践来表示具体体现在空间的尺子是由行动主体自身携带的，因此最初的长度单位是以人体的某部分的长度作为标准的，如手指的宽度、脚的长度、手腕的周长等。"比如我国古老的针灸术中，一直到今天还保留着这种度量的习惯。针灸医师就以食指的第二指节的宽度作为 1 寸，以食指和中指的第二指节宽度之和作为 2 寸，以食指、中指、无名指和小指的第二指节宽度之和作为 3 寸。"[②] 这种时空表示方式虽笼统、欠精确，但在生活实践中却是十分有效的，不过其弊则在于受生产生活方式和地域环境的限制较明显。因此为克服地域及生活的差异，一种外在化的具有公共效准的客观时空观念的产生，就成了生活实践自身发展的内在要求。

从历史情形来看，这种可测度的具有公共效准的客观时空的诞生，确实经历了一个从不客观到客观、从局域性到普适性的发展过程。

在最初的时间测定中，先民们先把时间分为白天、黑夜两部分再进行具体的细分，由于昼夜在不同的季节长短不一样，据此划分出来的时间间隔也是不相等的，这种计时方法被称为不等时计时法。如我国的敲梆报时，把夜间分为五更五点，即一夜五更，每更五点，显然更与点的时间间隔在不同季节是不同的。古埃及把一天的时间分为白天 12 小时，夜晚 12 小时，也属于不等时计时法。因此，古

---

① 汪天文：《社会时间研究》，中国社会科学出版社 2004 年版，第 134 页。
② 陈荷清、孙世雄：《人类对时间和空间本质的探讨》，河南人民出版社 1985 年版，第 8 页。

埃及的漏壶在不同的季节必须取不同高度的流水量。这种计时方法传入欧洲，一直使用到公元 14 世纪。[①] 从不等时计时法到等时计时法，固然需要计时技术的进步，但是人类的生产生活实践才是起决定作用的因素。这是因为在日出而作、日落而息的粗糙的自然生产中，把时间视为间隔相等的等时计时法并无必要，只有当生产规模扩大，分工和交换进一步发展，当每一时刻都被有效地利用，不管白天抑或黑夜，时间和劳动成果都会出现某种一一对应关系时，这时一种绝对平均化、精密化的时间要求才会提上日程，并最终规定我们的社会生产生活。马克思在《资本论》中就曾精辟地指出："工场手工业总机构是以一定的劳动时间内取得一定的结果为前提的。只有在这个前提下，互相补充的各个劳动过程才能不间断地、同时地、空间上并存地进行下去……在一定劳动时间内提供一定量的产品，成了生产过程本身的技术规律。"[②] 因此，具有等时性的客观时间的形成乃是社会实践的产物，社会实践本身提出了时间精密化的内在要求，而且这种精密化随实践的发展而日趋完善。如机械钟最初的刻度只有时针，分钟的精度都很难保证，而今天利用铯喷泉原子钟可以测出 10^{-16} 秒的时间误差。不仅如此，社会实践还超越了地域的局限使统一的时间标准成为可能。试想如果没有全球化，没有国际交流，把格林威治的时间确立为世界时，把全球划分为 24 个时区还有无必要，因此全球化和国际交流才是具有普适性和统一性时间的真正缔造者。也正基于客观时间为实践所决定，所以随着实践的发展，时间总是表现为越来越客观化的进程，对此牛顿的解释是真正绝对的客观时间只是数学意义上的时间，与我们无关的纯粹存在，而我们的解释是客观时间只是实践所化的时间，因而实践永远创造出新的时间客观性。

[①] 陈荷清、孙世雄：《人类对时间和空间本质的探讨》，河南人民出版社 1985 年版，第 4 页。
[②] 马克思：《资本论》第一卷，人民出版社 1975 年版，第 383 页。

与时间类似，空间的客观性也是应实践发展而形成的。世界各国因政治和经济上的原因都有一个统一计量长度的问题。从政治上来说主要是税收的需要。正如鲍曼所指出的："当权者想千篇一律地对待更众多的臣民，向他们强行征收'同样'的苛捐杂税时，总是会困难重重。这样，就必须想方设法避免和消除多样性和偶然性所带来的冲击。办法就在于强行实施标准的和有约束力的距离测量——无论是表面还是体积——而同时禁止其他一切地方性、团体或个人性的操作。"① 当然相对于经济因素来说，政治因素永远都是辅助性的、次要的，毕竟商品和市场交换本身就需要公正合理、统一的计量尺度。最初这种尺度的统一只限于统一国内的地区差异，像法国 18 世纪统一度量衡工作有一段记载："1 米在巴黎是 102 厘米，马赛 98 厘米，利尔 102 厘米，波尔多 96 厘米。"② 而之所以出现这种地区差异，表明其经济生活仍然是狭隘的、地域性的。因此随着经济交往的扩大尤其是经济的全球化必然会导致全球性的统一的空间计量尺度的产生。事实上也是如此，以米为例，早在 1889 年设在巴黎的国际计量局就统一了米的标准。正由于客观的空间尺度是源于实践的要求，因而实践越发展，空间与时间一样，其"客观性"和精密化亦进一步增强。就此，英国物理学家里德雷便指出："米的定义随技术和理论的进步而改变。铂铱合金棒是 1889 年开始使用的标准；86Kr 的谱线定义是 1960 年通过的。1983 年，国际计量大会通过了米的新定义：'米的长度等于在真空中的平面电磁波在 1/299792458 秒内所经过的距离'。这个以物理学常数（光速）为标准的定义，更好地满足了理论和实际的需要。"③ 需强调的是，里德

---

① ［英］鲍曼：《全球化：人类的后果》，郭国良等译，商务印书馆 2001 年版，第 27 页。
② 陈荷清、孙世雄：《人类对时间和空间本质的探讨》，河南人民出版社 1985 年版，第 19 页。
③ ［英］B·K·里德雷：《时间、空间和万物》，李泳译，湖南科学技术出版社 2002 年版，第 51 页。

雷的这段话不仅一般性地诠释了空间的客观化以实践的发展为基础，而且这段话还涉及客观时空得以强化的另一个重要维度——时空技术的进步。

（二）时空技术的进步

在时空客观化的过程中，时空技术本身助长了这一趋势。最早的空间测绘技术，无疑是以尺子和圆规为基础发展起来的。正是尺子和圆规的使用，即如俗话说的"没有规矩无以成方圆"，人们形成了方圆的概念，并进而产生了研究空间形式的几何学的萌芽。不过尺子和圆规对世界的客观化，还只能在有限的范围内成立，而对于整个世界来说，标出每一个地方的精确位置是不可能的，没有这样的技术手段。因此对于我们观察不到的地球上遥远的事物来说，像太阳、月亮和布满星辰的天空，人们认为那是天国，是神居住的地方，这就仍然给信仰留出了空间。在这种情况下，纯粹的客观空间观念显然还不占有统治地位，世界仍然是一半主观、一半客观的，即近处的是客观的，远处的是主观的、神灵的。因此，当望远镜在17世纪初被发明时，尤其是当早期发明者之一的伽利略把它对准遥远的星空时，这一技术本身一方面加速了把世界作为纯粹客观化的空间来理解的进程；另一方面又引起了传统信仰者的敌意，"一些人拒绝相信他们的眼睛，并且断言，虽然用望远镜看地上的物体是很好的，但当它指向天体时，就变成虚妄和幻觉了。另一些人拒绝用望远镜看东西"。[1] 牧师们开始斥责伽利略和他的方法，神父卡西尼说："你伽利略这个人，为什么要坚持凝视天国？"[2] 但天国转化为

---

[1] ［美］弗·卡约里：《物理学史》，戴念祖译，广西师范大学出版社2002年版，第37页。
[2] ［美］弗·卡约里：《物理学史》，戴念祖译，广西师范大学出版社2002年版，第37页。

实践时空观 >>>

世俗的进程却是不可逆转的，望远镜以及显微镜的应用，使神话、传说和宗教的世界在真实的世界面前遁形了。在望远镜的基础上又很快发明出了经纬仪。经纬仪是望远镜的机械装置，作为测量和土木工程的基本仪器，把它水平架设在三脚架上，可以量度水平和垂直的角度。瞄准线交叉时，可将非平面的表面转绘于精准描制的网格上。经纬仪的发明大大简化了绘制各类地图、图形的测量和运算过程，使可测度的空间观念更加深入人心。与此同时，另一种测度空间距离的仪器——游标也被发明了。游标（Vernier，原为法国发明者的名字）作为一种仪器，相当于钟表的秒针，可附加到较大的仪器上，提供较精确的距离分划读数。望远镜、显微镜、经纬仪、游标等仪器的发明，无疑丰富了可测度的空间观念，使一种单质的取缔自然形状的客观空间观念，在测量中被真正建立，并在生活中取得了优势地位。

同样，时间的客观化也与时间测度技术——钟表的改进密切相关。最早的钟表是利用日影计时的日晷，由于日影在不同的季节中长度不太一样，这样划分出来的时间间隔显然是不均等的，具有一定的伸缩性，因此日晷只能是一种最粗糙的钟，毕竟真正的钟应该是等周期运动的东西，爱因斯坦关于时钟就下过这样的定义："时钟是这样的一种东西，它自动地、相继地经历一系列（实际上）相等的事件（周期）。它所经历过的周期的数目（钟时间）用来作为时间的量度。"[①] 既然日晷由于其不具等时性而与真正的钟差距甚远，并且它只能用于白天不能用于无阳光的晚上，它便注定被一种全天候的计时更均匀的钟所取代。这种按等时计时法发展起来的古老的钟包括水钟、灯钟、火钟、沙漏等，最常见的是水钟（又称水漏）和沙漏。水钟是以容器下面的小孔中流出的水来计算时间，但水的

---

① 《爱因斯坦文集》第一卷，许良英等译，商务印书馆1976年版，第255页。

流速受水压、水的清浊的影响较明显，其计时的等时性也很难保证，而且水钟在冬天水结冰时也派不上用场。为克服水钟的上述缺陷，沙漏问世了，它通过沙粒的缓慢下沉来计量时间的长度。但沙漏的最大麻烦是须防潮。到了 14 世纪，出现了重力钟，这是第一种近代意义的机械时钟。这种钟是通过一个空气制动器使一个重锤慢慢下落，再通过机械活动传动形成自身的周期运转来计量时间，这种钟比沙漏更精确，重锤落下的时间间隔也长得多。但它有一个缺点，就是当重锤落下后，还需要一个操作使重锤升上去，而重锤升上去的过程，钟是不走的。① 以后的机械钟基本朝两个方向努力：一个方向是计时更精确，而这得力于伽利略单摆的等时性原理的发现，惠更斯据此在 1659 年制造出了第一台具有现代意义的摆钟。"随着单摆被运用于时钟，时钟的精度越来越高，到了 17 世纪中叶，时钟的最小误差已由每天 15 分钟，减少到 10 秒钟。"② 另一个方向是与天象运动同步，这体现在钟表采取圆形的走针显示系统。走针沿圆形转动，乃是模拟天体运行轨迹的结果，其便利在于使精密的机械时间与调整昼夜的自然时间有机结合起来，时针走的两圈不仅代表时间间隔 24 小时，同时也代表一昼夜，也就是说时间的标度既是时间间隔的标度，也是昼夜早晚的标度。时间与天象的结合，使时间不仅精密化，而且因其能指导作息，也生活化了。这两个方向的努力，使由钟表支撑的可测度时间完全从自然时间中独立出来。从此，钟表显示的时间不仅是均匀流逝的，同时也代表了大地上日升日落的昼夜变化。尤其是后一方向，从根本上改变了我们关于时间的思考方式：我们不再依赖天象的变化，按照日出而作、日落而息那样来安排生活，而是仅凭钟表就可以判断早晚，并确定相应的生活节奏。

---

① 陈荷清、孙世雄：《人类对时间和空间本质的探讨》，河南人民出版社 1985 年版，第 12 页。
② 吴国盛：《时间的观念》，中国社会科学出版社 1996 年版，第 111 页。

在这里钟表显示的时间已经完全脱离自然时间的束缚，成为独立的实体，而时间的独立，时间的客体化又促成了世界的客体化，人们甚至认为宇宙不过是一个上紧发条的大钟，其运行秩序是与人无关的、永恒持续的，所以曼福德就说："机械钟把时间从人类活动中分离出来，帮助人类建立了独立的科学世界的信念。"①

时空技术的发展的确强化了可测度的客观时空观念。但需要强调的是，在技术强化作用的背后，实质上仍然是实践在起着基础作用，测度时空的尺子和钟表，是从属于社会实践的大尺度和大钟表的。这不仅在于时空技术是一定实践条件下的产物，更在于时空技术本身不过是一种实践约定的测度方式。我们完全可以设想，任何一个刚性不变的物体都可以充当尺子，任何一台匀速转动的机器或生产流水线都可视为走时准确的钟表，如果实践本身尤其是在近代工业革命以来的机械化生产中，不蕴含着一种时空精密化的内在要求，不与时空具有同质的关系，那么时空技术的发展是如何可能的呢？所以在这一意义上我们才能真正理解赫胥黎的话："瓦特和史蒂文生发明铁路机车，成为时间的发明者。"②

（三）社会的"规训"

在探讨具有公共效准的客观时空为实践所需而产生，并随时空技术的发展而得到强化之后，我们认为最终确立客观时空在社会生活中占有绝对统治地位的，还有一个不容忽视的因素——社会对我们身体和活动的长期整合和"规训"（福柯语）。

这种整合和"规训"或者更通俗地说，纪律约束或训练机制，广泛地出现在学校、工厂、军队、医院、监狱里，它既体现了社会

---

① 吴国盛：《时间的观念》，中国社会科学出版社1996年版，第111页。
② ［美］克拉克·布列斯：《时间的秘密》，范昱峰译，上海人民出版社2004年版，第18页。

对其成员的有效控制，又能使这种控制以分工的形式整合成某种现实的力量，但说到底"规训"或纪律从始至终都贯穿着一种使时空内化到我们的活动和肉体中，从而有效利用时空的艺术：

（1）规训中的时空分割。规训是对其成员的纪律控制，因此它需要一种空间的分配，尤其需要一个与众不同的自我封闭的场所。这源于封闭的场所才能分解庞杂多变的因素，对流动、混乱、模糊不明的东西加以驾驭和清理，所以规训在一定程度上使学校、兵营、工厂、医院堡垒化了，成了贯彻纪律执行的保护区。在学校尤其是大学、中学，"它们逐渐采用了修道院的模式，寄宿制变成了即使不是最普遍的也是最完美的教育制度"。①随着工厂的发展，也形成了大面积的单纯而明确的工业空间。"工厂明显地类似于修道院、要塞和城堡。警卫人员'只在工人返回工厂时，在宣告工作重新开始的钟声响了以后才打开大门'。一刻钟之后，任何人不得进入。白天结束时，车间领班把钥匙交回给工厂的瑞士卫兵，后者才打开大门（Amboise，国家档案，12，1301）。其目的在于……保护生产工具和资料，驾驭劳动力"②。纪律控制除了空间的分配还有时间的切割，一种统一的步骤、统一的节奏，是社会秩序和规范化形成的重要保障，而这就涉及对时间的精细划分。这种精细划分一开始出现在宗教活动仪式中对节奏和有规律活动的自觉控制，后来又被军队训练广泛采用，最后扩散到学校、工厂及各级各类教育培训体制中。福柯在《规训与惩罚》中形象地列举了早期学校教育和工厂的时间管理："在19世纪初，有人建议'互教学校'（Ecoles mutuelles）使用下列时间表：8：45，班长进入，8：52，班长会，8：

---

① [法]福柯：《规训与惩罚》，刘北成等译，生活·读书·新知三联书店2007年版，第161页。
② [法]福柯：《规训与惩罚》，刘北成等译，生活·读书·新知三联书店2007年版，第161—162页。

56，学生进入和祷告，9：00，学生就座，9：04，听写第一块石块，9：08，听写结束，9：12，听写第二块石块，等等（Tronchot 221）。工薪阶级的逐渐扩大伴随着对时间更细致的划分：'钟声响后，若工人迟到超过一刻钟……'（Amboise，第2条）；'上班时，若请假超过五分钟……'；'凡不准时工作者……'（Oppenheim，第7~8条）。与此同时，人们还设法确保时间使用的质量，如不断的监督，监工的鞭策，消除一切干扰。其目的在于造成一段充分利用的时间"①。时空的分割一开始是有形、具体的，后来则无形、抽象化了。它由具体的单元、位置、座次、节奏、进程、步骤等的区分，逐渐演化为层级、品类、科目、计划表、进度表、议程表等抽象的时空分类形式，以至于最后一切都秩序化、条理化、逻辑化了，时空无处不在。而且时空本身也互相渗透在一起。如计划表既是空间的规定，又是时间的规定；科目分类既有时间的分类，如历史学、考古学、未来学，又有空间的分类，如物理、地理、生物，也有二者的融合的更细的分类，如中国历史、古生物学等。种种或具体或抽象的分类，使社会的控制或规训形成了一个庞大的体系，由此一种外在化的独立的时空观念也就通过规训在社会中趋于强势。但是社会的控制或规训不仅是消极的、封闭式的、静态的分割，更重要的还是以此为基础对人们的活动、行为、生产方式形成新的组合，凝结成某种现实的整体的力量，而这就涉及时空的整合。

（2）规训中的时空整合。规训中的时空整合分为两种情况：一种是实际运用型的时空整合；另一种是训练机制下的时空整合。前者是由生产机制和职业功能现实形成的时空整合，这尤其以工业生产机制为典型。在工厂里，统一的生产流程被划分为若干相对隔离

---

① ［法］福柯：《规训与惩罚》，刘北成等译，生活·读书·新知三联书店2007年版，第170页。

的单元,单元与单元之间构成了协作与分工的关系。这种协作与分工,既是时空的分割,又是时空的整合,或者说分割是为整合做准备的。一方面,分工导致了时空的相对隔离,空间被分为不同的车间、部门、位置,时间被划分为不同的阶段、工序和操作过程,在这里整个生产进程似乎被肢解、片断化了。但这仅是表面现象,因为另一方面,这种相对隔离,有利于在一个新的平台上更好地组织起来。这不仅在于能形成分工的优势,毕竟就一般意义而言,"劳动越分得细,越是分给不同的局部工人去完成,就必然进行得越快、越好,时间和劳动的损失就越少"。① 而且也有利于实施控制,例如,"杜桑·巴雷（Toussaint Barre）于 1791 年建成的最大厂房有 110 米长,是一座三层楼。第一层主要用于刻版印刷。整个车间分两行排列着 132 个工作台,有 88 个窗户。每个工作台有一名印刷工和一名调制和涂抹颜料的助手。共有 264 个人……在车间的中央通道巡视,既可以看到全局,又可以监督每一个人,可以看到工人的出勤和表现以及工作质量,可以对工人进行比较,根据其技能和速度加以分类,可以监督生产过程的各个阶段。这些系列化因素构成了一个固定的网格,从而消除了混乱"。② 毫无疑问,时空既分化又整合,其直接目的是在提高劳动生产率的基础上加强控制和监督。但另一方面这种生产中的时空分割和整合,通过机器的运转节奏,逐渐内化到从属于这一生产机制下的我们每一个人的身体和活动中。于是我们的身体活动内在地具有了一种时空特性,它具体表现为节奏的掌握、操作的幅度、身体的姿态和四肢的灵敏性,虽然这种时空特性只是为配合一定类型的生产下意识形成的,但它的出现毕竟表明我们的身体和活动是受一种外在的客观的时空节律支配的,在

---

① 马克思:《资本论》第一卷,人民出版社 1975 年版,第 376 页。
② [法]福柯:《规训与惩罚》,刘北成等译,生活·读书·新知三联书店 2007 年版,第 164—165 页。

实践时空观 >>>

一定程度上增强了我们对时空客观性的切身体认。

与之相比，训练机制下的时空整合，则有意识地在训练中对我们的身体和活动进行时空的分割和整合，即把有机的身体活动进行时间上和空间上的细致分解，然后再通过训练把这些不同的姿势、步骤、片断组合起来，形成身体的新机制。由于这种分割和整合不受具体的物质生产条件的限制，与实际运用型的时空整合相比，它对我们身体和活动的时空塑形便更具有广泛性，其典型表现便是学校和军队的训练机制。学校的训练机制是为进入生产领域及各级各类职能部门做准备的，其训练机制全面而广泛。它不仅有时间节奏的训练，例如早期某小学有如下规定：" '当时钟敲响一个小时的最后一下时，一个学生就开始敲钟。当第一声钟声响起时，全体学生就跪下，双手合十，眼睛低垂。念完祷词后，教师将发出一个信号，让学生站起来，第二个信号是让他们赞美基督，第三个信号是让他们坐下'。"① 还有身体空间姿态的要求，包括标准的站姿、坐姿、步伐等。譬如关于正确的书写姿势，便有这样的规定："学生应该总是'保持笔直的身体，稍稍向左自然地侧身前倾，肘部放在桌上，只要不挡住视线，可以用手支着下颔。在桌下，左腿应比右腿稍微靠前。在身体与桌子之间应有二指宽的距离……左臂肘部以下应放在桌子上。右臂应与身体保持三指宽的距离，与桌子保持五指左右的距离，放在桌子上时动作要轻'。"② 在这里为了一种更有效率和正确的书写习惯，全身的各部分都被进行了细致的空间编码。相比学校，由于战争的极端残酷性，军队对士兵训练时身体和活动的时空编码则要严格规范得多。例如："1743年的普鲁士军事条例规定，

---

① [法]福柯：《规训与惩罚》，刘北成等译，生活·读书·新知三联书店2007年版，第170页。
② [法]福柯：《规训与惩罚》，刘北成等译，生活·读书·新知三联书店2007年版，第172页。

武器贴脚持立有六个步骤,握枪有四个步骤,举枪到肩部有十三个步骤等等。"① 就是对一般的步伐训练,也有对时空节奏的近乎苛刻的标准化要求:"18 世纪中期,有四种步伐:'短步伐的长度是一英尺,一般步伐、加倍步伐和正步伐的长度是二英尺,其距离是从一个脚跟到另一个脚跟。就时间而言,小步和一般步伐用一秒钟,两个加倍步伐用一秒钟。正步步伐的时间比一秒钟稍长一点。'"② 学校和军队这种对身体和活动反复操练的训练机制,在很大程度上实现了纪律和力量的结合、灵活和规范的统一。而且由于在身体和活动中树立了理想的时空标准,而训练就是对标准和精度的不懈追求,由此训练也就呈现为一种永无止境的过程,一种理想和现实不断寻求和解并最终臻至统一的过程。正是在这一过程中,外在的时空节律融入我们的身体和活动,内化为我们本能意识、本能反应的一部分。

又由于训练机制的广泛性以及实际运用型的时空整合的无孔不入,不论是有意识的时空内化还是无意识的时空内化,都具有普遍的意义。正是这种普遍性,使外在的时空标准通过规训,逐渐演化成为社会绝大多数成员的行为标准与行动准则。当我们每一个人都自觉或不自觉地受时空操纵和支配的时候,一种具有公共效准的客观时空的绝对统治也就在全社会得以形成。尤需指出的是,与时空分割从有形到无形相类似,时空整合也有一个从有形到无形的过程。不仅是身体和活动,像智慧、文化、品德、素质也被时空编码,被分解成由浅入深、从低到高的若干阶段、若干等级。而不断的学习,便类似于不断的训练,当我们在逐级的学习(训练)中,形成精神

---

① [法] 福柯:《规训与惩罚》,刘北成等译,生活·读书·新知三联书店 2007 年版,第 174 页。
② [法] 福柯:《规训与惩罚》,刘北成等译,生活·读书·新知三联书店 2007 年版,第 171 页。

和文化的力量的同时，同样在一次次的"过级"考核中，一种无形的时空等级意识同样植入我们心中，成为鉴定我们能力和知识水平的客观依据。至此，这种标准化的时空观念便以有形或无形的方式遍及社会生活的各个领域，以至于作为一种深层的文化心理机制，它似乎成为人类心灵的一种天然倾向。

总之，从实践发展的要求、时空技术的进步以及社会的规训，我们确证了一种外在化的具有公共效准的客观时空，其形成、发展到取得统治地位的全过程，均是由生活实践一步步内在规定的，由此时空源于生活实践的真义也就进一步彰显了。接下来思想的任务便聚焦于：如何从实践哲学的维度去建构真正意义上的新时空观？

第三章

时空的实践建构

我们如何通过实践去定义时间和空间，二者区别何在？时空的实践本性又包括哪些具体内容？这些相关问题的深入开展和回答，无疑标志着以实践为基础的新时空观——实践时空观的真正奠定。

一 时空的新内涵界定

鉴于传统的时空内涵界定无法体现马克思主义哲学的基本精神，因此在这里，我们以大胆假设、小心求证的方式，从实践哲学的维度尝试着提出了一个新的时空定义，为使这个定义不至于以一种片面性取代另一种片面性，真正具有历史的扬弃性，我们认为新定义先需解决这两个问题：一是时空观上的实体性思维的问题；二是时空统一性的问题。

关于第一个问题，即时空观上的实体性思维的问题。我们认为这是目前困扰时空内涵界定的首要问题，之所以首要在于不解决这一问题，时空的内涵界定便无法突破传统的思维模式。这又分为两种情况：一种是直接把时空奠定在物质实体的基础上；另一种是虽奠定在实践基础上，但仍没有超越实体性思维。第一种情况体现在通行的教科书关于时空的定义，即时间是指物质运动过程的持续性。

这种持续性表现为：一事物存在和另一种运动过程进行的久暂，一事物和另一事物、一种运动过程和另一种运动过程依次出现的先后顺序，它们之间间隔的长短。空间是运动着的物质的广延性。这种广延性表现为：物体彼此之间的并存关系和分离状态，物体的体积形态、位置和排列次序等。不难看出，这个定义作为一种科学时空观定义，尤其是物理科学的时空观定义，由于受实体性思维的左右，它无法涵摄时空在社会生活中的诸多内容，如社会、精神、文化、心理等领域的时空问题。又何况它以纯客观、物质运动的方式来理解时空，也与马克思实践哲学的本性相悖，毕竟马克思关于时空问题，尤其是时间，就有"时间实际上是人的积极存在""时间是人的发展的空间"等相关论述。因此，另一种即从实践哲学维度重建时空观便应运而生。这种重建一开始体现在承认自然物理时空的基础上，认为马克思的时空观的创造性更多体现在社会时空观上，具有社会历史内涵，但由于这一观点没有实现时空解释上的自然和历史的统一，不具有哲学解释的彻底性，因此最后必然过渡到以实践来实现自然、历史统一的彻底的实践时空观。但是反思当前的实践时空建构，实质上仍然没有摆脱实体性思维的宰制，时空的实践特性没有凸显出来。如国内有学者从实践出发，提出的新时空定义是："它表明实践活动的持续和广延特性……马克思新时空观的重大意义在于它使时空由原来对物质存在的'解释'转向对实践活动的规模和持续性的关注，使时空问题成为人类实践活动时刻都必须重视的问题。"① 在这里从实践来理解时空确实标志着时空思维的进步，但是这个定义与传统时空观的区别仅在于物质运动被实践一词所置换，物质运动的持续性和广延性成了实践的持续性和广延性，事实上在这里起解释作用的仍然是作为物质存在形式的持续性和广延性，自

---

① 张奎良：《马克思时空观新论》，《江海学刊》2004年第2期。

然从"物质存在"来解释时空的传统方式并没有真正被颠覆。所以真正建构具有实践本性的内在于人的存在方式的时空观，便必须放弃"持续性""广延性"这类传统的时空解释范畴。这一方面在于"持续性""广延性"这类时空范畴是时空发展至一定历史阶段的产物，作为具有特定历史内涵的时空范畴，它不可能涵盖所有的时空形态，尤其是具有始源意义的时空形态。毕竟在时空被定义为"持续性"与"广延性"之前，人们在日常生活中就以一种不言自明的方式在"定义"时空了，它体现为用诸如"一顿饭工夫""一眨眼之间""走几步就到了""抽支烟就到了"等行为活动方式来诠释时空，显然这种原初的时空理解，是不可能包含在"持续性"与"广延性"这一实体性的时空范畴之内的。另一方面，把时空定义为"持续性""广延性"有重复定义之嫌。因为持续性和广延性本身还有待解释，即便我们已解释了它们，但解释它们的"久暂""先后""顺序""位置"等本身又待解释，甚至这种解释方式如果不求诸于生存体验的话，还可以无限进行下去，但时空究竟是什么，却还是悬搁着。从这两方面看，解释时空的实践只有摆脱"持续性""广延性"这类实体性范畴的羁绊，它才既具有解释的全面性，又具有解释的彻底性。尤其是后一方面，因为时空无穷解释的终端只能是作为人的存在方式的生存体验，这一体验是一切时空范畴得以解释和领会的基础。但问题又来了，取消了持续性和广延性，仅仅指出时空是实践的还远远不够，毕竟时空是既有区别又有联系的两个范畴，而这就涉及如何正确理解时空统一性的问题。

关于时空统一性的问题。一般的理解是时空是既有区别又有联系的范畴。区别在于时间是物质运动的持续性，空间是物质运动的广延性；时间是一维的，空间是三维的；时间是动态的，空间是静态的；等等。至于其联系性，是指时间和空间不是孤立的，而是互相联系、互相蕴含，双方共处在统一的空间—时间复合结构中。比如"量杆"和"钟表"作为测量空间和时间的标准用具，二者似乎是互不干涉的，但这仅是表面现象，事实上"我们称之为量杆的具有单位长度的尺，它之所以称为量杆是因为可用它来度量空间，而当量杆的每一次移动来度量空间时，这一过程却总伴随了时间的流逝，这就是说，当量杆之所以可以称为量杆时，它正是在时间中去度量空间；同样，我们称之为时钟的那种有内在周期性的东西，它之所以称为时钟，是因为以它的不变的周期性运动来度量物质的普遍的运动时，它才具有'钟'的作用，而这一过程又伴随了物体的空间的变迁，所以，时钟也正是在空间中来度量时间，爱因斯坦曾清楚地指出，时钟与量杆不再是任何独立的东西了，相对论的创立使它们恢复了不可分割的整体这一客观面目"。① 不仅时钟和量杆体现了时空一体，而且日常的时空范畴也体现了这一特点，像年、月、日、春、夏、秋、冬、光年、1小时路程等均具有时空一体的合成性。但是传统的时空一体性在一定程度上却又模糊了时空的界限，爱因斯坦的相对论便是明证。在狭义相对论中，时间和空间还是有区别的，但是在创立广义相对论的过程中，爱因斯坦认为既然时间是指时钟上的指针与其刻度的重合关系，空间是指测量对象与由量杆标出的已知数值的重合关系，那么时空的实质就是用已知来表示未知的一种重合关系，所以在广义相对论中，爱因斯坦是用由高斯坐标确定的一组坐标值来表示时空，时空在这里是融为一体的，时空的界限也就完全没有区分的必要。那么为了区分时空我们是否应该回到既承认时空的统一性，又对时空作了相对区分的狭义相对论的理论视域中去呢？但是按照柏格森的看法，包括狭义相对论在内

---

① 陈荷清、孙世雄：《人类对时间和空间本质的探讨》，河南人民出版社1985年版，第23页。

的传统时空观的时空区分，根本称不上是一种区分，也就是说在这里只有同一性而没有时空的区别。因为在这种区分中，时间并没有从空间中独立出来，时间被空间化了。这种空间化包括时间失去其过去、现在、未来的互渗性，变成依次排列、互不妨碍的空间单元；时间间隔可用空间间隔的方式来计算；时间丧失其变化性，将来在现在就可提前预知而成为不变的；用体验方可把握的世界的时间流程变成对象化的由无数凝固的空间图景的集成……无疑，柏格森批判时间的空间化是想把时间从无生命的对象化的空间领域中拯救出来，恢复其生命性、创造性和绵延性，揭示时间的独特价值，这是无可非议的。但是柏格森却在一定意义上割裂了时空的统一性。既然一般的时间都是用空间来表示，如年、月、日、时都是用天体或指针的空间轨迹的变化来表示，而在日常生活中人们也是把这两个范畴连在一起合称"时空"并频繁使用，可见至少它们是有一种密不可分的内在联系的，因此柏格森这种完全脱离空间的时间，是否还合乎生活常理，是否还具有"时间"这个范畴的本来含义，确实是很成问题的。当我们更深入地反思时空统一性的问题时，我们似乎面临着一个矛盾，即强调时空的联系性就会导致时间的空间化，抹杀时空的区别；而一旦像柏格森那样强调时间不同于空间，注重其差别，则时间与空间的内在联系就成了问题，就不符合生活常理了。那么我们如何正确处理二者间的关系，化解这一矛盾？我们的看法是时空的关系确实是既有区别又有内在联系的，而之所以造成强调时空的联系性就会导致时间混同于空间，就在于我们过去总是从物质运动的存在形式来理解时间和空间的内涵，时间在这里作为物质运动的存在形式，作为一种对象化的外在的东西，它一开始就被空间化了，又怎么能与传统意义上的空间范畴区分开来呢！因此我们认为，要消解时空统一性问题的矛盾，需要我们去重新界定时空的内涵，并且这个"界定"还要揭示出时空之间的内在联系。

以上两个问题规定了我们从实践出发去界定时空内涵的方向，因此我们作出的时空定义是：空间是实践的显现性或肯定性；时间是实践的隐匿性或否定性。关于空间是实践的显现性或肯定性，这个定义照日常意义就可以理解，至于时间是实践的隐匿性或否定性这个定义则先予以说明。这里所谓隐匿性或否定性是与显现性或肯定性相互规定着的，因此对隐匿或否定的理解我们是按黑格尔的方式来进行的，即隐匿或否定是有特定内容的隐匿或否定，它不是抽象的空无，而是一种具有特殊含义的规定，即"限定"，因此时间作为实践的隐匿性或否定性并不意味着实践的空无或消失，而是意味着实践的转换或新的生成，体现了实践的变化性和向其他实践形式的过渡。其实，把时间理解为实践的隐匿或否定（即转换或过渡）在日常生活中是很常见的，譬如我们总是在结束或开始某种实践活动时估算时间，因此平常读表最常见的反应是：到下班的时候，到上课的时候，或者该吃饭了，该休息了，即读表就是读事情的转换。即便拿持续的一段时间来说，作为时间的存续性似乎具有肯定形式，但斟酌起来它真正的内涵却是否定性的，它其实意味着：多少时间流逝了，如干这个工作已三年，感冒五天了；多少时间才生成，如还有一天才完成这篇论文，还得加一个小时的班；或者二者皆有，如10天的会议开了一半，第一期的工程已顺利竣工。总之，持续的时间其实是一种在表面的肯定性上掩藏着的实践的否定形式，是一种被使用、被耗尽的东西。正由于时间意味着实践的隐匿或否定，意味着实践的生成或转换，因此当一个人实践和活动越频繁、节奏转换越快，如日程、议程安排越紧凑，就会被认为时间观念越强；相应地在正常情况下，一个人实践和活动少而频率慢，也就会被认为空闲而没有时间观念。需要强调的是，从否定性来揭示时间并非自我们而始，亚里士多德便指出："时间本身主要是一个破坏性的因素。它是运动的数,而运动危害着事物的现状。"① 还说:"时间本身与其说是产生的原因,倒不如说是灭亡的原因"②。不过亚里士多德虽道出了时间的否定性,但否定仅具有消极的意义。黑格尔也是从否定来理解时间,认为时间是绝对精神自我否定的一种外在表现,但黑格尔的否定具有了创造生成的积极意义。至于柏格森则完全偏于否定性中创造生成这积极的一面,认为时间意味着创造,意味着新形式的不断出现和崭新的开始。可见用否定性来揭示时间是有其历史渊源的,因此我们在实践的基础上,把时间理解为实践的否定形式,是有合理依据的。

比照时间,空间作为实践的显现性或肯定性,则较易把握。通俗地说,就是哪里有实践存在,哪里就有空间,实践的显现性越强,也就是越恒定不变、越分明,则空间感也就越强。这样我们也就理解了为何代表自然物理空间的广延性会长期占据空间观念的主导地位,就在于按皮亚杰的发生认识论原理,这种具有自然物理意义的客观空间是在活动取得协调的基础上形成的。当儿童的活动不协调时,他的各种活动是分割孤立的,"每一活动各自组成一个把身体本身直接与客体联系起来的小小的孤立整体,例如,吮吸、注视、把握等活动就是如此"。③ 由于各个活动都是孤立的,他的对象也是无位置、无秩序的孤立的,因此只有当各个活动协调统一起来,物体才会发生位移,才能把对象看成是一个统一体中的各个部分,即有客观空间位置的各部分。④ 而活动取得协调实质上便是指实践形式的稳定性、模式化,所以自然物理空间实质上是一种实践活动的强显现。我们再按照现象学理路,也会得出同样的结论。按照现象学方

---

① [古希腊] 亚里士多德:《物理学》,张竹明译,商务印书馆1982年版,第130页。
② [古希腊] 亚里士多德:《物理学》,张竹明译,商务印书馆1982年版,第134页。
③ [瑞士] 皮亚杰:《发生认识论原理》,王宪钿等译,商务印书馆1981年版,第23页。
④ [瑞士] 皮亚杰:《发生认识论原理》,王宪钿等译,商务印书馆1981年版,第24页。

法，构成自然物理空间的方向、方位、形状、轮廓等也与固定的活动范围，固定的或占支配地位的观察视角相关。我们完全可以设想如果活动范围不固定，方向、方位就失去了确定性，毕竟在一个地区、一国乃至全球等不同的领域活动，其东、西、南、北、中、这里、那里等方向、方位均具有不同的含义。至于空间的形状或轮廓，也要有一个确定的视角，如果我们的目光是不固定的，则事物也就是无形体的。这正如一句古诗所说的"横看成岭侧成峰，远近高低各不同"。如果更极端一点，我们能同时从所有的方向看，我们的目光是无遮栏的，那么空间形状中的"体"就会消失，事物也就不成其为事物，毕竟空间的立体性来自事物部分被看到和部分不被看到的背景烘托效应。就此，梅洛-庞蒂便指出："如果知觉的主体不是仅仅在物体的某种方向上把握物体的这种目光，那么一般地说，我们的知觉就不可能包含轮廓、图形、背景和物体，因而我们的知觉可能是对虚无的知觉，最终说来可能不是知觉"①。所以由具有确定意义的方向、方位、形状、轮廓等构成的自然物理空间，已隐含有实践活动方式的恒定不变，自然称得上是实践活动的强显现。对于精神实践活动、心理文化活动，由于处于不断的生成变化中，其显现性往往偏弱，因此精神、心理文化领域的空间性就常常隐没不彰，甚至被认为没有空间性。但这也不是绝对的，像一些具有创造性和独特价值的精神、文化、心理实践活动，因抓住了人类固有的存在本性，道出了我们存之于心而又说不出口的恒常的东西，其拥有的心灵空间，其创造的精神文化世界，比起我们周边的自然物理世界，其空间性一点也不逊色，甚至更真实而恒久。介于强显现的空间和弱显现的空间之间的，就是一般社会实践活动形成的空间性。这种空间性就一般意义而言，比自然物理空间弱，较精神、心理、文化

---

① ［法］梅洛-庞蒂：《知觉现象学》，姜志辉译，商务印书馆2001年版，第322页。

空间强。但这种空间与实践的关系更直接,甚至直接就表现为实践,如:没有工作或事情做,即实践无法显现,就可直接表述为没有"位置",没有施展才华的"空间";反之实践得到发挥,就是有施展才华的"空间"或"舞台",有"位置""地位"甚至成为"中心"了。当然我们也不讳言,在传统的空间学说中一般是把"广延""场所"这类空间的强显现形式作为空间本身,认为精神、心理、文化乃至社会活动领域中的空间性是虚假的、非真实的,因而也就不是真正的空间形式。对这种观点,我们之所以称之为"传统",就在于自以黑格尔为代表的德国古典哲学终结之后,马赫、柏格森、卡西尔、海德格尔、梅洛-庞蒂等现代哲学家已越来越认可多元空间的观念,肯定了空间性存在于人类的几乎所有实践领域中,如马赫认为有生理、心理、物理、几何的空间,卡西尔认为有语言、符号、文化的空间等,就是如此。何况在信息网络时代,像信息空间、网络空间、数码空间、赛博空间等,已不仅是停留在观念层面上的称谓,更构成了人们现实生活中必不可少的环节。因此,我们把空间定义为实践活动的显现性或肯定性,不仅符合现代哲学的发展趋势,也是符合生活的真实的。

把时空界定为实践的显现性和隐匿性之后,我们前述的这两个问题,即时空观上的实体性思维的问题和时空统一性的问题,也就得到了合理的解决。第一个问题即关于时空观上的实体性思维的问题的解决在于:其一,新的时空定义从实践出发来阐释时空,也就包容了社会生活中不同的时空形态,从这个意义上来说,也就宣告了从物质存在出发来阐释时空,从而只承认自然物理时空的传统的实体性时空思维的破产,自此时空不再是外在的、对象化的东西,而是与人的存在方式内在相关,由实践和生活塑形的。其二,我们把时空定义为实践的显现性与隐匿性,是不同于把时空定义为实践的持续性与广延性的,因为持续性和广延性仍然是客观的、外在化的，仍然摆脱不了实体性思维的宰制，而显现和隐匿总是相对于特定的主体而言的，即对谁隐匿或对谁显现，也就是说显现和隐匿并非实体性范畴，而是生存论范畴、实践性范畴。关于第二个问题，即时空统一性问题的解决：一方面，时间是实践的隐匿、空间是实践的显现，表明时间不是空间，二者有严格的范畴界定，是有区别的。另一方面，二者又是有内在联系的。因为显现要通过隐匿来规定，隐匿也要通过显现来规定，或者说任何显现都是特定隐匿的显现，而任何隐匿都是特定显现的隐匿。也正因为如此，没有无时间的纯粹空间的世界，因为任何显现性都是相对隐匿性而言的，无背景的绝对的显现犹如无黑暗衬托的绝对的光亮，最终将什么也看不到，什么也显现不了。同样也没有无空间的纯粹时间，因为任何隐匿性也是相对显现性而言的，无显现的绝对隐匿是一种纯粹抽象的虚无。正由于时空如此渗透在一起，因此我们不能认同传统的那种看法，认为时间的一瞬定格就是纯粹的空间，因为这一瞬的空间就有时间，就是时空统一体。同样，我们也不能认同空间的变化就是纯粹的时间，因为变化作为一个连续的整体是可以作为单一的空间形象来直观体验的，它同样就寓有空间，是时空统一体。所以，在这里我们关于时空的定义中时空的区别仅具有理论的相对的意义，现实存在的世界总是时空统一体。正是从以上这两方面，我们作出的这个时空定义既相对区分了时间和空间，避免了时间的空间化所造成的时空混淆，又解决了时空的内在联系，避免了柏格森那种完全撇开空间来谈时间，把时间视为不可知的、神秘化的缺憾。最后我们这个新的定义还有一个特点，便在于定义自身直接就显示了时空之间的本质联系，而传统的用持续性与广延性来定义时空，根本没有显示出时空之间的这一内在关联，也正因为没有显示这种内在关联，传统的时空理论虽然求诸于经验观察与科学理论（如相对论）也证实了时空的内在统一性。但这样做，这种统一性在一定意义上成了依赖外在条件添加上去的东西，它也就失去了从范畴本身实现出来的那种逻辑必然性力量。

二 时空的实践本性

我们之所以把时空的实践本性区分为时空的属人性、立体性和演化性，根源于实践活动本身。实践活动作为人的存在方式，它具有属人性；作为一种关系性和境域性范畴，它具有立体性；作为一种动态的活动过程，它具有演化性。可以说，这三方面完整地揭示了时空的实践本性，表明实践时空观是具有属人性、立体性和演化性的时空观。

（一）时空的属人性

时空的属人性是指时空与人的存在方式的内在相关，它一方面包括时空与人的身体活动和行为方式的内在相关性，另一方面又包括时空与人的情感和自由的内在相关性。

关于时空与人的身体活动和行为方式的内在相关。我们从日常生活中对时空的最普遍的把握就可以见出，如用"坐两站车""走几步""抽支烟"来诠释空间距离，用"二战以来""解放战争期间""文化大革命"来代表时间的变迁，这都是用人的活动方式，个体或集体的活动方式来诠释和理解时空的结果。具体而言：首先，时间是由人的行为活动内在构成的，如果没有人的参与，"自在"的时间是不可能形成的。这里我们试分析把时间比喻为流水的最常见看法。表面上来看时间是自在流逝、一往无前犹如流水一般。但认真分析，我们是如何看到流水的呢？我们肯定是在岸边或船上某个位置才能看到流动和变化，如果我们与流水本身一道行进也就没有变化和流动了，毕竟变化和流动总是相对的。所以视时间为自在之

实践时空观 >>>

流就设定了一个有限位置的目击者，就有了主体的参与。这正如梅洛-庞蒂所说的："如果我考虑这个世界本身，那么只有一个唯一的不可分割的和不变化的存在。变化必须以我处在的和我从那里看到事情发生的某个位置为前提；如果没有目睹事情发生、其有限的视觉角度以事情的个别性为基础的某个人，那么也就没有事件。"① 不仅如此，如果没有主体的参与，时间的过去、现在、未来的维度也就无从发生。因为过去是已然消逝的东西，将来是即将展开的东西，现在是正在呈现的东西，而这只能是相对于具有有限视角、有限存在的观察者，对于永恒的宇宙自身来说，永远没有过去、现在、未来的区分。这正如对一条河流来说，我们对其过去、现在、未来的区分一般有两种方式：一种是当我们沿河顺流而下时，将来在下游而过去在上游；另一种是当我们分析水的流量、清浊等（如看汛期）时，则上游成了将来，下游成了过去。可见，过去、现在、将来不是自在地区分的，而是由实践的方式、我们的活动和目光的方向规定的。现在倘若我们进一步设想，如果我们的目光是无限的目光，那么现在我们不仅看到上游的景象，也同时看到下游的景象，这意味着上下游都同时现在，即代表上下游的过去与未来都成了现在。梅洛-庞蒂据此认为："如果我们把客观世界和朝向客观世界的有限视觉角度分开，如果我们把客观世界确定为自在的，那么我们在客观世界中只能发现诸'现在'。"② 我们注意在这里"现在"是打引号的，这是因为没有了过去、未来的相互规定，现在也是无意义的。因此脱离了主体的有限性、主体的参与，时间的维度终将消失。如果我们更进一步地追问下去，还会发现时间的周期性、时间的不可逆性也都与人的身体和活动方式内在相关。如果我们的身体没有固

---

① ［法］梅洛-庞蒂：《知觉现象学》，姜志辉译，商务印书馆2001年版，第514—515页。
② ［法］梅洛-庞蒂：《知觉现象学》，姜志辉译，商务印书馆2001年版，第516页。

定的生理节奏，我们的生活没有固定的模式、程式，如固定的作息或周而复始的事务，像农业活动中的春种秋收、夏耘冬藏的循环往复，那么我们为何设定时间是周期性的呢？任它一往无前岂非更科学合理。同样时间的流逝、时间的不可逆性也源于我们这仅有一次的人生，倘使我们有无限的人生，便不会感到时间的流逝、时间的珍贵，因为自在的时间既然永在，说它持存或流逝都是一样的，而唯有从我们有限的此生来理解时间，才能读懂时间无价、岁月无情的真义。在我们就时间与人的内在关系进行上述阐明之后，一切诚如梅洛-庞蒂所说的："时间不是我能把它记录下来的一种实在性，一种实际连续，时间产生于我与物体的关系。"① 不过马克思的概括则更精辟："时间实际上是人的积极存在，它不仅是人的生命的尺度，而且是人的发展的空间。"② 其次，空间是由人的身体及其活动方式内在构成的。这种构成我们可以从一方面空间的存在形式直接就包含有人的身体及其活动；另一方面身体活动本身就拥有空间性，我们与空间是无隔的。就第一方面而言，像空间中的体、方向、方位等存在形式直接就包含有身体及其活动于自身。以"体"来说，"体"的形成既包括我们观察的某个视角，视角造成的明暗、深浅的对比才能形成空间的立体感，又包括我们必然有一种身体被禁锢的感觉，像一张纸、一片叶尽管也是"体"，但是我们却很难唤起"体"的感觉，因此"体"绝不是自在的而是基于与人的关系的。方向、方位的情形更明显。前后、左右直接以我们的身体为依托，中心与边缘、周围、上下、四方必然也要有一个身体包裹在其间，否则对无边的宇宙来说，无所谓中心边缘，无所谓周围、上下、四方，甚至这里、那里。梅洛-庞蒂就曾分析词语"在……上"这一

---

① ［法］梅洛-庞蒂：《知觉现象学》，姜志辉译，商务印书馆2001年版，第515页。
② 《马克思恩格斯全集》第47卷，人民出版社1979年版，第532页。

实践时空观 >>>

貌似对客观方位的阐明，实际上隐含身体活动于其中："当我说一个物体在一张桌子上时，我始终在思想上置身于这张桌子或置身于这样的物体，我把原则上适用于我的身体和外部物体的关系的一种范畴用于这张桌子和这样的物体。如果缺少这种人类学含义，那么词语'在……上'就不再与词语'在……下'和'在……旁边'有什么区分。"[①] 关于后一方面即身体活动与空间的融合为一，我们可以这样来揭示：我们对空间的距离、位置的把握不仅是通过外在的具有客观意义的看来揭示，更在于我们的身体活动本身就有空间性，我们是用身体活动来把握空间的距离和位置的。因此我不用认清每个键盘的位置就能打字、弹钢琴，不用看清球网就投篮、射门，不用测量道路的实际距离仅凭感觉就知道自己的车子能否通过……客观的距离和位置绝不是摆在那里的、现成存在的，而是始终与我们各种各样的把握方式密切相关的，是具有内在人性的距离和位置。当我们丰富多彩的把握方式（如因疾病、衰老、疏懒等原因）变得贫乏以后，我们就感到距离和位置失去了准确性：尽管键盘仍然摆在那里，但不是打错字就是弹错调；球网仍在那里，但球感没有了；而开车时的道路还在那里，但判断已不对……因此，距离和位置总是由我们的行为活动赋予意义并内在于我们的行为活动中。所以，虽然我们不断地去测量事物的客观位置和客观距离，但是距离和位置的客观性仅具有表面意义，如一公里的距离对我们来说意味着的其实并非是这一公里，而是划定了我们的活动范围，如走路大约多长时间、骑车多长时间、坐公交车几站地等，它的真实内容实际上是人的活动。正是在这一意义上，梅洛-庞蒂揭示道："空间的地点不能被定义为我们的身体的客观位置相对的客观位置，但它们在我

---

① ［法］梅洛-庞蒂：《知觉现象学》，姜志辉译，商务印书馆2001年版，第139页。

们周围划定了我们的目标或我们的动作的可变范围。"① 海德格尔把空间的距离和位置视为"去远"也与此相似,即设定距离和位置是为了使距离远去、超越距离,用熟悉的方式把握距离,这仍然是用人的活动来理解空间的一种方式,正如他说的"此在本质上就是具有空间性的"。② 因此我们在这里把人的身体活动看成是内在于空间,与空间寓于一体的,无疑在一定意义上揭示了空间的属人性,丰富了空间学说的人性内涵。

关于时空与人的情感和自由的内在相关性。先来谈时间的情感性。无疑生活中的一段时间绝不是与我们无关、自在流逝的,相反它总是蕴含着我们的喜怒哀乐,总是唤起我们或美好、或忧伤、或单调、或刺激、或沉闷、或紧张等丰富多彩的情绪体验。显然时间之所以具有这种多姿多彩的情感特征,可归因于时间的实践本性,正因为时间是实践的,所以时间是有情感的,我们对时间的情感体验是随着实践的节奏而跳动的。当实践活动展开得自由流畅,生成转换越自如,越接近我们提出的时间是实践的隐匿或否定这一时间本义,则时间就越美好。反之,实践活动受阻滞,不能自由转换,呈现为人无法把握的异化状态时,越不接近时间的本义,则时间会使人感到压抑、沮丧。正是在这一意义上,我们理解了童稚青春的美好,年迈古稀的沧桑;理解了为何寂寞时长,欢娱夜短;理解了为何时间的开头和结尾的重要,如人们更看重首创、开端、实现和完成,而当人们做无头无尾的事情时,便感到持续不断的忍耐和煎熬,在"尚未"实现和"未竟"之志中沦为岁月的囚徒。其实像民间的所谓吉日吉时能开工干活,忌日忌时禁止开工干活,如果抛却

---

① [法] 梅洛-庞蒂:《知觉现象学》,姜志辉译,商务印书馆2001年版,第190页。
② [德] 海德格尔:《存在与时间》,陈嘉映等译,生活·读书·新知三联书店1987年版,第134页。

实践时空观 >>>

迷信的成分，单就哲学意义而言，直接体现了我们对时间情感体验的好坏、喜忌与实践活动能否得到展开和实现的关系。时间的情感性除了好坏、优劣，还有亲与疏、熟悉与陌生等的区分，显然这也源于实践。我们之所以对年、月、日、时、分、秒等时间单位比较熟悉和亲近，而对世纪、千年、万载等时间单位觉得陌生和疏远，就在于前者有我们熟悉的实践生活方式可以把握，后者则很难把握。同样，对同辈人、同年龄段人的自然亲近，与不同年龄段、不同辈人的隔膜、生疏也源于此。总之，由于实践总是内在地蕴含着人的情绪情感，时间是实践的，因而时间也是有情感的。

空间的情形与此类似，内容则更宽泛，它包括方向、形状、距离的情感性。从方向上来说，方向的前后、左右、上下给予人的情感体验是有区别的。一般来说，左右给予人的是熟悉或帮手的感觉，上下是距离之感，前后是优劣之感。在这里我们着重分析前后。无疑，前方与人的生活、生存方式联系得最紧密，毕竟"我"的目光和脚步总是向前的，因此提到前方人们总会涌起希望、欣喜之情，所以"前方""向前"或"领先""超前"就具有走向希望和光明的含义。后方由于是"我"的当下活动不能涉足的区域，所以后方就使人有不安、惶恐的感觉，因此"落后""太背""退步""靠后"就具有极强的贬义色彩。同时，前方和后方所寓意的情感上的优劣不仅停留在观念层面上，而且还具有极强的现实效应。如当我退步走而非向前走时会觉得不适，当我反方向坐车而非正方向坐车时会更容易眩晕。从这里不难看出，空间的方向正因为与我们日常的生活方式内在相关，所以它才是有情感的。如果不与我们的活动方式相关，仅从客观的自然物理空间的意义上来看，那么前后、左右、上下、反方向与正方向都是一样的，在这里也就不会有不适感、眩晕感、距离感、熟悉感，不会有我们关于方向的一切真实的情感体验，而这也就背离了生活的真实。从形状上来说，物体形状上的变化会引起我们情感上的变化，形状与人的情感是内在相关的。早在古希腊时期便有这样的看法，认为圆形、球形、正多面体等形状是理想的几何图形，因为这些形状均衡、和谐，本身就具有悦目的美感。近代美学家伯克在《崇高与美》中较全面地揭示了形状与美的关系，他归纳道："总的看来，美作为纯粹可感知的品质，它具有以下特点：第一，较小。第二，光滑。第三，各部分方向上有变化。第四，没有角状的部分，各部分互相融为一体。第五，具有娇弱的体形，没有与众不同的有力的外观。"① 与之对应较大、粗糙不平、突然凸起并以间断的方式变化、锐角等都是与美的观念极严重地冲突的。当然除了与美丑的关系，形状与情感的关系还涉及方方面面，如有的形状使人激动、有的形状使人平静、有的形状使人亲近、有的形状使人厌恶、有的形状使人轻松、有的形状使人沉重……如果我们去追问为何形状本身就使人涌起不同的情绪体验，有千姿百态的感觉，根源还是在实践上。正如马克思指出的："五官感觉的形成是迄今为止全部世界历史的产物。"② 正是在实践的基础上，人的感觉的丰富性，才一部分发展起来，一部分产生出来。所以形状从来都不是自在的、与人无关的存在，它在人类长期的生活实践中，早就与人血肉相通、情感相连，打上了人性的印记。从距离上来说，远近、内外、中心与边缘也都有自己相应的情感特征。一般来说，近处、中心、内部会使人有亲近、友善、团结、重要之感；相反，远处、边缘、外部则使人产生疏远、冷落、敌意、忽视的感觉。这种由距离上的从近到远引起情感上的从亲到疏的变化，这种情感和距离的内在交融，不仅体现在社会生活的各个方面，也体现在一般的空间分类原则上，鲍曼就曾揭示道："家、饲养场、田野和'天涯

---

① ［英］伯克：《崇高与美》，李善庆译，生活·读书·新知上海三联书店1990年版，第135—136页。
② 马克思：《1844年经济学哲学手稿》，人民出版社2000年版，第87页。

海角'这些范畴似乎是以与一方面是家禽、饲养场、牲畜、猎物和'野兽'这些范畴,另一方面是兄弟姐妹、表兄堂弟、邻居和异族或'外国人'这些范畴非常相似——实际上是完全相同的——原则而凸显在大众化的世界地图上的。"① 至于探究距离和情感为何会内在相关的原因,显然也源于实践和生活。这里我们引一段鲍曼关于近与远的情感分析,仅供佐证兼作结:"附近,即就在手边,通常是平淡无奇、再熟悉不过的;有些人每天都会看见,有些事情每天都要处置,它们已经跟我们的习惯紧密相联,成了我们日常生活的一部分;'附近'是一个使人感到宾至如归的地方……相反,'远处'却是人们很少涉足或从不涉足的空间,这里会发生什么事人们无法预料或理解;一旦发生了什么事,人们会觉得不知所措;这个空间包含有人们不了解的东西,人们不存希望,也觉得没有去关心的义务。发现自己置身于'遥远的'空间是一种令人紧张不安的经历;冒险去'远方'意味着到某人视野之外,意味着感到别扭及不得其所,意味着招惹麻烦和害怕受伤。"②

谈到时空与人的自由的内在相关,如果是从传统的视角入手,即把时空作为外在的、对象化的东西来理解,那么时空与其说体现了人的自由的本质,毋宁说更体现了人的不自由的本质,体现了人受外在的时空条件的限制和束缚,在这种情况下,自由只能存在时空的反面,即以普通所谓的超时空的方式存在。如果是从时空的实践本性入手,则时空本身便表现为"超时空",表现为对"客观距离"和"限制"的超越,标志着自由和解放的具体实现程度,自然也就内蕴着人的自由的本质。具体地说,从实践哲学的维度,时空的距离本身是与人的行为活动相关的,是动态的。因而一里、一小

---

① [英]鲍曼:《全球化:人类的后果》,郭国良等译,商务印书馆2001年版,第27页。
② [英]鲍曼:《全球化:人类的后果》,郭国良等译,商务印书馆2001年版,第12—13页。

时，这些时空单位的真实内容体现的不是纯粹抽象的一段时间、一段空间，它体现的是人的活动方式，当人的活动方式发生变化，时空的距离就会发生变化，时空的距离是相对的距离。这就好比一段空间对步行者、乘车者、登机者含义不同，一段时间对从事同样计算量的手工作业者、珠算者、电脑操作者又会有长短悬殊的体验。所以，鲍曼就指出："距离是社会的产物，而绝不是客观的、非人格化的、物质的'已知事实'；它的长度随着覆盖它的速度的变化而变化"①。正由于距离不是客观的、非人格化的，它内蕴着人的活动方式，所以具有实践内涵的时空距离不是一种固定的距离、一种客观的限制、一条不变的鸿沟，而是相对的、变化的，是对固有距离和束缚的超越，因而也就是人的自身活动的自由。把时空的距离理解为去距离，把真正的时空理解为"超时空"，理解为对固有时空限制和束缚的超越，这实际上就是把时空理解为自由，因为自由最核心的东西便是空间的自由和时间的自由。马克思便是这样理解的，所以马克思所设想的自由王国——共产主义社会，便是对时空限制的突破："而在共产主义社会里，任何人都没有特殊的活动范围，而是都可以在任何部门内发展，社会调节着整个生产，因而使我有可能随自己的兴趣今天干这事，明天干那事"②。不仅如此，马克思还特别提出了"自由时间"的问题，自由时间是指在生产劳动之外，"用于娱乐和休息"，发展个人兴趣、爱好、智慧、才能、力量等，"为自由活动和发展开辟广阔天地"的时间。马克思认为时间的真正意义就在于"把社会必要劳动时间缩减到最低限度"，不断突破时间的限制，最大限度地获取"自由时间"，自由时间本身便体现了人类自由和解放的实现程度，是社会文明和进步的标志。可见，把时空

---

① ［英］鲍曼：《全球化：人类的后果》，郭国良等译，商务印书馆2001年版，第12页。
② 《马克思恩格斯选集》第1卷，人民出版社2012年版，第165页。

与自由看作是内在相关的，马克思的理解与我们的观点是一致的。值得指出的是，这一观点不仅具有理论的意义，还被今天社会的发展所印证。随着交通、网络、航天、通信、电子等技术的进步，人类正处于一个时空渐趋消失，人获得更多自由的时代。鲍曼就是这样揭示全球化时代的自由人的："在精英分子的生活经历中很少有'这儿'和'那儿'、'里面'和'外面'、'附近'和'远处'的区别。随着通讯时间的剧减以至缩短至瞬间，空间和时间标准已不再起作用，至少对那些可以以电子信息的速度行动的人来说是如此。"① 正基于社会现实的发展，时空日益体现为"超时空"，日益朝向其本真形态即人类自由自在的活动方式行进，所以在这一意义上我们才能说时空与自由是内在相关的，它本身便寓意着人的自由和解放。

（二）时空的立体性

时空的立体性是指在时间与时间之间、空间与空间之间的相互蕴含、相互渗透的基础上所形成的时空境域结构。我们认为真实的时空是立体、互渗的，而非线性、隔离的，这根源于时空的实践本性。现在，我们就分别从空间上和时间上揭示时空这一立体特质。

从空间上说，传统的空间理论把空间的各部分视为并列、隔离的，各部分之间是互不妨碍的，某一位置不影响其他的位置，物体在此处便不能同时在彼处。我们认为这种秩序井然的空间理论是不符合生活的真实的，因为真实存在的空间总是在人的具体的生存境域中被把握、被规定的，因此它内在地就具有一种立体结构，这种立体性包括：其一，每一被体验的空间都蕴含着其他空间。这具体是指每一被体验到的现实的空间，如事物的形状、位置、轮廓等都

---

① ［英］鲍曼：《全球化：人类的后果》，郭国良等译，商务印书馆2001年版，第12页。

要由它之外作为它的背景的东西来衬托和搭配，因此它的空间形象在一定意义上就蕴含了在它周围作为它的背景的事物的空间形象。这就譬如一朵花，它的形状、颜色、位置、轮廓的显现就包括周围景物的无言的烘托，如花的光彩艳丽表明其背景可能是晴朗的白天，花上的阴影表明周围可能有绿叶、森林、房舍的映衬，花的湿度、温度表明周围空气、光热的比例，花的大小表明注视者的或远或近……总之，花的显现越显明，则作为它的背景的空间形象便越真实。而且这种情况可以无限递推下去，即由花的显现到作为它的背景的物的显现，而背景物的显现又表明作为背景物的背景的显现……因此，每一个显现的空间，其实已包蕴着在它周围的无限的空间，它是在一个无限的整体中现身。在这里，我们关于空间的相互蕴含性的这个说明是在现象学框架下进行的，其实怀特海同样提出了类似的思想，这体现在他的包容体学说中。怀特海的包容体学说是指某一位置或体积的显现，就包容了从其出发的其他的位置或体积的显现，它们是同一个结构或视域下的统一整体，即"包容统一体"。这正如他说的："包容性单位 A 包容着从它本身出发所求到的一切其他体积的位态而成为一单位，这一点就是空间的样态性。一个体积的形式就是可以推演出一切位态的公式。因此体积的形式比它的位态更抽象。说到这里，我大可以借用莱布尼茨一句话来说：每一个体积都在自身中反映出其他空间体积。"① 可见，包容体学说也是指被体验的空间同时蕴含着其他空间，即他说的"空间的体积没有独立存在的。它们只是整体中的实有"。② 因此，传统式的孤立、隔离的空间是不存在的，空间的此与彼、这里与那里是交融渗透在一起的。这样，当我们说一个物体的空间位置时，其实它已统

---

① ［英］怀特海：《科学与近代世界》，何钦译，商务印书馆1959年版，第63页。
② ［英］怀特海：《科学与近代世界》，何钦译，商务印书馆1959年版，第63页。

实践时空观

摄着无限的空间或一个世界作背景，它自身就包容着它不在场的地方。因此，我们能在它不在场的地方找到它的在场，如光凭眼前气味、声音、振动、光影的变化，我们就可以知道在我身旁或身后会有某人或某物，虽然我不一定看见它。又如全息照片的任一残片都能复原原先的照片，尽管原先的照片已然损毁，但残片能复原在于它已蕴含整体的信息。物的这种无处不在或不在之在，表明它的存在是世界的存在，世界的存在是它的存在。由此对每一个真实显现的空间而言，各种空间是浑然融合地交织在一起的，是立体、互渗的。其二，每一真实的空间都蕴含着生存的整体意义。空间的显现绝不是单一的显现，它内蕴着生活的多维意义，是生活的延伸或变形。海德格尔就揭示空间具有与生活的整体关联。他以人们最日常利用的光和热为例，光和热的变化：日出、日午、日落，就指明了东方、正中、西方的位置。同样对阳光的利用或利用不到又决定了房子的向阳面和背阴面，而这两面又牵连出了房子内部家具摆设的方向、方位。日出、日落又决定了教堂与墓地的设置："教堂与墓地分别向着日出和日落设置，那是生与死的场所"①。也就是说，参与日常生活的光和热不仅决定了空间的位置，而且还延伸出了空间显现的多重意义，因此空间具有一种与生活实践的整体关联；海德格尔称这种关联为"因缘整体性"，他说："此在为它的存在而存在，此在的烦忙活动先行揭示着向来对它有决定性牵连的场所。这种场所的先行揭示是由因缘整体性参与规定的"②。既然空间的位置和场所不过是人们生活意义的整体性显现，因而在空间形象的背后隐藏着的是生存的基本结构。这种生存的基本结构，不仅能够创造出文

---

① [德] 海德格尔：《存在与时间》，陈嘉映等译，生活·读书·新知三联书店1987年版，第129页。
② [德] 海德格尔：《存在与时间》，陈嘉映等译，生活·读书·新知三联书店1987年版，第129页。

学、艺术、心理、文化等虚幻想象的空间意象，充当各种空间意象的生活原型，而且还能够影响我们对真实空间的体验，使真实的空间发生变形或意义的迁移。关于生存的意义使空间发生变形，梅洛-庞蒂就提供了一个倾斜的镜中景象变正的例子：当我们注视一面在房间里斜着放的镜子的时候，镜中的景象如墙壁、房间里走的人都是倾斜的，但持续注视几分钟之后，变化突然出现，墙壁、房里走的人均变正。梅洛-庞蒂认为这种情形的发生在于，我们的空间景象从来都不是单纯的、物理意义的一种映现，而是内在地蕴含着我们的身体和活动方式的，当我注视镜子时，我与镜中的东西取得了联系，我认为自己能生活在镜中，显然这种生活应是正常的生活而不是倾斜的生活，因此生活的意义使物理空间发生变形，镜中的景象被矫正。① 其实这种情况并不鲜见，如我们看电视时，刚开始电视图像一点立体感也没有，渐渐地立体感便越来越强；又如同样的身高情况下，女生较男生在生活中显个儿等，这都源于生活的意义影响了物理空间的存在。而且这种影响还会造成在同样的空间条件下，空间的意义发生迁移。梅洛-庞蒂用一段话精彩地阐释了这一点："我来到乡村度假，很高兴能摆脱我的工作和我的日常周围环境和人物。我在乡村安顿下来。乡村成了我的生活的中心。小河的干涸、玉米和胡桃的收成在我看来是大事件。但如果有一位朋友来看我，告诉我巴黎的新闻，或者我从无线电和报纸得知有战争威胁，那么我觉得我是在乡村避难，没有参与真正的生活，远离世界的一切。我们的身体和我们的知觉始终要求我们把它们呈现给我们的景象当作世界的中心。但这个景象不一定是我们的生活的景象。我能身在此地，'心在别处'，如果不让我接近我所爱的东西，那么我感到离

---

① ［法］梅洛-庞蒂：《知觉现象学》，姜志辉译，商务印书馆2001年版，第316—320页。

开了真正的生活。"① 这样看来，真实空间的显现从来都不是一种单纯的显现，而是我们生存、生活意义的变形和延伸，是我们存在的全部丰富性的无保留的涌现。

　　从时间上说，传统的时间理论把时间视为由过去向现在，再向未来依次流逝的，时间中的每一部分、每一瞬间是有先后次序的，此时不同于彼时、此一瞬间不同于彼一瞬间，时间在这一行进中呈现出的是一种线性的时间结构或线性的时间逻辑。但是，这种线性的时间结构是不符合生活的真实的，真实的时间具有一种境域性的立体结构：首先，构成时间的每一时间点不是纯粹抽象的单位，而是境域化的、立体化的存在。传统的线性时间可以说是由无数的诸现在构成的，过去是过去的现在，现在是现在的现在，将来是将来的现在，无数的互不干涉的现在聚合在一起就汇成了时间的整体。但斟酌起来，组成时间整体的最基本单元的现在却不是一个纯粹抽象的时间点，真实的生活中体会到的现在其实是指当前的一种生活状态，是指现在正如何。如现在，此时门撞得直响；现在，此刻我在散步；现在，这会儿我在读一本书；等等。海德格尔就揭示道："只要说到'现在'，我们就总也已经领会着'现在之时如何如何'，虽然这一点不必一道说出来。这是为什么呢？因为'现在'阐释着存在者的某种当前化。"② 也就是说，一种当下的最切近的生活状态的展开（即当前化）就是现在。现在的这种生活性使它不可能是纯粹的、不可分的时间点，而是弹性的、可分的，具有伸缩性的时间建制。因此我可以说，现在在吃饭、在睡觉、在锻炼；也可以说现

---

① ［法］梅洛-庞蒂：《知觉现象学》，姜志辉译，商务印书馆2001年版，第362—363页。
② ［德］海德格尔：《存在与时间》，陈嘉映等译，生活·读书·新知三联书店1987年版，第479页。

在在傍晚、在今天、在夏天；等等。不难看出，诸现在的时间间隔是长短不一的，因此作为时间的基本单元的现在便总是一种动态的境域性的存在。也因为如此，一方面现在总呈现出一种无限可分的状态，每一现在都可分为若干现在，而这些若干现在又可进一步地细分，现在的这种无限可分表明了它总是包括隶属于它的过去、现在、未来于自身，也就是说现在是不纯粹的，现在中就有过去和未来。另一方面现在又呈现出一种扩张状态。随着生活及实践范围的扩大，例如当我们强调现在的工作或任务时，这个"现在"因工作或任务的性质就可能不止是短短的一瞬，也可能是1小时、1天、1年，甚至几十年。这种扩张或延伸的现在，使我们平常所谓的过去和未来，在一个更大的视域中也就被包容在同一个现在中了，也就是说过去和未来在这里也被称为现在，现在又是具有包容性的。无论现在的可分割性还是包容性都证明了由之构成的时间不是不可分的抽象的时间点，而是当前的一种生活或存在的境域。正是这一境域性的存在，为我们接下来进一步分析过去、现在、未来的同步性，颠覆传统的线性时间逻辑，提供了思想支点。

其次，过去、现在、未来是同步一体的。如果时间是抽象的、纯粹的时间点，而不是体验性的、境域性的存在，那么不但过去和未来不会存在，就连现在也无法存在。这是因为过去既然已逝去，它就不会存在；未来还没有到来，也不会存在，即便是现在自身，作为抽象的时间点，我们也无法判断其存在，因为我们无法体验到它，它仅是一种数学极限的存在。萨特指出，不能把时间视为时间点的外在连接，否则就会取消时间，因为"过去不再存在，未来尚不存在，至于瞬间的现在，众所周知，它根本不存在，它是一个无限分割的极限，如同没有体积的点一样。这样，整个系列便都消失了，并且是加倍地消失了。"① 因此，真实的时间不是无数时间点的外在接续，而是境域性的过去、现在、将来相互关联的存在。最初对这种关联性的认识，一般是从现在出发去统摄过去和将来，如奥古斯丁便认为过去是指过去的现在，对应于记忆；现在是指现在的现在，对应于直接感觉；将来是指将来的现在，对应于期望。这样过去和将来都源于现在，源于我们当下的体验方式，胡塞尔也把过去和将来视为当下的"滞留"和当下的"期待"，现在（即当下）同样成了过去和将来的支点。但正如我们指出的，现在是境域性的弹性的，并非一个牢固的确定的界域，过去和将来要依赖现在，但何谓现在，现在的界限如何划定，同样依赖过去和将来，因此现在也不是轴心，三者是同步一体的。海德格尔就认为三者一样重要，不仅过去与将来依赖现在，现在也同样依赖于过去和将来，当我们强调其中任何一个时态时，也就必然携带其他两个时态。因此，现在既是现在，同时又是过去的将来，是过去的状况与将来的趋向决定了我们当下有一个什么样的现在。同样，将来不过是现在的过去，而过去则是现在的将来，三者的一体化构成时间，即如海德格尔所说的："我们把如此这般作为曾在着的有所当前化的将来而统一起来的现象称作时间性。"② 海德格尔还特别强调三者的一体化表明它们在时间上是同步的，他说："将来并不晚于曾在状态，而曾在状态并不早于当前。时间性作为曾在的当前化的将来到时。"③ 海德格尔之所以强调它们的同步性在于，时间的任何一维都不是独立的，必须

---

① [法]萨特：《存在与虚无》，陈宣良等译，生活·读书·新知三联书店2007年版，第146页。
② [德]海德格尔：《存在与时间》，陈嘉映等译，生活·读书·新知三联书店1987年版，第387页。
③ [德]海德格尔：《存在与时间》，陈嘉映等译，生活·读书·新知三联书店1987年版，第414页。

与整体同在，否则就会犯过去已逝、将来不来从而取消时间的错误。就此，萨特与海德格尔的看法相同："研究时间性的唯一可能的方法就是把时间性当作一个整体去加以剖析。这个整体制约着它的次级结构并赋予它们以意义，这是我们永远不应忘记的。"① 不过，在强调时间的任何一维都依赖其他二维之后，我们能否进一步提出任何一个时间点都蕴含着时间整体呢？

最后，每一时间点都蕴含着全部的时间。正由于时间的每一维都携带着其他二维作为背景，因此每一时间不是孤立的，都携带着属于它的背景时间，同样地，背景时间又有自身的背景时间，这种情况亦可无限递推下去，因此，每一真实的时间都是在时间整体中现身，它蕴含着全部的时间。怀特海在其包容体学说中便指出："关于空间的说法可以同样地适用于时间的延续。没有延续的瞬间是一个想象的逻辑结构。每一段时间的延续本身都反映着一切时间的延续。"② 注意，我们在这里需强调的是只有真实的体验的时间才蕴含着其他全部的时间点，而抽象的时间不可能有这种蕴含性。例如，一段真实的时间体验包括现在的天色早晚，我的身体状态是静坐冥想或是从事体育运动，我正在忙的一件事情等，而这些都是有一个具体的关联整体的，单就天色早晚的情况如何，可递推出作为它的背景的之前或之后的天色情况，这样无限递推下去，现在的天色早晚在理论上就蕴含了一个无限的时间整体。而抽象的无体验的一段时间是不包括时间的内容的，即在这一段时间如何如何，因此作为一种数学意义上的抽象存在，一段仅供计算的时间，这种时间不过就像链条上的一环，脱掉这一环并不影响整体，它并不蕴含全体的性质。让我们举一个更通俗的例子来说明。诗仙李白的存在，作为

---

① ［法］萨特：《存在与虚无》，陈宣良等译，生活·读书·新知三联书店 2007 年版，第 146 页。
② ［英］怀特海：《科学与近代世界》，何钦译，商务印书馆 1959 年版，第 63 页。

实践时空观 >>>

抽象的数学意义的时间是生于公元701年，卒于公元762年，活了61岁。过了这段时间诗人就不存在了，在之前没有李白，之后也没有李白。但是当我们真实地体验和经历李白的人生，领会着他的诗，他对仙道的追求，对诗、酒、剑术的豪情和对祖国山河的热爱，我们会说之前有李白，因为之前的时代是李白生命和文化的源泉，是他存在的"前身"；同样我们也会说之后有李白，因为他的文化生命活在后世人的心中，以后的时代是他生命的证明，是他存在的"后身"。因此，诗仙李白的存在不是短短的61年，而是在全部的历史长河中的光辉现身。诗仙如此，其实我们每一个人的真实的人生何尝不是如此呢！何尝不是在所有的时代现身呢！只不过以李白为例使我们更容易明了纯粹抽象的时间的无蕴含性，与真实的时间体验有蕴含性的区别罢了。时间的每一点蕴含其整体，除了上面这种每一时间点有一背景，每一背景又有一背景……这种背景性蕴涵之外，时间的蕴涵还有一种自身蕴含性，它自身就是全部时间的存在证据，自身就包含全部的时间，不过这要以空间为中介。具体地说，每一时间都有一种空间证据，证明着在它之前或之后的全部时间的存在。例如：我们此刻看到的一棵树，不仅证明它存在于此时此刻，树中的年轮圈数又证明了它的出生时间，树的生长情况也可以大致前后推算它每一年的存在状态，树的种类又可以判断它自然死亡的大致时间……也就是说，这棵树此刻的存在同时证明了它在过去和未来的存在，它此刻存在的时间自身就证明、蕴含着全部存在的时间。因此，就时间的这一自身蕴含性，梅洛-庞蒂便提出："每一刻时间都是所有其它时刻的证据，每一刻时间在到来的时候都显示出'它应该如何运转'，'它将如何结束'，每一个现在最终都以导致承认所有其它时间点的一个时间点为依据"[①]。需指出的是，时间蕴涵的

---

① [法]梅洛-庞蒂：《知觉现象学》，姜志辉译，商务印书馆2001年版，第101页。

这两种情况本身就蕴含着生活的意义。这不仅在于真实的、具有生活内容的时间才会有一种背景、一种证据（抽象的数学意义的时间既无背景又无证据），导致时间的背景性蕴涵和自身蕴涵的发生。而且更在于背景的存在和时间的证据，都要依赖于我们生活的广度和深度。这就像一块石头，生化学家可以看出这是多少岁月留下的刻痕，而"我"却做不到；旅程中的一段天色，气象学家能大致判断前后几天的天色情况，"我"却没有这样的背景知识。因此，背景和证据的背后乃是实践和生活，实践和生活才使背景成其为真正的背景，证据成其为真正的证据，才会导致时间蕴涵从理论上的无限可能成为现实的实际发生。

以上我们证实了具有生活内容的真实的时空，从来都不是线性、隔离的，而是立体、互渗的，时空中的每一瞬、每一点都蕴含、反映着全体的时空。因此，我们体验和拥有的任一特定的时空，不是时间链条中的一环，不是空间容器中的某个部分，而是与全体的时空水乳交融、浑然一体的，我们的时空位置映现着世界的时空位置，世界的时空位置映现着我们的时空位置，这便是我们在时空中的存在方式，这便是我们的立体时空观。

（三）时空的演化性

时空的演化性是指随着实践的不同，时空具有不同的表现形态，呈现出动态的发展趋势。在这里，我们是从人类实践的宏观视角，把时空形态区分为农业文明的时空形态、工业文明的时空形态、信息文明的时空形态，以此来揭示时空与实践相呼应的内在演化轨迹的。

先来谈农业文明的时空形态。从时空的显现形态来看，在农业文明中，时空具有笼统、模糊、欠精确的特点，这与农业生产方式是内在相关的。托夫勒在《第三次浪潮》中就曾精辟地分析农业社

实践时空观 >>>

会模糊的时间观念的产生根源,他说:"从事农业的人们必须知道何时耕种与何时收获,因此他们能准确地衡量长期的时间。但是因为农民们不需要劳动时按照同一步调作业,所以对短暂的时间单位没有什么认识。他们往往不会把时间划分成小时或者分秒等固定的单位,而是以概略、不精确的大分割来代表进行某些家庭式工作的时间长度。农夫可能把某一段时间称为'挤牛奶时间'。在马达加斯加岛,人们使用的时间单位是'一顿饭',一刻称为'炸一对蚱蜢'。"① 不仅时间观念模糊,空间尺度也是笼统、不精确的,人们一般用人体的某部分或常见的活动方式来测度空间。正如鲍曼指出的:"人体自远古以来就是'万物的度量衡'。在整个人类历史上,直至最近现代性的兴起,人类就用身体——脚、手或肘;用产品——篮子或罐体;用活动——譬如,把田地分成若干'摩根',一摩根即一个人从早到晚可耕犁完的一块田地——来度量世界。"② 这种不精确的空间尺度之所以具有广泛的适用性,盖因农业生产过程不像工业生产过程那样流水线作业,有统一的规格、尺度和标准,农业生产过程对空间距离的判断是凭经验提供的,如对植株间的距离、耕作的深浅、灌溉的程度等的判断和把握全凭恃经验,具有一定的模糊性。而且农业的产品也来自自然的馈赠,具有自然的性状,不存在工业品那种所谓的合格或达标的严格的规范要求。因此,在农业社会中,过分精确的空间尺度反倒是不必要的。

　　从时空的范围上看,农业文明的时空范围相较以后的工业文明显得分散、狭窄和封闭。从空间上说,这源于农业生产摆脱不了对土地、河流、物产等自然资源的天然依赖。而这类自然资源在地球上是不均匀分布的,因此农业社会的生产生活的空间,如村寨、村

---

① [美] 托夫勒:《第三次浪潮》,黄明坚译,中信出版社 2006 年版,第 65 页。
② [英] 鲍曼:《全球化:人类的后果》,郭国良等译,商务印书馆 2001 年版,第 26 页。

落等也是孤立分散的。而且绝大多数人生活活动的范围都受他居住的环境和耕种的土地所限制,所以农业社会可称得上是一个"空间吝啬"的社会,历史学家赫尔(J. R. Hale)曾说:"大多数人一生最长的旅行距离平均是 15 英里,这个推论大致不差。"① 即便是以国家名义实施统治的范围,由于受人类活动的自然属性的实际限制,也显得异常狭窄有限,因此在历史上农业社会虽出现过声名显赫的帝国,但大多有名无实,维柯就引证瓦罗的一段名言指出:"罗马在国王统治下的二百五十年中征服了二十多个民族,它的统治范围扩张并没有超过二十英里。"② 从时间上说,农业文明的时间也同样是分散、狭窄和封闭的。这体现在:一是时间的地域性,各自有时。人们根据各个地方的日升日落、环境和气候等具体情况自行规定时间、划分季节,时间表现出明显的地域差异。如因经度不同,各个地方日升日落有先后,因此各地有自己不同的地方时间。又如地形气候不一样,季节也有不同,在草原上人们一般把季节分为干湿两季,古埃及因尼罗河定期泛滥把季节分为泛滥、生长、收获三季,而一般的灌溉农业区则把季节分为春夏秋冬四季。可见,农业文明的时间是一种地域性的天然的时间。二是时间的封闭性、循环性。由于农业活动是按自然节律来进行的,而日升日落、月圆月缺、春华秋实等均具有一定的周期性,因此,农业文明中占主导的时间观念是封闭的、非线性的循环时间观。托夫勒就指出:"许多工业时代以前的社会和今日的第一次浪潮社会都认为时间是一个圆圈,不是一条直线。玛雅人、佛教徒、印度教徒都认为时间是圆形、重复的,历史不断地重复,经由轮回而再生。"③ 最典型的便是印度的"劫"的观念,一劫等于 43 亿 2000 万年,是世界由生到灭的一个完整周

---

① 参见[美]托夫勒《第三次浪潮》,黄明坚译,中信出版社 2006 年版,第 67 页。
② [意]维柯:《新科学》上册,朱光潜译,商务印书馆 1989 年版,第 77 页。
③ [美]托夫勒:《第三次浪潮》,黄明坚译,中信出版社 2006 年版,第 66 页。

实践时空观

期。传统中国占主导的也是循环时间观，普通纪年的天干地支便是以60年为一周期，重复纪年。王朝的更迭也要遵循五行的生克周期，有所谓的五德终始说。不过发生的这个周期则不太固定，事关气数或气运。因此，传统中国的时间观虽然是循环的，但这种循环并不是非常严格，可称之为弱循环时间观。农业文明的循环时间观，由于把时间视为圆圈，把历史视为不断的重演和轮回，这也就取消了历史的进化和进步的意义，使历史变得没有必要，因此循环的时间观在一定意义上是反历史的，是一种具有自身封闭性的狭隘的时间观。

从时空的总体特性上看，农业文明的时空观是一种经验的、朴素的时空观。人们的时空意识都不脱离生活经验的有限范围，时空都具有自然的性状。如空间都是具体的，像动植物的分布、河流山脉的走向、田地路径的形貌等，这些都是不规则的、弯弯曲曲的，与几何理想图形差距甚远。同样，时间也非数学意义上的、绝对均匀的，而是具有自然节律的时间。如季节的韵律、生物的程序、地球的循环和心跳的节奏等。由于时空是具体的，人们把握时空也就以一种经验的感性的方式，时空均具有异质性。就空间而言，显然在感性经验中，近处的空间是不同于远处的空间的，在近处空间感更强，空间更具有优越性。因此，农业社会在空间的把握上一般是贵近贱远、重中心轻边缘，人们有浓重的本乡本土情结，明于内外之分，人际交往的空间也是从近到远、由亲而疏的，这种情形在传统中国最典型不过，费孝通称之为差序格局，好比把一块石头丢在水面上所发生的一圈圈推出去的波纹，越远越淡。至于时间，农业社会是注重经验积累的社会，因而在过去、现在、未来这三个时态中，人们更注重过去，认为日光之下无新事，现在和未来不过是过去的简单重复。这种对过去的尊重最典型的表现便是怀古的心态。认为理想的社会不是出现在现在和未来，而是在过去，中国对尧舜禹时代的推崇，工业文明之前的欧洲对希腊、罗马的膜拜皆缘于此。对过去的尊重还有一个典型表现便是社会生活上的普遍的敬老传统。敬老是对年龄所代表的经验和经历的一种尊重，而经验和经历是属于过去的，因此敬老实质上是对过去的尊重。在农业社会敬老是十分普遍的，如费孝通就认为传统中国是老年人作主的"长老统治"的社会，至于北美印第安人和非洲的一些部落则以年龄论资格、分等级，年龄甚至成为身份、地位的标志。推究其成因，在于农业社会是一种稳态社会，老年人的经验和阅历是能够为年轻人开始新生活作参考的，因而敬老、以"先生"为尊、以老为师（后简称为老师）就成了农业社会人们生活的普遍抉择。由于农业文明的时空观是异质、具体的，因而由这种时空观组成的世界也是形态各异的，最典型的便是把世界分为天上、人间、地狱这三类，以至民间有"天上一天，地下一年""洞中方七日，世上已千年"等传说。这是不同于后来的工业文明只有一个世界、一个时空，具体的时空只是整体的各个部分的。显然后一种时空观涉及时空思维的抽象，而农业文明的时空观则是经验的、朴素的，反映了自给自足的农耕生活的社会现实。

接着谈工业文明的时空形态。从时空的显现形态上看，工业文明的时空观具有精确化、标准化、同步化的特点。这盖因在机器工业生产中，模糊的时空尺度是无法满足机械化生产的精密化和专门化要求的。就空间尺度而言，工业生产中的机械、机器是由精密的零配件组装而成的，流水线的安装，产品的生产、包装都有一定的型号、规格和尺寸，因此由工业生产建构起来的工业文明对空间尺度的要求是严格、精密的，这种严格、精密体现在：一是标准化。工业化的世界是一个标准化的世界，各级各类的产品都有自己的计量标准，而且空间的国际计量尺度都是在工业文明期间奠定的。之所以工业文明有对空间尺度标准化的内在要求在于，只有统一标准

实践时空观 >>>

才能保证工业生产中的分工、交换的顺利进行。我们不难想象生产同一产品的不同部件的厂家,如果尺码不统一,会给产品的最后组装成形带来何种严重后果;而长度、容积的不统一又会给异地公平贸易带来怎样的麻烦。正因为如此,在工业时代初期,"法国革命者热衷于以公制和新历来达成距离和时间的标准化。他们认为这些问题非常重要,国民议会第一次宣布成立共和国时,这些都是首要项目"。① 二是几何化。工业生产的整个流程在某种意义上是几何理念的具体实施,因此工业的世界是几何化的世界。工业的材料、产品、货物具有几何的外形;建筑、房屋、道路按几何设计规划;衣服、饰品、水电管道等照几何裁剪或安装;甚至连原野、河流、森林、高山等自然地貌也被测绘成图,无疑工业时代空间的这种全方位几何化、量值化,正是空间形态由模糊走向精确的最明显标志。同样,工业文明也创造了精确化、标准化的时间。由于机器工业生产是建立在高度分工和专业化协作的基础上的,分工和专业化使得时间在不同的工序和操作过程中,必须被有机地、按比例地分配,否则生产过程就不能连续、同时地进行。"例如在活字铸造业中,如果一个铸工每小时能铸 2000 个字,一个分切工能截开 4000 个字,一个磨字工能磨 8000 个字,雇用一个磨字工就需要雇用 4 个铸工和 2 个分切工。"② 也就是说,工业化生产需要确定不同工种、局部操作的时间的量的规则和比例性,因而细致地划分时间,成了生产过程本身的技术规律。同时机器的节奏、频率、速度本身一方面创造出了远比自然时间精密、科学的时间,另一方面机器性能的好坏、运转的优劣也需要精准的时间进行数据的监测和控制。正是在上述意义中以钟表为代表的机械时间成了工业时代的内在要求,曼福德就认为:

---

① [美]托夫勒:《第三次浪潮》,黄明坚译,中信出版社 2006 年版,第 68 页。
② 马克思:《资本论》第一卷,人民出版社 1975 年版,第 383—384 页。

"工业时代的关键机械（Key-machine）不是蒸汽引擎，而是钟表。"① 不过，虽然钟表保证了计时的精准性，但是各地的地方时却是混乱无序的，随着工业化的扩展，尤其是铁路和电报的出现，使地方时的弊病更加暴露无遗，这一切最终导致1884年在本初子午线会议上格林威治标准时间的建立，从此全世界只有一个时间标准，受统一的标准化时间——"世界时"支配。在时空以精密化、标准化的方式显现的同时，工业文明还带来了时空的同步化，这种同步化指的是时空的紧密协同，即在单位时间内完成多少空间，具体表现为对效率、速度、频率的重视和追求。时空同步化的产生，一方面缘于机器工业生产固有的有机性、同步性，这表现为一个自然物理的过程；另一方面更重要的则是商品的价值取决于社会必要劳动时间，因而尽一切可能缩短生产商品的社会必要劳动时间，节约时间、拓展空间，便成了工业生产的自觉追求。正是这两方面的原因，使得时空的同步化愈演愈烈，不仅在生产流通领域追求速度效率的时-空结合，如改进设备、发展交通、提倡新的管理方法等，而且在社会生活的各个领域都追求时空的同步化，用数学几何的方式进行时-空的切割和量化处理，用时间来实现空间，因此时间也就成了一切，于是社会上就有了"时间是金钱""时间是生命"的说法。而且时空的同步化、一体化也渗透到了人们的日常生活观念中，像守时、按计划、走程序、讲规章、信守合约等强调时空协同的行为观念在注重效率的工业时代不仅受到了尊重，甚至在一定程度上上升为工业社会所特有的公德意识，被人们所广泛认同和遵循。

从时空的范围上看，工业文明的时空观具有集中、开放的特点。就空间而言，工业文明的空间不像农业文明那样在"狭窄的范围内

---

① 参见吴国盛《时间的观念》，中国社会科学出版社1996年版，第105页。

实践时空观 >>>

和孤立的地点上发展着",工业文明由于形成了普遍的社会物质变换、全面的关系,多方面的需求,因此其空间是集中开放的。说集中是因为工业生产为了实现成本的节约,形成规模经济效应,它客观上需要消灭生产资料、财产和人口的分散状态。它使人口密集起来,使生产资料集中起来,使财产日益聚集在少数人手里。这种空间集中化的典型表现便是企业规模的扩大、城市的兴起、中心区域的逐渐形成。说开放是缘于工业文明的生产和交换都在全球范围内进行,它需要打破狭隘的空间地域限制,依赖世界市场。正如马克思所指出的:"资产阶级,由于开拓了世界市场,使一切国家的生产和消费都成为世界性的了。"[①] "过去那种地方的和民族的自给自足和闭关自守状态,被各民族的各方面的互相往来和各方面的互相依赖所代替了。物质的生产是如此,精神的生产也是如此。各民族的精神产品成了公共的财产。民族的片面性和局限性日益成为不可能"[②]。这种开放的空间是以强大的物质技术基础作保证的,因此在工业文明中个人、集团、国家的实际活动和控制范围远远超过了以前的一切时代。从个人来说,远洋旅行、洲际贸易、异地交往都很方便;从集团、国家来说,借助技术和先进的工具,可以轻而易举地控制广大的区域,垄断各地的资源、能源,对当地的政治、经济和文化施加影响。正是在这一意义上,工业文明这种开放的空间是附有扩张性和侵略性的,"正象它使农村从属于城市一样,它使未开化和半开化的国家从属于文明的国家,使农民的民族从属于资产阶级的民族,使东方从属于西方"。[③] 就时间而言,工业文明时间的集中性体现在全世界只有一个标准时间,不同的时间只是这同一时间的不同部分。这种绝对的标准化时间是工业文明的分工、交换及全

[①] 《马克思恩格斯选集》第 1 卷,人民出版社 2012 年版,第 404 页。
[②] 《马克思恩格斯选集》第 1 卷,人民出版社 2012 年版,第 404 页。
[③] 《马克思恩格斯选集》第 1 卷,人民出版社 2012 年版,第 405 页。

球化进程的产物,它结束了地方时的混乱状态,使学校、机关、企事业单位都受一个统一的时间操纵和支配。这种时间虽排斥了具有差异性的天然的时间,在一定意义上构成了时间的"独裁",但它却又确保了社会生产的组织和效率。布列斯在《时间的秘密》中便指出:"采用标准时间对商业发展的重要性,如同电梯的发明之于都市的发展。就时间和工业发展而言,不列颠跃居世界领导地位将近四十年的历史,可说始于采用标准时间之际。"[1] 工业文明的时间又是开放的。虽然只有一个标准时间,但这个时间却是不受限制的,是无限向前延伸的、线性的。这种时间无疑是对自然时间的反动,因为我们的生理和周边的自然环境都是具有周期性的。显然这种反自然的线性时间是工业时代的产物,工业生产不像农业生产那样服从自然的节律,周而复始地重复进行,以至没有质的变化和真正意义上的进步。相反,工业文明依赖前一代人在资金、技术、原材料上的积累,它的发展是对文明成果的系统吸收和消化,而且由于交往的普遍性,它也能保存和巩固以往的文明成果,并在此基础上有所发明、有所创造,从而也就摆脱了农业文明那种因交往的狭隘性,某一个地区创造出来的生产力特别是发明,因一些纯粹的偶然事件(如战争和瘟疫)就会导致发明的失传、生产力的巨大倒退。因此,工业社会是有继承和发展的日新不已的社会,与之相应,其时间观也就突破了自然时间一枯一荣、一盛一衰的周期铁律,循环时间由此被线性时间所取代。数学家惠特罗(G. J. Whitrow)便认为:"在整个中世纪,循环和线性时间不断引起争执。线性的观念起源于商人阶级和货币经济的崛起。然而只要权力是控制在土地所有者手中,时间就很充裕,而且和土地的循环脱离不了关系。"[2] 可见,线性时

---

[1] [美]克拉克·布列斯:《时间的秘密》,范昱峰译,上海人民出版社2004年版,第19页。
[2] 参见[美]托夫勒《第三次浪潮》,黄明坚译,中信出版社2006年版,第66页。

实践时空观 >>>

间是工业化和商品经济的伴生物，正是工业文明使社会的发展脱离了自然的限制，有了真正意义上的进化和进步，因此它需要与之相适应的、具有开放性的、如高速公路一般面向未来、无限延伸向前的线性时间；反过来，也只有线性时间才能保证工业文明的进化和进步的真实性。否则若依循环时间的视角，工业文明所谓的进化和进步从一个更大的时间尺度看来，不过是历史长河中暂时的繁荣和兴盛，随之便是回落和衰退。如此，则进化和进步也就成了暂时的、相对的东西，成了梦幻泡影。就此，托夫勒的观点是极有启发意义的，他说："我们必须了解线性时间是工业世界进化观和进步观的先决条件。有了线性时间，进化和进步才有存在的可能。如果时间呈圆形而非直线，如果时间会倒退，而不会朝单一方向发展，那么历史会一再重演，而进化和进步也不过是幻象而已——是时间在墙上的影子。"[①]

　　从时空的总体特性上看，工业文明的时空观具有抽象和机械的特点。工业文明的时空观是超越经验存在的，具有抽象的同质性，它实际上就是牛顿的绝对时空观，即时间是数学意义上的、匀速的，空间是不变的、均匀的，时空都只有一个。由于这种时空观取消了时空的质的差异，因而不同的时空是可按同一种标准的时空单位进行数学的换算和计量的，时空的差别仅有量的区别。举一个例子，一朵花与一本书在农业时代是不可比的，它们在空间上有质的差异，而在工业时代是可换算成相同的空间单位进行比较的，当然这个换算过程因涉及几何、物理、化学等不同的知识和科目，可能会相当复杂，但它们的差异终究是一种量的差异。正由于只有量的差异，因而大的复杂的时空是可由小的简单的时空机械相加而成的，所以工业文明的时空观又是一种机械的时空观。这种机械性体现在，时

---

① ［美］托夫勒：《第三次浪潮》，黄明坚译，中信出版社2006年版，第66—67页。

间是由无数的作为瞬间的现在构成，每个瞬间都是相互隔离的，根据现在的变化或规律性可以回溯过去、展望未来，获得时间的整体，但过去和未来与现在没有什么不同，只是现在的机械延伸。同样空间是由无数较小的、简单的空间按照数学几何方式拼连组合而成，在这里现实空间的互渗性、复杂性、有机性被简单化处理，空间的每一个部分都有不可或缺的独立性，而无数个独立的部分便组成了空间的全体。这种抽象而机械的时空观的出现不是偶然的，它是与工业文明机械的世界观紧密相连的。这种世界观习惯于把世界上的一切看成是由独立分割的部分所组成的，如物质的世界是由原子、分子组成，生物是由细胞组成，社会是单个人的集合体，文化被分解成小的要素被分门别类……总之这种世界观正如笛卡尔指出的，现实只有在破裂成极小的单位后才能被人们了解。"我们必须把所有问题分成无数的部分。"① 那么为何工业文明会产生这种机械而抽象的时空观，乃至世界观呢？答案源于工业社会所特有的生产方式，工业生产是建立在精密分工、紧密协同的基础上的，整个生产过程是由无数的环节、部门组合而成，这种生产的装配性，使工业时代的人们便很自然地把时空、世界、宇宙视为集合体、拼凑物。托夫勒就是这样来分析原子论的复兴的。他认为德谟克利特的原子论早在工业时代之前的2000年就出现了，但直到工业时代才成为备受重视的观念，便在于："每一种新文明都从过去攫取观念，然后重新塑造它与世界的关系。对刚萌芽的工业社会而言——这个社会才刚开始朝大量生产装配性机器产品迈进，宇宙是由零件装配而成的观念也许是不可或缺的。"② 无疑正是机器工业生产的特殊方式造就了机械的世界观、时空观。对于工业文明这种抽象而机械的时空观，我

---

① 参见［美］托夫勒《第三次浪潮》，黄明坚译，中信出版社2006年版，第70页。
② ［美］托夫勒：《第三次浪潮》，黄明坚译，中信出版社2006年版，第70页。

们应从两方面看：一方面，这种时空观由于超越了经验形态的时空观，也就拉开了与现实时空的间距，从而使人类能够摆脱具体时空条件的束缚，按照纯粹数学几何的方式，设计世界、筹划未来。尽管这种设计和实现出来的世界——机器工业世界还存在很多缺陷，远不是最适合人类本性的世界，但是相对于原生形态的世界来说，由科学与工业的伟力所带来的日新月异的变化以及所保证的人类的康乐与富足，确实代表着人类历史的真正进步。另一方面，这种时空观确实又忽略了现实世界的复杂多样性和人性的丰富性，它服从的是机械的还原性思维，"轻视不能予以数量化的东西，它经常赞美严格的规律，惩罚想象力，使人类沦为过于简单的原生质单位，希冀为任何问题找出机械化的答案"。① 因此，它又在一定意义上反而导致了真实的世界与人自身意义的丧失。一个典型的事例便是巴西利亚的"理想规划"的破产。巴西利亚是完全按照逻辑、美学及几何比例设计出来的城市空间，这个城市空间中的每一个单元都考虑到了对氧气、热量和照明的需要，考虑到了工作、生活、购物、娱乐等种种不同的功能，可以说是为人体量身定做的理想的居住环境，但是这个环境对生活在其中的居民来说却是一场噩梦，一个名为"巴西利亚综合症"的概念被其倒霉的受害者创造了出来。"人们普遍认为，'巴西利亚综合症'最明显的症状是没有熙攘的人群，没有拥挤，空荡荡的街角，缺乏特色的地方，毫无个性的人体，单调得令人麻木的环境——没有任何东西可令人费解、惶惑或激动。巴西利亚这一大手笔断绝了在一切地方邂逅的可能性，只有极少数专供集合的场所除外。老百姓戏言，要在唯一规划好的'广场'——巨大辽阔的'三军广场'——幽会，就像答应在戈壁大沙漠接头相

---

① ［美］托夫勒：《第三次浪潮》，黄明坚译，中信出版社2006年版，第73页。

会。"① 可见，对世界进行机械的时空设计和对人性进行抽象的编码，由于剥夺了复杂、多样化的环境，由于没有困难、危险的威胁，没有自由选择的需要和冒险的机会，更没有新奇、使人紧张的不可预知的事物，反而是对人和世界的丰富性和真正意义的剥夺。这样看来，工业文明这种机械而抽象的时空观既有历史的合理性，又有历史的局限性，而且随着社会生活的发展，这种局限性会表现得越来越明显，因而在人类新文明——信息文明到来之际，旧的时空观被新的时空观所取代，也就成为一个很自然的过程。

最后谈信息文明的时空形态。从时空的显现形态上看，信息文明的时空观具有无形化、多样化、互动化的特点。

时空的无形化是指在信息时代时空的物理性状近乎消失，时空是以数字化、网络化、虚拟化的方式而存在，时空由物理之实走向数字网络之虚，这种由实而虚具体体现在：其一，市场的虚化。市场不仅意味着一个看得见的实际存在的场所，相反越来越以数字网络的抽象形式存在，如网址、信息中心、电子商务系统等，以至银行家里斯顿在20世纪90年代初毫不夸张地写道："新的世界金融市场并不存在一个可以在地图上找出的地理位置，而是由遍布全球的交易大厅中的20多万台电子显示器连接在一起形成的。"② 其二，交往的无间距。在信息时代人们的交往越来越依赖互联网，在网上我们可以与千里之外的人合作、游戏、聊天、娱乐，时空的障碍不复存在，而且网上交友也不受身份、地位、民族、性别、年龄的限制，总之一切有形的束缚被解除了，交往成为人们精神、情感、意愿的自由表达，一种平等的"对话"方式。其三，生产的非物质化。越

---

① ［英］鲍曼：《全球化：人类的后果》，郭国良等译，商务印书馆2001年版，第42—43页。
② ［美］米切尔：《伊托邦：数字时代的城市生活》，吴启迪等译，上海世纪出版集团2005年版，第106页。

实践时空观 >>>

来越多的人由直接的生产者变成利用电脑操作的间接的生产者,生产中知识、信息的因素所占比重越来越大,这就造成一方面劳动者处理的对象是数据和信息,因此他也就能从工厂流水线中独立出来,不再受生产的地点、工序、流程等具体的时空条件的限制;另一方面,生产的非物质化,信息和知识所占比重的增大,也相应地使财富的无形资产增殖。托夫勒就认为:"像康派克、柯达、日立和西门子这类公司的真正价值更多地取决于其雇员头脑里和数据库里的主意、见解和信息,以及这些公司控制的专利,而不取决于它们拥有的卡车、流水线和其他有形资产。"① 最后,虚拟实在的出现。虚拟实在是利用电脑、多媒体以及先进的传感材料合成的数字化、虚拟化世界。在这个世界里我们可以获得近似现实甚至完全逼真的体验,我们可以以身临其境的方式感受着各种不同的生活,哪怕这种生活在现实中是无法实现的,如回到古代、走进未来、遨游星空等就是如此。可以说通过虚拟实在,我们生存的空间扩大了,我们创造出了既脱胎现实又超越现实的新的时空形式。当然,时空的无形化不仅仅限于上述列举的,还有更多的内容,但从总体上来看它在实在的世界中产生了网络的虚拟的世界,改变了时间和空间单一的存在形式,也就是说时空的无形化也就同时带来了时空的多样化。

时空的多样化是指在信息时代时间和空间以多种形式存在,它不像工业文明那样只有一个同质的单一的时空。时空的多样化包括时间的多样化和空间的多样化。时间的多样化主要指:其一,物理时间的非单一化。在信息时代人们发现各种不同的时间在宇宙各地按照不同的规则运行,其流动速度是不一样的,这与工业时代只有一种"标准时间"可以说大相径庭,尤其是在微观领域里更是如此,

---

① [美] 阿尔温·托夫勒、海蒂·托夫勒:《创造一个新的文明:第三次浪潮的政治》,陈峰译,生活·读书·新知上海三联书店1996年版,第32页。

英国物理学家泰勒就告诉我们:"微观的时间观念和巨视(肉眼所见)大不相同。"①"哥伦比亚大学的费恩伯格(Gerald Feinberg)博士甚至假设,有一种速度比光线还快的分子,叫做'tachyons'……对这种分子而言,时间会倒流。"② 其二,虚拟时间的存在。数字化和信息技术的发展使我们在实在的物理时间之外,也感受到了网上世界和虚拟实在的时间,这种时间是不受任何限制的,在网上尤其是虚拟世界中,我们可以在一天之内遨游古今,经历春夏秋冬,感受无穷多的时间形式,尽管这种时间是数字化的,但是如果网上的体验与现实的切身感受并无不同,如在北半球的冬天上网能同时感受到南半球的炎热,那么我们同样可以肯定自己已置身在另一个半球、另一个季节。所以数字化的时间也是有真实效应的,它丰富了我们关于时间的体验。其三,时间的弹性化。传统的工业文明时间是刚性的、机械的,人们早九晚五地按时上下班,机械地遵循生产和工作的既定程序,有同一个时间标准。而在信息时代这变得不必要了,因为信息时代劳动者更多地从事智力和精神性的活动,他在任何时候上班并没有什么质的不同,因此根据自身情况在一定范围内自由选择自己工作时间的"弹性"工作制度就应运而生。弹性时间在20世纪70年代开始传播开来,据统计,在1977年,美国公司中有13%依照弹性时间工作,而到了1999年,美国大约有76%的雇主为员工提供不同形式的弹性工作制。弹性时间使员工能自行统筹安排上班的时间、休息的时间、娱乐的时间、消费的时间,不同的人有不同的时间形式,时间的统一模式被打破,时间本身成为多样化的。空间的多样化主要指现实空间的高度分化和网络空间所带来的空间多维化。前者是指在信息时代,由电脑驱动的生产技术把产

---

① [美]托夫勒:《第三次浪潮》,黄明坚译,中信出版社2006年版,第192页。
② [美]托夫勒:《第三次浪潮》,黄明坚译,中信出版社2006年版,第192页。

实践时空观 >>>

品多样化的成本推向零，使传统的规模经济效应变得没有必要，由此大市场、大规模、大批量生产被小市场、小规模、非批量化生产所代替，这就造成诸如：市场被微分，今天的商人不仅注意到了市场的小份额，也关注市场的"微粒"——家庭单元，甚至个人；生产规模小型化，大公司变小，小公司层出不穷；产品无限多样化，同类产品也不雷同，花色品种繁多。这一切无疑使我们现实生活的空间被高度分化，空间形式趋于复杂多样。后者是指电脑网络技术带来了网络空间、虚拟世界，这一方面造成了现实空间的两重化，即我们不仅生活在实在的物理世界，也生活在电脑网络的数字世界之中，而且实在的世界还在不断缩小，网上的世界却在不断扩大。另一方面，网络空间本身就是多种空间形式并存的空间。在网络中我可以随意调换空间、切换画面，我可以同时登录十几个甚至几十个不同的网址，也可以同时与许多不同地点的人聊天。也就是说我既在此又在彼，如同一个人分身有术同时占据着多个空间，而且这种占据不仅是抽象的形式的，也越来越趋于真实。尼葛洛庞帝生动地描绘道："现在甚至连传送'地点'都开始有了实现的可能。假如我从我波士顿起居室的电子窗口（电脑屏幕）一眼望出去，能看到阿尔卑斯山（Alps），听到牛铃声声，闻到（数字化的）夏日牛粪味儿，那么在某种意义上我几乎已经身在瑞士了。"①

时空的互动化是指在信息时代人与时空形成了双向作用的关系。一方面，人越来越能够自由地选择和设计时空，创造属于自己的时空世界。另一方面，时空也越来越人性化、智能化成为对象性的人。就前一方面而言，在信息时代由于电脑和多媒体技术的全面普及，人类的时空设计几乎达到随心所欲的地步，这不仅是指在电脑网络领域，可以任意选择时空，突破地域、时差的障碍与素不相识的人

---

① [美] 尼葛洛庞帝：《数字化生存》，胡泳等译，海南出版社1997年版，第194页。

第三章 时空的实践建构

结交、娱乐,分享彼此的经验和爱好,营造属于自己的小世界、小天地,而且就即便是在现实生活中人类的时空设计也趋于无限化,如产品的式样、规格、款式就呈几何级数增长,以至"一个 Wal-Mart 超级连锁百货店可以向购物者提供十一万种不同类型、不同尺寸、不同式样和不同颜色的产品,任君选择"。① 还有由于电脑的介入,顾客本身也可以直接进入到生产过程中。今天有少数行业就已经进步到顾客直接把规格送入制造商的电脑,然后由电脑控制生产线,在这里消费者和生产者之间的界限模糊了,人们不是接受某种既定的时空规格,被动地受时空的宰制,而是以一种非常主动的方式投入到生产进程中,设计和创作属于自己的个性化的时空新形式。就后一方面而言,随着自动化和数字化程度越来越高,时空开始智能化、人性化了,甚至成为一种"人化物",这种情况在网络时空中最为典型。只要给电脑安装相应的设置,发布一定的指令,电脑本身就像你的助手一样为你创造人性化的时空环境。如自动编辑筛选你要的信息,收集、过滤你喜欢的资料、文件、图片,在合适的时候为你播放歌曲或者给你提供语音问候,也就是说电子网络的时空已不仅仅是一种时空、一种环境,而是一个与你进行互动和交流的"人"。这一点在今天的电子住宅中表现得更突出,电子住宅由于在建筑物上安装了人工神经系统、传感器、显示器和其他由计算机控制的设备,它具有了人的特征。这种住宅通过编程,不仅能够自动调节室内的温度、湿度、光线,而且还能如家庭主妇一样根据市场价格合理地利用各类设施,如在电费价格高时尽量少耗电,而在价格低时,再去完成高耗电的工作。显然对这类具有神经系统的建筑来说,正如未来学家米切尔的一段话所说的:"我们的高楼大厦将变

---

① [美]阿尔温·托夫勒、海蒂·托夫勒:《创造一个新的文明:第三次浪潮的政治》,陈峰译,生活·读书·新知上海三联书店1996年版,第33页。

实践时空观 >>>

得越来越不像低等的原生动物，而更像我们自己。我们将不断地与它们进行相互作用，并逐步把它们看作是用于居住的机器人。"①

从时空的范围上看，信息文明的时空观具有无中心和绝对的开放性的特点。

无中心在空间上是指没有中心和边缘的区分，处处皆中心；在时间上是指时间失去方向性具有可逆性，无过去、现在、未来的差别，时时都一样。先就前者而言，在信息时代，由于电脑网络技术在生产中的普及使传统的规模经济效应丧失殆尽，而运输和通信技术的发展又切断了以往把大公司绑在大城市的传统束缚，再加上由于产品信息、科技含量的提升，带来的产品的小型化和公司的"瘦身"，这一切使得生产能够从高费用的都市中心向外分散，从而更进一步降低能源和运输成本。这种无中心的分散化与工业时代的集中化形成了反差，如仍在进行工业化的地区，人口不断涌入都市，但是高科技国家都已经出现了逆流的趋势。当然这种分散化与农业时代的分散化有着显著的不同，农业时代的分散化是指不能从对土地的依赖和孤立的地点独立出来，而信息时代的分散化是指脱离中心区域，没有中心边缘的区分，处处都一样，因此这种分散化是相对于工业时代的集中化而言的，它其实是一种脱离地点依赖的处处皆中心的均衡化的空间观念。即便就社会活动空间而言，这种无中心或去中心化也表现得很明显。"在前数字时代，人们的社会活动空间往往有一个中心，存在着等级。当一个人或权力集团当居于中心地位时，其他众人相对而言就被'边缘化'。在数字化时代，信息权力已经分散到数以百万计的电脑之中。其中，很大一批电脑不仅接受信息，而且生产信息，比如网页、网址，它们成了分散的中心"②。

---

① [美] 米切尔：《伊托邦：数字时代的城市生活》，吴启迪等译，上海世纪出版集团2005年版，第62页。
② 张明仓：《虚拟实践》，云南人民出版社2005年版，第182页。

第三章 时空的实践建构

而且随着网络联系的便利,以往必须进行专业协作的各环节、各部门开始从企业中独立出来,它们纷纷成为独立的公司、企业,这些公司或企业既分散了生产的过程,又分散了企业的权力,从而使得传统企业中心与边缘的等级架构趋于淡化,而且随着企业或部门中员工与领导者可通过网络直接沟通,也会导致中间阶层的消失,平等意识的增强。可以说信息时代的生产方式正在造就一种处处皆中心,实质上又等于处处无中心的新型空间社会。就时间而言,在信息时代由于信息的轰炸使时间失去了方向性和秩序感,人们习惯于这样的时间体验:"90秒的新闻、中间插入30秒的广告、半首歌、一则头条新闻、一段卡通、一角拼画、一则短讯、一张计算机打印结果……在短时间内吞下大量的讯息。"① 之所以会出现这种碎片式的零乱的时间体验,在于时间感的形成是与人类的实践活动过程紧密相关的。时间的方向性或先后只有在同一实践进程中才会表现出来,不同的两件事是不能比较先后的,如果比较也必须把它归并到同一过程、同一事件中。如用时钟来表示两件事的先后,就是把两件事纳入同一事件成为该过程(即指针显示)的先后环节。而在信息时代大量的异质性事件很难纳入同一实践轨迹中,被同一事件公约,因而就导致了事件的失序和逻辑感、方向性的丧失。而且在信息时代,实践活动也出现了一些新变化。如利用虚拟实在技术进行实践设计时,虚拟现实可以让我们"亲身"体验到各种可能发生的情况,也就是说我们可任意置身于过去、现在、未来的所有情境中,与过去、现在、未来同在,在这种情况下时间的方向性的区分就无意义了,时间具有了可逆性。再有由计算机网络构成的虚拟社会,其活动大都是可重演的:形象可改变、游戏可重来、死了可再生、错误可修正、生活可尝试……也就是说在事件的不断反复和重演过

---

① [美]托夫勒:《第三次浪潮》,黄明坚译,中信出版社2006年版,第104页。

实践时空观 >>>

程中，时间的方向性和唯一性被消解，不可逆的时间被逆转了。虽然我们在这里讲的是虚拟活动时间的可逆性，但事实上，信息时代的现实生活已与之非常接近。如随着医学美容的发展，形貌通过手术同样可改变；智能化生产，使生产中的错误可随时修正，生产越来越具有实验和模拟的性质；生物技术的进步，不仅可以改变遗传基因，甚至连已消失的物种或生命，在一定条件下亦可通过复制、克隆、组培等手段获得再生……这一切表明在现实生活中时间也同样是可逆的，虽然这种可逆性不像在网络中表现得那么随心所欲，那么自由自在，但它对现实世界的影响则更为深入、彻底，毕竟它逆转的是真实的世界、真实的生活，而非想象的世界、虚拟的生活。

绝对的开放性是指时空的范围几乎不受物理边界的影响，这是信息时代时空观的又一大特点。由于信息的基元——比特是以近光速的速度传播，因此在信息时代时空的物理限制近乎消失，现实的距离不再成为障碍，对于由网络连接的电脑空间来说，每个机器之间的距离都一样，地理位置的邻近性反倒比不上软件的兼容性。这种对时空物理障碍的突破正如保罗·维里利欧所指出的："从此，人们不再被物质的障碍和时间的阻隔分离。随着电脑终端和录像监测的接合，这儿和那儿的区分不再有任何意义。"① 电脑时空由于完全没有物理边界，人们的交往范围便得以无限扩大。按照德图佐斯（Michael Dertouzos）的计算方法，"在过去的农村，你通过步行可以很快与两三百人联系上。如果用汽车的话，联系人数可跃升为数以千计。现在，计算机网络又将这个数字提高了近千倍——约为2亿左右。你可以对这个数字的确切性提出质疑，但其数量级绝对是正确的"。② 之所以交往范围出现这种惊人的变故，除了网络交往能突

---

① ［英］鲍曼：《全球化：人类的后果》，郭国良等译，商务印书馆2001年版，第16页。
② ［美］米切尔：《伊托邦：数字时代的城市生活》，吴启迪等译，上海世纪出版集团2005年版，第91页。

破现实时空的制约外，还在于传统的交往受人体湿件的影响，如受人类视力、听力和记忆力的自然限制，而现在运用计算机交往则不存在这个问题，计算机对数据、信息的贮存、传播和处理能力几乎是无限的。尼葛洛庞帝就举了一个光纤传送的例子："利用光纤，我们每秒几乎可以传送1万亿比特。也就是说，像一根头发丝那样细的光纤在不到1秒钟的时间里，可以传送《华尔街日报》创办以来每期报纸的所有内容。以这样的速度来传递数据，光纤可以同时传送100万个频道的电视节目——大约比双绞线快上20万倍，真是一大跃进！而且，别忘了，我说的还只是一条光纤而已。"① 信息时代网络这种惊人的容量和传输能力，一方面使人类交往的空间无限扩大，现实时空的屏障被完全突破；另一方面又无限地压缩了人类的精神文化世界，使时空的范围近乎消失。实际上这两方面都表明在信息时代时空的障碍已不再是一种障碍，时空是绝对开放的。这种绝对开放性并不表明时空已完全不存在，已不再发生作用，而是指时空发生了形态转换，即由原来的客观形态转向实践形态，日益朝向人自由自在的活动方式复归。

从时空的总体特性上看，信息文明的时空观具有人性化、虚拟化的特点。

人性化是指信息时代计算机和网络技术的发展使时空的物理界限被压缩或者趋于消失，时空不再具有客观形态，而是显现出"主观"的、人格化的特征。这种人性化体现在：其一，时空内在于人。信息时代的时空可以说是为人性所完全覆盖的时空。在互联网上我可以与任一地点、任一区时的人交流，可以任意选择计算机所提供的任何网址、菜单，也可以借助虚拟实在技术进行近似"实战"的模拟训练，如果我有兴致还可以在任一地点、任一时节逗留……也

---

① ［美］尼葛洛庞帝：《数字化生存》，胡泳等译，海南出版社1997年版，第35页。

实践时空观 >>>

就是说信息时空作为一种数字化的存在或者说"人化物",它自始至终都处在我的情感、愿望和意志的控制之下,随着我精神的指向而显现或改变。在这个过程中,既然我在时空中可以做到无处不在、无时不有,我能自由地选择、调动和出入任一时空,这就表明我与全部的时空是融为一体的,时空具有内在于人的性质。其二,时空直接显现为人的活动方式。农业文明与工业文明的时空观虽然在本质上是由实践构成的,但是时空直接显现的是静态的客观形态。而在信息时代,由于同一比特可以有多个化身,因此"我"可以按不同的活动方式来获得不同的时空形式,在这里时空是动态的,是与"我"的实践相关的。尼葛洛庞帝就介绍数字世界道:"一条讯息可能有多个化身,从相同的数据中自然生成。将来,广播公司将会传送出一连串比特……让接收者以各种不同的方式加以转换。观众可以从许多视角来看同样的比特。以体育运动为例。你的电脑电视可以把接收到的足球比特转换成录像供你欣赏;也可以用声音的方式来接收这些比特,让你收听体育节目主持人的转播;或者干脆把比赛的图解演给你看。"① 这表明以比特为基元的时空作为一种动态的时空,其形态转换是由人的存在形式、活动方式来决定的,时空的本质直接体现的是实践的本质、人的本质。其三,时空内蕴着人性的和谐。在前数字时代(包括电信技术产生前),人们认识远方的事物或者远程交流只能通过文字或书信,而文字或书信的"写作"都更强调视觉方面,而非口头和听觉方面,这在一定意义上分裂了人的感觉的完整性,而且文字"写作"本身也缺乏互动性和对环境的及时反馈。而到了数字时代,在数字网络和通信技术合成的信息时空中,是可借助虚拟技术超距离真实地感知远方的人和物的,如能与对方进行思想、语言、行为的交流;能看到事物的形状、颜色,

---

① [美]尼葛洛庞帝:《数字化生存》,胡泳等译,海南出版社1997年版,第90页。

听到声音，闻到气味，触到软硬；虽然这些都是数字化的，但却是由人的全部感官协同参与的具有真实效应的认识。在这个过程中，人的感觉和谐而完整，人的思想和行动不分离，人自身和环境融为一体。所以，数字网络时空以一种技术浪漫主义的方式整合了人性，带来了人的意义的真正复归。我们从以上三方面概括了信息时代时空观的人性化特征，但在这里我们得面对这样一个事实，即精神、文化、心理时空也都具有人性化的特征，但是它们与信息时空却有着质的区别，那么信息时空究竟是一种怎样的时空呢？问题的回答涉及信息时空的又一特性——虚拟化。

虚拟化作为一个严格定义的范畴，不是指"虚假的"或"虚构的"，而是"事实上存在的"，或是"名义上是虚的，实质上是实的"。① 理解了虚拟化的含义，我们认为作为真与假、虚与实的结合体，信息时空地地道道的是虚拟化的，据此人们也称信息时空为"虚拟时空"，数字网络世界为虚拟世界。明确了信息时空的虚拟特性，信息时空与精神、文化、心理时空就区别开来了。因为这些时空是"虚构的""想象的""主观的"，不具有"实存""有效""真实"的含义；同样信息时空也不同于实在的、物理的时空，因为其实存性和现实性只是一种效果上的、名义上的、形式上的。信息时空的这种虚实结合的虚拟化特性，表明它其实是介于实体性时空与心理、精神、文化时空之间的一种具有中介性的新型时空形态。对于这种新型的时空形态，人们的认识确实有一个逐步发展的过程。起初人们要么把信息时空纳入主观的、主体性的时空范畴中，要么把它纳入客观的、实体性的时空范畴中。当强调前者时，信息时空成了虚幻的、非真实的存在，网上的一切似乎都是虚假的，正如一

---

① 蔡曙山：《语言、逻辑与认知：语言逻辑和语言哲学论集》，清华大学出版社2007年版，第262页。

实践时空观 >>>

句经典的话：在网上没有人知道你是一条狗。当强调后者时，信息时空变成了现实时空的摹本或者逼近，起到模拟、复制现实时空的作用，或者虽然能够对现实时空进行完善和补充，但它的中心还是以服务现实时空为目的。而在这里我们更强调第三种观点，信息时空是虚拟时空，这种虚拟化体现为客观的、实体性时空与主观的、主体性时空的有机结合。注意这里是结合而非拼凑，否则又回到二者究竟何者占主导的争论，因此信息时空应是一种独立的时空形态，是另一种"现实"。这个看法可能会遭到反驳，因为信息时空确实有模仿和重现现实的一面，但即便如此，这种重现并非低于或依附于现实，而是另一种现实，一种创造。以视频聊天为例，由于在网上可随时更换聊天对象，再加上心理安全的保证、身份识别的模糊、现实背景的淡化等因素的综合作用，这就使得网上交友的情境即使与现实生活情境无限接近，但环境和氛围已完全不同，是另一种现实了。而且随着计算机网络技术，尤其是虚拟技术的发展，人们已能够创造出植根现实又超越现实的"虚拟实在"的时空情境，在虚拟实在中，时空完完全全呈现出新形式，是另一种现实。这里我们以查·戴维斯设计的两项虚拟时空环境的作品——Osmose（1995）和Ephemere（1998）为例来说明新现实的生成。在这两部作品中，体验者像潜水员一样穿戴着专门的设备进入虚拟的时空环境，环境里面的事物都是基于自然风物和景观的模拟。在这两部作品中，体验者的行进通过呼吸和转移重心来进行，如吸气会跳起、呼气会落下、侧身以转向等，之所以采取这种行进方式，是因为这种方式体现了人与环境的相互渗透性，而传统的游戏手柄、指示器或数码手套则体现了环境外在于人和人对环境的控制和支配，用哲学的语言来说前者是后主客式的，后者是主客二分式的。在这两部作品所提供的虚拟场景中，"一切事物都是非物质性且半透明的——在真空之中，没有固态表面，没有硬边线，没有孤立的物体。而且，参与者可以看穿任何事物——树身、地面以及下面的树根"。① 不仅如此，参与者还可以进入树叶、树木、树根、河流、泥土、骨骼、血液的内部，如在树根、泥土中穿行，与河流、血液一起流动，总之整个虚拟世界是无边界的，而且在 Ephemere 的环境中，一切都是方生方死、无穷变化的。这两部作品所传递的理念，正如作者戴维斯所说的："我终身的艺术设计（至今已进行了 25 年）是要把这个世界再现为我对它直觉感受到的样子——在表象遮蔽之下的——非物质的、相互关联的且动态的流。在这个囊括一切的流及其流动之中，事物之间通常被认为的区别消失了，内部自我与外部世界之间的边界相互渗透相互融合。进一步理解我自己的直觉并向别人清楚地表达出来这个目的是我工作的驱动力。"② 从实验的效果和反馈来看，戴维斯的虚拟实在作品确实创造了一种虚实结合、物我统一的新现实、新体验："很多人都有自我存在的意识增强的体验——摆脱了肉身束缚的感觉和更强的在其身体之中的意识同时存在，看似矛盾地构成了这种体验。人们往往体验到强烈的快感，并在旅行结束时这种感觉就没有了。这使得有些参与者在旅行结束后大哭，有些甚至说他们不再畏惧死亡了。"③ 我们之所以列举上述事例无非是想说明，无论是一般的信息时空还是虚拟实在的时空设计，都表明信息时空已再现和创造了一种新的现实，它绝不是主观、主体性时空与客观、实体性时空的一种拼凑物，而是二者的结合体，这个结合体就表现为心物融合、虚实一体的虚拟化状态，所以虚拟化是信息时代时空观的最本质特性，它的存在本身就直接体现了人类新实践的创造性

---

① ［英］彭茨、雷迪克、豪厄尔编：《空间》，马光亭等译，华夏出版社 2006 年版，第 85 页。
② ［英］彭茨、雷迪克、豪厄尔编：《空间》，马光亭等译，华夏出版社 2006 年版，第 70 页。
③ ［英］彭茨、雷迪克、豪厄尔编：《空间》，马光亭等译，华夏出版社 2006 年版，第 97 页。

实践时空观 >>>

本质。

  这样在本章，我们就从实践哲学的维度建构了一个新的时空观——实践时空观。实践时空观的建立，既符合马克思主义哲学的基本精神，又从根本上厘清了时空的本质，实现了时空思维从传统到现代的跃迁。

第四章

实践时空观引发的科学观念变革

当我们揭示时空的实践本性之后,探讨这一新时空观引发的科学观念变革就成为本章的中心内容。在这里,我们把新时空观引发的科学观念变革区分为自然科学的观念变革和历史科学的观念变革。

一 实践时空观与自然科学观念的变革

近代自然科学的兴起是与时空紧密相关的,尤其是与空间有关。胡塞尔就明确而完整地揭示自伽利略始,经由笛卡尔至牛顿而大成的近代自然科学的发展是以几何为基础的。这是因为各门科学的建立服从于这样一个大因果律:事物任何性质的改变或者它们之间的因果关系,都必然在其几何形状方面表现出来,按胡塞尔的话来说就是:"在现实的或可能的经验中被经验到的或可被设想的可直观的物体的一切在特殊的性质方面的变化都因果地与在世界的抽象的形状的层次上所发生的变化相关;这也就是说,仿佛每一种这样的变化都在形状的领域内有一个对应物,以致在整个充实领域内的每一变化都有在形状领域内的一个相对应的变化。"① 因此,从纯粹几何

---

① [德] 胡塞尔:《欧洲科学危机和超验现象学》,张庆熊译,上海译文出版社1988年版,第43页。

实践时空观 >>>

入手就可以推知事物在经验世界的具体演化情况，于是整个世界成了可以用几何或数学量值来表现的东西，而各门具体科学不过是在给客观世界披上一件几何理念的外衣。正由于各门科学是在几何的根上建立，所以我们才会明白为什么物理学会把我们平常所感觉到的声音、温度、颜色还原为声振动、热振动、光波等，因为科学最终就是以几何的方式来把握。化学也是如此，原子、分子的排列，元素周期律的发现等都是对应于一定的几何理想图形的。就连涉及认知情感领域的心理学，要想成为一门真正的科学，也必须从脑电波、血液循环中发掘能影响心理情绪变化的明显的几何标志来，否则它就不能堂而皇之地步入科学的殿堂。无疑，按几何来解释一切在科学中已成了理所当然的事情，所以胡塞尔说："我们在前科学的生活活动中在事物本身一面所经验到的那些东西，如颜色、声调、冷热、轻重，因果地使邻近的物体变热的一个物体的热辐射，以及诸如此类的东西，按照物理学，它们当然标志着声振动、热振动等等，即它们是形状世界中的纯粹事件。这样的普遍的标志在今天已被视为当然无疑的东西。"[①]

把自然事件处理为纯粹几何事件存在一个问题，即自然事件是变化的，因此几何也应该具有动态性，而笛卡尔解析几何的建立则解决了这个问题。在解析几何中，几何图形被看作是一个点在移动中完成的轨迹，而各种轨迹便对应于不同的曲线方程，只要根据已知数量求出曲线方程，我们就可以根据方程算出这一个点在任何一瞬在运行轨迹中的具体位置，这样相应的自然事件便可通过笛卡尔几何被精确地测定。正由于笛卡尔的坐标几何的几何图形不是一次性完成的，当其自变量为时间时，可把它看作是沿着时间方向（即

---

① ［德］胡塞尔：《欧洲科学危机和超验现象学》，张庆熊译，上海译文出版社 1988 年版，第 44 页。

第四章 实践时空观引发的科学观念变革

横坐标）不断运行的轨迹，是一种动态的几何，因而笛卡尔几何实际上可纳入时间，使时间和空间结合起来，能够在无限分解了的时间中去考察空间，从而做到了对自然现象的精确说明。我们以石头落地为例，设定横坐标为时间，纵坐标无论是距离还是速度，只要根据落体定律求出其相应的轨迹方程，就可以把时间代入方程式得出在任何一个时间石头落下的速度或距离。不过，在这里轨迹方程作为一种恒定的数量关系，它本身便具有普遍规律的意义或者是由普遍规律推出来的。显然，近代科学这种解释自然的方式更偏重于数量关系，也更偏重于规律性或方程式，这就完全不同于古代科学（前科学时代的知识）那种直观笼统的拟人化解释。因为同样是解释石头落地，亚里士多德的解释为石头自身有一种急于落地下坠的"欲望"，在亚里士多德同时代的人看来这种解释是合情合理的，因为每个人都可通过自身体验感受到有欲望和目的才会产生行动，石头亦不例外。显然，这种拟人化的说明今天已无法被我们接受，而且就对石头落地的观察来说，亚里士多德也只能就其从空中下落到地面作一个大致描述，只能限于肉眼观察到的范围，当然不如近代科学那样精确到每一瞬、每一秒，有一个明确的数值界定。从这里我们便可了解古代科学和近代科学在研究自然上的区别，有一个从笼统直观到客观精确的过程。正如柏格森所指出的："古代科学热衷于各种概念，而现代科学则寻求各种规律，即各种可变数量之间的恒常关系。'圆形'（circularity）这个概念已经足以让亚里士多德去界定各种天体的运动了。但是，即使用'椭圆形'这个更为确切的概念，开普勒也不认为自己已经说明了行星的运动。他不得不去揭示一条规律，换句话说，去揭示行星运动的两个或数个要素的数量变动之间的恒常关系。"[①]

[①] ［法］柏格森：《创造进化论》，肖聿译，华夏出版社1999年版，第287页。

近代科学这种对自然解释的客观精确性是依赖于几何本身的发展的，不仅如此，几何也划定了近代科学的适用范围和方法论特征。就适用范围而言，凡是与几何形状直接相关的学科部门都得到了较大发展，例如物理、天文、地理、化学、工艺机械制造、建筑等学科门类的发展尤为迅速，这其中又以物理学为代表，人们甚至认为近代科学崛起最明显的标志就是牛顿经典力学的建立。这是因为经典力学对数学几何的运用、实验的特征、预见新颖事实的能力以及现实社会功能都使它成为科学的化身或标杆，任何一门知识是否是科学，照近代科学家的理解就是它是否具有与经典力学相类似的特征，所以从这个意义上讲，经典力学实际上是近代科学的尺度或典范。但是，这个尺度或典范并没有越出欧氏几何（解析几何也是欧氏几何的代数式处理）一步，经典力学与欧氏几何实质上是一种同构的关系。一方面，经典力学要依赖欧氏几何才得以建立。牛顿的绝对时空的设定就是欧氏几何的直接体现，绝对空间各部分的隔离性、超经验的抽象不变性只有欧氏几何才与之吻合，同样绝对时间牛顿一开始就设定是数学意义上的，而且一定的时间总是与一定的空间相匹配，这种时间实际上是一种几何空间的机械延伸，因为过去、现在、未来的区别不过是同一空间图景的不同部分罢了。除了时间和空间，像直线运动、力的分解与合成、计算行星的轨迹或抛物体的运动等力学问题实质上都可化为数学几何问题，力学的科学化实际上就是几何化，牛顿自己就认为："凡是完全精确的就称为几何学的，凡是不那么精确的就称为力学的。"① 所以，真正作为学科而存在的力学是依赖于几何学的。另一方面，欧氏几何也内在地蕴含着经典力学。欧氏几何的五个基本公设：（1）从任一点到任一点

---

① [英] 牛顿：《牛顿自然哲学著作选》，王福山等译校，上海世纪出版集团2001年版，第15页。

作直线［是可能的］；（2）把有限直线作不断循直线延长［是可能的］；（3）以任一点为中心和任一距离［为半径］作一圆［是可能的］；（4）所有直角彼此相等；（5）若一直线与两直线相交，且若同侧所交两内角之和小于两直角，则两直线无限延长后必相交于该侧的一点。不难看出，这五个基本公设，尤其是前两个公设内在地蕴含着经典力学的刚性、平直的空间观念，因为"从任一点到任一点作直线是可能的"，以及"把有限直线作不断循直线延长是可能的"，只有预先设定空间是刚性、平直的才能实现，如果空间是弯曲的则不可能有上述公设。关于欧氏几何内蕴经典力学，照物理学家的看法，是因为欧氏几何本就是对物理世界的一种抽象，它与物理学是不可分的，牛顿就认为完善的力学是几何学。爱因斯坦也认为可以把欧氏几何考虑为物理学的一个分支，当然这种物理学是被限定在刚性物体的范围内（即经典力学的适用范围内），他说："如果，依照我们的思想习惯，现在在欧几里得的命题之外，再补充这样一条命题：一个实际刚体上的两个点总是对应着同一距离（直线间隔），这距离同我们所能加给刚体的任何位置变化无关。那末，欧几里得几何的命题就可最后归结为关于实际刚体的可能相对位置的命题了。加以这样补充的几何学，因而也就被看作是物理学的一个分支。"①

就方法论而言，近代科学的两大方法即数学演绎与经验归纳都是建立在欧氏几何的基础上的。说近代科学的数学演绎建立在欧氏几何的基础上这很好理解，因为近代科学的演绎方法就是根据普遍假设或基本原理所提供的数学方程式，进行数学的演绎和推导得出结论的。这一过程与欧氏几何由公设推出其具体的命题的演算程序是完全一样的，只不过二者的区别在于近代科学的基本原理及由原

---

① 《爱因斯坦文集》第一卷，许良英等译，商务印书馆1976年版，第95页。

实践时空观 >>>

理而来的推论还注重经验的验证及与观察事实的吻合,而欧氏几何则不与实际内容相关,只是逻辑形式的纯粹运演。这就使得近代科学的演绎方法具有两重性,一方面它具有数学几何的一面,能够超越经验观察的范围,理论地预言出新的事实,用数学推导出直接观察所无法把握到的内容更丰富的东西。像哈雷就根据牛顿理论进行彗星的轨道计算,准确地预言了哈雷彗星的具体回归日期,这是数学演绎超越经验思维的一个成功例证。但另一方面近代科学的演绎方法又是有限度的,其理论演绎必须符合基本的经验事实,而不是数学几何的无限化推演,如果脱离客观事实的检验,理论无论具有多么理想的数学形式都应该予以摒弃。牛顿就有一个忠实于观测事实的例子,"据卡焦利讲,牛顿从1666年(他从开普勒定律中'演绎'出反平方关系的一年)到1687年没有发表他的万有引力理论的主要原因,是一个关于地球弧长的错误的'观察报告'使他认为自己的理论是错误的,甚至使他放弃了自己的理论"。① 近代科学演绎方法的这种不纯粹性,表明它是与经验归纳融合在一起的,如果单从数学演绎的角度,近代科学的演绎方法确实是建立在欧氏几何的基础上的。但是即便是从经验归纳的角度,近代科学的经验归纳方法同样也要以欧氏几何为基础。这是因为由经验归纳而得到的基本原理或普遍规律服从的是因果律,而因果律本身体现的便是欧氏几何空间。具体来说,基本原理或普遍规律是以有什么样的原因必然会有什么样的结果的形式出现的。如物体受重力的影响必然会下落,水加热到一定程度必然会沸腾。也就是说归纳推理满足两个条件:一是存在着原因与结果;二是相同结果总是出现于相同原因之后。这就造成,为指认事物之间具有因果联系,我们必须把处于普遍联

---

① [英]拉卡托斯:《科学研究纲领方法论》,兰征译,上海译文出版社1999年版,第305页。

系中的事物分割、孤立开来，单独考察某些要素之间的恒定关系。这就好比自然界中物体下落本是一个复合事件，它除了受到地球引力的作用，还受空气阻力、风速、温度、湿度、空气密度等因素的综合影响，例如树叶因受其他因素干扰就不是照引力理论直线下落的，氢气球甚至还会上升。但是为了得出物体直线下落的引力定律，归纳推理人为地把其他因素撇开了，构造了一个只有物体和地球参与的不受其他条件干扰的孤立系统。而且不限于引力理论，只要存在着归纳推理或普遍定律，这样一个孤立的系统就必然存在。这样我们也就理解了近代科学为何会导致科学实验的兴起，因为大大小小的实验室就是一个个孤立封闭的小世界，能够把复杂因素简单化，让不相干的因素被过滤掉，使因果关系得以建立。显然，这个孤立封闭的系统作为现实的抽象和一种理想形式，它实质上就是欧氏几何的空间，换句话说，归纳推理的成立是以欧氏几何为背景的。为了更直观地认识到这一点，我们再以同样的原因总是产生同样的结果来分析其中所蕴含的几何机制。以水加热到一定程度必然会沸腾为例，这个归纳推理的得出依赖于我们在经验中已经无数次看到水壶（或容器）里的水被烧得沸腾，但这里存在一个问题，无数次看到火上的水沸腾，这只是已知的观察事实的重复叠加，它不能断定没有观察到的如当下或明天烧的一壶水是否会沸腾。而火上的水必然会沸腾，才是归纳推理，才是对未知事实有所断定。也就是说，前者的原因与结果之间是一种松散的关系，只有在结果已经出来后，我们才能知道原因和结果有联系。而后者的原因与结果之间具有逻辑必然性，尽管我们没有观察到结果，但只要存在着确定的前提条件，结果就会自动地产生。显然，后者（即归纳推理）这种原因只要确定，结果就必然自动产生的思维方式实质上是一种几何化的思维方式，其推理程序正如"两点决定一条直线"，或者只要三角形的

实践时空观 >>>

两条边固定好了,第三条边的长短也就被决定,自动地产生了。显然,归纳推理的逻辑必然性来自几何的必然性,其推理过程本身是几何直觉的产物。而且为了保证这个归纳推理(即水加热到一定程度必然会沸腾)的永恒有效,我们必须设定过去、现在和将来是一样的,即水加热到一定程度必然会沸腾这个系统不受时间的影响,过去的系统与现在的系统重合,现在的系统与将来的系统重合,时间在这一重合中停下来了,一切成了共时性的,这种情况出现在几何学里,也仅仅出现在几何学里。所以经验归纳与数学演绎一样,都是建立在欧氏几何基础上的,柏格森对此有过一句很好的总结,他说:"几何学既是我们演绎推理的理想领域,也是我们归纳推理的理想领域。"①

当我们确证近代自然科学建立在欧氏几何的基础上,而欧氏几何所代表的不过是一种外在化的具有客观性的时空观,这从欧氏几何与牛顿经典时空的同构关系以及它把时间空间化,没有赋予时间以独立的价值即可见出。因而时空的突破,尤其是对那种外在化的具有客观性的传统时空的突破,本身便标志着自然科学的方向性变革。事实上也是如此,自然科学由近代向现代跨越的两大标志性学科:现代物理学和生物科学。前者便是以相对论突破经典时空观,后者则重估时间的价值,发掘时空的生命意义。但正如我们在前面的第一章指出的,无论是爱因斯坦的相对论,还是柏格森的生命哲学时空观,虽然做到了从主客相互作用来理解时空的本质,但是仍然存在着理论上的诸多缺陷,而我们从实践出发,才真正揭示了时空的本质。但是在揭示了时空的实践本质之后,我们不得不面对这样一个问题,既然自然科学是建立在时空的基础上,那么时空的实

---

① [法]柏格森:《创造进化论》,肖聿译,华夏出版社1999年版,第186页。

第四章 实践时空观引发的科学观念变革

践澄明将导致怎样的自然科学观念变革呢？我们认为实践时空观引发的自然科学观念变革将预示着一种新科学观——实践科学观的形成。

如果给实践科学观下一个定义，简言之，就是建立在时空实践本性的基础上，由实践的语言来表述的科学观。之所以会形成实践科学观便在于随着外在化的、客观时空的瓦解，建立在这一时空基础上的自然科学进入了一个丧失确定性的相对主义盛行的阶段。我们知道，自然科学是把自然界的原因和规律处理为时空上的事件，即"空间—时间规律是完备的。这意味着，没有一条自然规律不能归结为某种用空间—时间概念的语言来表述的规律"。[1] 而在传统的即客观时空占主导的时空学说中，无论是几何时空还是经典时空，时空的每一瞬、每一点都是确定的，因而以传统时空的语言来表述的自然科学规律也就具有了经验上的和逻辑上的确定性。但现在这种确定性丧失了，爱因斯坦的"相对论"，海森堡的"测不准原理"，进化论的"突变—选择模式"，以及非欧几何、概率论的出现等，均表明自然科学进入了一个相对化、模糊化的发展阶段，对世界严格的因果解释被概率性解释所取代。赖欣巴哈就非常生动形象地谈到这一点："按照严格规则而行进的一个理想的宇宙，象一个开足发条而走动的钟那样开足发条而按部就班走动下去的一个理想的宇宙是一去不复返了。一个知道绝对真理的理想的科学家是一去不复返了。自然中的事件与其说象运行着的星体不如说是象滚动着的骰子；这些事件为概率所控制，而不是为因果性所控制，科学家与其说象先知，不如说象是赌博者。他只能告诉你他的最好的假定，他绝对不能事先知道这些假定是否将是真的。"[2] 德国科学哲学家波

---

[1]《爱因斯坦文集》第一卷，许良英等译，商务印书馆1976年版，第523页。
[2]［德］赖欣巴哈：《科学哲学的兴起》，伯尼译，商务印书馆1983年版，第192页。

塞尔也认为："我们不能期望科学为我们提供自然规律，我们通过科学得到的只是知识假设；科学所能做的，不是通过归纳证明事实，而是到现在为止哪些事实经受住了检验；科学所提供的，不是准确无误的观察，而是暂时假设为正确的观察"①。现代自然科学这种对确定性的放弃，从表面来看乃是出于忠实于事物原则的一种客观而审慎的态度，但是这种态度却又动摇了若干个世纪以来人类追求科学、捍卫真理始终不渝的信念，在一定程度上助长了科学中相对主义、怀疑主义的倾向，像法伊尔阿本德便是其典型代表，他认为科学既不能被证实，也不能被证伪，全部的知识都有存在的价值，科学跟童话、神话和其他理论一样构成各种可取理论的海洋，它并不具有任何优越性，"科学本质上是无政府主义的事业"，显然在法伊尔阿本德的理论中，科学完全相对化了。

那么，我们如何重建确定性以捍卫科学的尊严呢？我们认为当前自然科学中所谓确定性的丧失，乃是基于一种旧的科学观，这种科学观是建立在客观时空的基础上的，而从时空实践本性的维度，我们将建立起新的科学观，即实践科学观。这一科学观将使我们从一个新的视角去看待自然科学，从而重获确定性，重拾对科学和真理的信心。

（1）实践科学观否定了自然科学先天的确定性与必然性，揭示了在确定性与必然性后面的生活实践基础。传统科学观是建立在客观时空的基础上的，几何空间中量的关系和比例的恒定性决定了几何学的先天必然性，时间的不可逆及先后关系决定了因果律的普适性，时空中的事物不能同时既是又不是、既在此又在彼，决定了形式逻辑的逻辑效力。但是，这一切随着时空实践性的凸显而土崩瓦

---

① ［德］波塞尔：《科学：什么是科学》，李文潮译，生活·读书·新知上海三联书店2002年版，第124页。

第四章　实践时空观引发的科学观念变革

解了：首先便是几何学经验特征的显明。非欧几何的出现使人们不再认为欧氏几何是唯一、先天的几何学，欧氏几何中的原理和命题并不具有先天的必然性，它只是我们生活的经验世界的真实写照，如果换一种环境这些原理和命题的失效并不意外。例如，在大尺度即宇观范围内测量三角形三内角之和就是大于180度，即非欧氏几何，所以赖欣巴哈的解释是颇有道理的："欧几里得几何学是我们周围物理世界的几何学；没有什么奇怪，我们的视觉观念已变成为与这一周围环境相适应，因此也遵照欧几里得的定律。我们如果生活在另一个环境里，它的几何学结构是显著地与欧几里得几何学不同，我们就会与新环境相适应，学会看非欧式的三角形和定律，一如我们现在看欧几里得式结构一样。我们会觉得，三角形的三角相加大于180度是自然的"①。其次便是因果律的失效。自然科学是对世界进行因果的解释和说明，而前因后果的设定是与传统的时空观把时间视为不可逆的是紧密相关的。但现在新的科学经验已告诉我们时间并非是不可逆的，微观世界已出现了时间倒流的现象，而过去作为时间不可逆的主要理论支柱的热力学第二定律，即热总是从较热的物体向较冷的物体传递，而非相反，现在也认为并不具有必然性，设想热的物体与冷的物体在一起，热的更热、冷的更冷是可能的，只不过概率极低罢了。无疑，对时间不可逆性的经验否证使因果律遭逢着意义危机，它使严格的具有确定性的前因后果的关系变成了一种松散的甚至完全颠倒的关系。而且从因果律对现实生活的解释来看，严格的因果律也只是一种理想化。加登纳就认为原因与结果之间，原因并不是唯一确定的，而是各种相关条件中的一个，至于考察哪一个条件作为引起结果的原因，主要是基于实践的价值。譬如考虑火柴点燃的原因时，划火柴时手部用力只是火柴点燃的一个

---

① ［德］赖欣巴哈：《科学哲学的兴起》，伯尼译，商务印书馆1983年版，第111页。

条件，此外还包括火柴一定不能受潮或不能是一个仿制品、砂纸不能是用完的、火药的质量、空气中有氧气等，那么到底哪一个是火柴点燃的真正原因呢？显然，在这里对同一个结果来说，原因可以是多种多样的，而之所以选择一个条件作为真正的原因是出于实际生活上的便利，像我们一般就把点燃火柴的原因归于划火柴这一动作，而制造商会归于火柴、砂纸的质量，在上化学课时可能归于空气中的氧。可见，所谓的因果关系从原因上说并不严格，乃是一种实际情形的简略化。同样从结果上看也是如此，柏格森就认为原因与结果有三种关系，即"推动""释放"与"展开"。一个弹子球撞击另一个弹子球是推动，引爆炸药是释放，驱动唱机、逐渐放松的发条是展开。只有在第一种情况下才存在严格的因果性，原因才解释结果，"而在另外两种情况下，事先都多少给定了结果，而被激起的前件（antecedent）（当然，它们的程度不同）与其说是原因，不如说是契机（occasion）"。① 从上面这两种情况来看，严格的因果律是不存在的，它只是现实生活中的一种简略化和理想化，这样因果律的普遍必然性也就被实际生活所瓦解了。最后便是形式逻辑必然性的解体。形式逻辑的基础是事物的自身同一性，即事物不能同时既是又不是、既在此又在彼，否则便违反了形式逻辑的同一律、矛盾律、排中律这三大律。但现在这种源于传统时空的逻辑基础崩溃了，因为新的科学发现已证明事物能同时既是又不是、既在此又在彼。之所以事物能同时既是又不是，源于量子世界的新现象："由于量子世界的奇特性，任何一个原子都同时既可以是0，也可以是1。而且不同的量子比特会集合在一起，即使它们之间没有任何实际的联系。"② 同样，事物能同时既在此又在彼，也是因为科学创造了

---

① ［法］柏格森：《创造进化论》，肖聿译，华夏出版社1999年版，第64页。
② 《走进量子世界》，《参考消息》2004年4月9日第7版。

第四章 实践时空观引发的科学观念变革

新的物质状态:在1995年,美国国家标准与技术研究所的埃里克·A. 康奈尔和科罗拉多大学的卡尔·E. 威曼首次创造出了一种被称为"玻色——爱因斯坦冷凝体"的物质状态,在这种状态下,几百万个原子一致行动,并且每个原子都可以做到无处不在,这是它最了不起的地方。① 既然事物能同时既是又不是、既在此又在彼,表明形式逻辑并不具有先天的必然性,而是经验的产物,当新的科学发现否定原有的生活经验时,传统的形式逻辑本身也就失效了。这样我们就揭示了几何学、因果律和形式逻辑的经验基础,而这三者中几何学是自然科学的范本,而因果律是一切科学规律的原型,至于形式逻辑则是一切科学知识的方法论基础,因此这三者由先天必然降格为后天经验,也就表明整个自然科学大厦先天确定性的丧失,但是自然科学并没有因此走向相对化、虚无化,因为它虽然不具有先天的确定性、必然性,却具有着生活、实践的确定性、必然性。

(2)实践科学观表明"丧失确定性"的自然科学仍具有生活实践的确定性、必然性。首先,这种确定性和必然性表现为相对中的绝对,一种基于实践总体上的确定性和必然性。事实上,像相对论、概率、测不准原理等,并不像自然科学家所认为的那样标志着确定性、必然性的丧失,相反这些原理本身就蕴含着确定性和必然性,在相对中具有绝对的一面。拿相对论来说,无论是在广义相对论还是狭义相对论中,虽然时空成了相对的东西,但是爱因斯坦的公设和方程式则成了绝对的东西,例如狭义相对论中光速不变就具有绝对性,因此就理论本身而言,相对论又无异于绝对论。同样,像海森堡的测不准原理表明由于观察者的干扰,人们不可能同时准确地测定微观粒子的位置和速度,也不可能同时准确地测定其能量和时间。也就是说,人们对微观粒子的描述只是一种概率描述,但即便

---

① 《走进量子世界》,《参考消息》2004年4月9日第7版。

实践时空观 >>>

是一种概率描述，它也同样具有一种统计学意义上的确定性。其实，持传统科学观的自然科学家也是承认概率确定性的，像玻尔、玻恩、海森堡等人就是如此，但关键在于，他们认为事物本身具有客观的时空位置，只不过人为的干扰构成观察微观世界的内在要素，因而对事物的描述只能服从概率性，概率性因此标志着确定性的丧失，而我们的观点则是事物从来都不具有客观的时空位置，客观的时空不过是实践建构起来的，因此概率性并不是确定性的丧失，而是一种实践生活上的确定性、必然性。其次，这种确定性、必然性是一种具有生活内容的确定性和必然性。现代自然科学中的所谓非确定、相对主义的背后，其实仍然具有一种来自生活本身的必然性、确定性。以相对论为例，在相对中就有由生活内容保证的绝对性。在理论上我们固然可以以相对论为准，例如对于疾驰的列车和路基，既可以把路基看作是运动的，列车是不动的；又可以把路基看作是不动的，列车是运动的，也就是说在理论上这一切都是相对的。但是对于置身于列车里和站在路基上真实体验的人来说，他却有一种来自于生活环境告诉他的绝对性而不是相对性。当他坐在列车里，尽管他也可以设想列车在动而路基不动，但是生活的环境和自身的体验告诉他此刻是路基在动而火车不动。同样，当他在路基上看疾驰的列车时，他同样可设想是路基动而火车不动，但是他的亲身体验和经历却告诉他此刻是火车在动而路基不动，他周围的环境给予他这样一种生活的确定性。所以，相对论中有绝对，这种绝对性乃是来自于实际生活境域本身生成的一种超越理论思维的确定和必然。又如以具有概率性的统计规律为例，虽然概率是不确定的，但是概率作为一种规律或结论被作出也不是随意的，赖欣巴哈就举例道：对于检验遗传性，50代就是一个大数目，而这在一个保险统计学者看来是太小了，他习惯于通过数百万实例然后才作出归纳推论，至于一个医生给病人做华瑟曼检查，试验他有无梅毒，他只需做一次观察就行。可见在概率结论的背后,是有着生活的确定性的,生活为概率提供了有效性保证。最后,这种生活实践上的确定性和必然性具有自我辩护的功能。照实践科学观看来,自然科学虽然失去了先天的必然性,但是在一定生活实践上的必然性和确定性仍然具有普遍的"立法"功能,也就是说只要进入一定的实践生活领域,这种确定性和必然性就不可违背、不可抗拒。例如,只要把欧氏几何的适用范围限定在我们周遭的自然环境中,欧氏几何便具有必然性、确定性,同样通过将古典力学限制在速度小于光速的运动类型之内,相对论便不再适用于古典力学的对象范围,从而亦失去了其对古典力学的证伪能力。更为重要的是,这种生活境域的确定性和必然性是由这一境域中主客观各要素综合形成的,因此它具有自我辩护的功能,很难被推翻。还是以欧氏几何为例,假设我们把欧氏几何的适用范围已限定在了我们的日常生活世界,但现在仍然出现了反常现象,如量出一个三角形三内角之和是小于180度的,对此,按实践科学观来理解的欧氏几何仍然具有自我辩护的功能。因为一方面我们会对日常生活世界这一含义进行重新定义,从而否认这一反常仍属于日常生活世界范围内,那么欧氏几何的失效会被归结为语言的误用问题,它实际上并没有失效。另一方面既然欧氏几何的确定性是由各生活要素综合形成的,那么对于这个小于180度的三角形,我们同样可归因于各要素,我们认为这个三角形仍然是180度,只不过因测量仪的问题,或者是因为这个三角形的特殊材质使光线扭曲,或者是因为此处空间发生变异,或者是某种特殊的力,等等,总之使它小于180度了。也就是说,理论的这种生活境域的确定性(或者说经验背景的有效性)使构成这一境域的各个生活要素形成了一个保护带,使理论具有了类似于库恩的"范式"、拉卡托斯的"硬核"的那样一种弹性的自我保护机制,以致这种掺入了生活内容的理论很难被证伪了。

（3）实践科学观是一种自然科学和人的科学相统一的科学观。用时空的语言来表述的自然科学，在时空的实践本性被揭示以后，它也就失去了那种客观的、外在化的独立形态，变得与人的实践活动、人的存在方式内在地、密不可分地联系在一起，也就是说，在实践科学观的视野下，自然科学和人的科学具有内在统一性，这种统一性正如马克思所说的"自然科学往后将包括关于人的科学，正像关于人的科学包括自然科学一样：这将是一门科学"①。虽然这个论断是马克思针对机器工业时代自然科学与生活实践的联系越来越紧密提出来的，但是现代自然科学的发展却正在证实着马克思的这个论断，那就是自然科学和人的科学确实成了一门科学。首先，从研究对象上，对象越来越成为与人相关的对象，事实越来越成为被理论"污染"的事实。实际上，自然科学的对象和事实与人的存在相关的这种"不纯粹性"，早在马克思生活的时代就已凸显，所以马克思才会指出："但是如果没有工业和商业，哪里会有自然科学呢？甚至这个'纯粹的'自然科学也只是由于商业和工业，由于人们的感性活动才达到自己的目的和获得自己的材料的。"② 不过在这一时期，自然科学似乎仍然能摆脱所谓狭隘实用的功利目的而自成一个独立的王国，因而有所谓"为科学而科学，追求纯粹科学"的理想之说。但是，随着人类研究领域向宇观和微观方面的拓展，以及现实被不断的世世代代的人类劳动所改造而日益成为技术和社会文化状况的产物，这就造成了自然科学研究中纯粹对象的消失。例如，在微观领域涉及粒子这个级数，仪器与对象已连接成了一个整体，人为的干扰已成了量子现象中不可或缺的部分，同样对宇观现象的观测也依赖于精密的天文仪器，被观测的宇宙范围与仪器的进步是

---

① 马克思：《1844 年经济学哲学手稿》，人民出版社 2000 年版，第 90 页。
② 《马克思恩格斯选集》第 1 卷，人民出版社 2012 年版，第 156—157 页。

第四章 实践时空观引发的科学观念变革

同步的。而且由于现实社会生活对自然科学的渗透，自然科学的内容和对象越来越聚焦于实践中正在或即将发生的问题，人们求解的不再是永恒的自然规律，而是实践中可能兑现的种种"模型"，以至"自然规律"这一术语在科学研究中就很少使用了。同时，科学哲学家也开始质疑传统科学中那种纯粹事实的王国是否真实存在过，毕竟自然或事实在伽利略那里是一个样子，在牛顿那里是另一个样子，而在爱因斯坦那里则是另一个样子，哪一个才是真正的自然或事实呢？所以，法伊尔阿本德认为科学的事实不是"赤裸裸的事实"，而是被理论污染的事实，理论制造的事实，科学家并不是对所有的事实感兴趣，而是对与自己理论相容的事实感兴趣。但这里也有一个问题，既然事实是理论制造的，为何这种以不是事实的事实为对象的自然科学会取得如此巨大的成就，以至证明了理论自身的直接现实性即事实的力量呢？法伊尔阿本德认为这完全是人为的，因为当我们认同某种理论事实并付诸行动时，自然也就排斥了其他的理论事实的可能性，由此我们认同的东西就被保留或被制造出来了，而这被保留或被制造出来的东西又证实了我们原先的选择是正确的，这就完全陷入了一个自我的循环论证，因而理论事实的实现，并不表明这一理论事实是不容违背、纯粹客观的，而是人们的行动和选择或"程序创造"的结果。① 法伊尔阿本德的理论虽不无偏颇之处，但它确实揭示了事实与"理论及人类行为"的内在关联。至此，事实的被"污染"、对象的人化，表明自然科学中纯粹事实王国的流产，自然科学就其研究对象来说，正印证了马克思的话，即自然科学和人的科学是一门科学了。其次，从研究方法上，自然科学的方法日益具有社会和人文的特征。一般来说，人文社会科学因其对象的复杂多变、不可重复性，很难用严格的规律来把握，其规律仅具

---

① ［美］法伊尔阿本德：《反对方法》，周昌忠译，上海译文出版社2007年版，第21页。

实践时空观 >>>

有统计学上概率蕴涵的意义。而自然科学由于研究的是纯粹事实、客观性本身，其规律则具有普适性，能按严格的因果律来解释自然现象。但随着自然科学中严格因果律的破产以及事实的被"污染"，现在人们很难在社会科学和自然科学之间划一条界线了，二者在方法上具有合流的倾向。赖欣巴哈就认为："实际上，在物理学中所进行的因果性分析使那门科学从所未有地接近了社会学。"① 而波塞尔则归之于科学研究上的"重心移动"，他说："重要的不再是变化的'规律'，而是变化中的'事物'；自然不再是纯粹的物质，而是一个活生生的、总有其特点的、我们很难稳定的'特殊'世界；我们追求的不再是规律性，而是具体的单一事态，不再是普遍与一般，而是暂时与变化。过去，知识性读物总是围绕着自然科学转，现在书架上摆的是一排排的编年史与文化史。我们观察的角度已不再是因果规律式，而是具体单一事物的形成。"② 自然科学方法朝社会人文方面发展具有社会人文的特征，从表面上来看是自然科学失去自身规范、丧失合法性，但从深层次上来看，不过是回归生活世界，重返其根基。因为正如我们已揭示的严格的因果律不过是一种生活的理想化，而自然科学中的"客观性"，也是通过长期的学校教育、科学实践才被作为研究人员的基本信念、共同准则，而被建构起来的。因此，自然科学无论就其对象还是方法与社会科学都是一门科学，有同一个基础，所以马克思才一针见血地指出："说生活还有别的什么基础，科学还有别的什么基础——这根本就是谎言。"③ 最后，自然科学也日益心灵化、精神化，朝向"人的科学"方面发展。早在20世纪初，自然科学中的心灵化和精神化便初显端倪。在物理

---

① ［德］赖欣巴哈：《科学哲学的兴起》，伯尼译，商务印书馆1983年版，第239页。
② ［德］波塞尔：《科学：什么是科学》，李文潮译，生活·读书·新知上海三联书店2002年版，第223页。
③ 马克思：《1844年经济学哲学手稿》，人民出版社2000年版，第89页。

第四章 实践时空观引发的科学观念变革

学中,物理实在与直接经验之间的距离越来越大。爱因斯坦便认为物理实在是理论"发明"和"自由构造"的产物,它是超越于被给予的直接经验的,他说:"我们要选择哪些元素来构成物理实在,那是自由的。我们的选择是否妥当,完全取决于结果是否成功。"① 而在量子理论中,由于粒子出现的概率性,使不少物理学家甚至认为粒子有"自由意志",原子和基本粒子本身也不像是真实的。与其说它们构成一个物和事实的世界,不如说构成一个潜能或可能性的世界。而生物科学的发展,尤其是进化论的广泛传播为生命创造和主体选择提供了新的阐释空间,这是因为进化论建立在两个基本假设之上:一是突变,二是选择。突变是指基因类型发生突然的、完全偶然的变化;选择则是随后出现的对变种的选择,此选择与内部及外部条件相关,与变种的生存能力及再生能力的大小相适应。"突变"会带来原则上无法预料的新的东西,"选择"是一个优化与淘汰的过程。② 进化论的"突变—选择模式"改变了传统的机械自然观,使人们对自然的阐释具有了新的人文和历史的视野。与此同时,心理学、神经科学、现代语言学等新兴学科的蓬勃兴起,也使自然科学趋于主观方面。柏格森就指出:"科学正在逐步失去客观性,正越来越象征化,乃至从物理科学变成了生命科学,又从生命科学变成了心灵科学。"③ 到了 20 世纪下半叶,随着计算机和信息技术的加入,自然科学的精神化、人性化趋向得到了淋漓尽致的展现。像信息技术中最尖端的智能感知技术、自组织网络技术、虚拟现实技术都与人类的心智活动密切相关;生物技术中的基因工

---

① 《爱因斯坦文集》第一卷,许良英等译,商务印书馆 1976 年版,第 513 页。
② [德] 波塞尔:《科学:什么是科学》,李文潮译,生活·读书·新知上海三联书店 2002 年版,第 217 页。
③ [法] 柏格森:《创造进化论》,肖聿译,华夏出版社 1999 年版,第 309 页。

程、药物分子设计技术、基于干细胞的人体工程技术也体现了人文的关怀和对生命的尊重；就连材料科学中的纳米技术，按诺贝尔奖获得者——瑞士的 Heinrich Rohrer 博士的说法，其关注也将从"更小、更快、更便宜"转变到"更聪明、更复杂、更强大"。① 除了技术的自动化、智能化，自然科学的发展还打破了客观与主观、心内与心外、思想与物质的传统区分。像德国应用技术研究院在2006年已经制造出了世界上第一台"心灵感应打字机"，该打字机的基本原理是通过脑电波传感器探测使用者的脑部活动，然后把他们心中所想变成电脑屏幕上的文字。② 无疑，这种打字机使得思想具有了现实的效应，思想和现实一体化了。至于互联网、虚拟实在技术的发展，不仅创造出了主客合一的新现实，消解了主客、内外的传统边界，而且还使人们在互动交流、游戏娱乐、虚拟体验中获得了情感的满足。也就是说，技术和科学的发展并没有远离人，使人生变得单调、无趣。相反，科学与技术创造了五彩缤纷的现实生活，带来了人的理智和情感的谐和，以至人们称我们置身的这个时代是"娱乐的时代""体验的时代""游戏的时代"。毫无疑问，自然科学这种人性化的发展方向，在使人实现了人性回归的同时，也直接表明自然科学和人的科学本身就是一门科学了。

二 实践时空观与历史科学观念的变革

谈到实践时空观与历史科学观念的变革，首先我们便得弄明白何谓历史。一般而言历史有广狭二义，狭义的历史是指过去了的人

---

① 指 Heinrich Rohrer 博士在出席2006年5月25—26日在北京举行的"21世纪科学前沿与中国的机遇"高层论坛时的发言。
② 赵卓昀：《德国研制出"心灵感应打字机"》，《贵阳晚报》2006年4月11日第42版。

第四章　实践时空观引发的科学观念变革

类活动及其产物，主要为历史学家所关注；广义的历史是一个与自然相对应的范畴，它不仅包括过去，还包括现在和未来，是指从纵向维度整体地考察人类的活动及其产物。显然，我们在这里取的是广义的历史，但是无论广狭二义，历史都是与时间紧密相连的，是一种时间性的存在，因此，不弄清时间的本质也就无法真正地把握历史，当然也就更罔谈历史科学的观念变革了。

那么，为何狭义的历史不是真正的历史呢？原因就在于狭义的历史仅与过去相关，但正如我们所揭示的时间中过去、现在、未来是一体的，那种仅与过去相关的历史无疑是抽象的、教条的历史。实际上认识历史的现在、过去、未来的相关性早在19世纪末的德国哲学家狄尔泰等人那里就开始了，到了20世纪初克罗齐和柯林武德的思想则产生了广泛的影响。克罗齐认为一切历史都是当代史，这意味着历史的本质在于以当下的眼光和当前生活的兴趣来看待过去，他说："假如真是一种历史，亦即，假如具有某种意义而不是一种空洞的回声，就也是当代的，和当代史没有任何的区别。像当代史一样它的存在的条件是，它所述的事迹必须在历史家的心灵中回荡"[①]。受克罗齐影响，柯林武德也认为历史不是死气沉沉的过去，而是过去在思想上的复活，是活着的思想，所以他提出"一切历史是思想史"，认为历史的真义就在于史学家在心灵中重建和重演过去的思想。可见，以克罗齐、柯林武德等人为代表的历史哲学家都注意到了历史中的过去与现在的相关性。具体地说，这种相关性表现在：其一，历史的过去与现在的生活和思想融为一体。历史总是通过现在回溯过去，因而它与当前的生活和思想是联成一体的。克罗齐认为"只有现在生活中的兴趣方能使人去研究过去的事实。因此，这种过去的事实只要和现在生活的一种兴趣打成一片，它就不是针

---

① ［意］克罗齐：《历史学的理论和实际》，傅任敢译，商务印书馆1982年版，第2页。

实践时空观 >>>

对一种过去的兴趣而是针对一种现在的兴趣的"。① 他举例道,当我们进入前人的世界,与他们同忧乐、共悲喜,真实地体验着他们的种种心灵形态,那么这种体验不正是当下的和现在的吗？正是这种当下性和现在性使历史不再是过去的、僵死的东西,而是有血有肉有生命的历史、活着的历史,所以他才提出了"一切真历史都是当代史"的著名命题。柯林武德也认为历史作为一种经验,而非经验的对象,它总是生活在现在之中,他说:"在自然过程中,过去在它被现在所替代时就消逝了,而在历史过程之中,过去只要它在历史上是已知的,就存活在现在之中。"② 但与克罗齐相比,柯林武德还具体分析了现在为何能复活过去,现在的思想为何与过去的思想是同一种思想。他的理由在于,我们复活历史类似于解数学题,当我们在解题中思考了一段时间之后,可能会走神几秒,然后我们又继续回到同一问题,很显然这走神的几秒,"因为有一段时间在其间消逝了,是不是我们就有了两个而不是一个思想行动呢？显然不是的,这里只有一个单一的行动,这时它不仅仅是持续着,而且是在一次间隔之后又复活了"。③ 同样,我们复活历史也正是使同一思想在搁置一段时间之后重新复活,这与解数学题时继续原先中断的思路并没有什么质的不同,因此,历史的思想与复活历史的思想是同一种思想,历史是能在现在的生活和思想中存活的。克罗齐和柯林武德认为历史与当下的生活和思想相关,也为其后的史学家和历史哲学家所认同,卡尔作为其中的一位代表,他的看法颇具总结性,他说:"历史学家不属于过去,而是属于现在。"虽然历史学家应该遵循"热爱过去"这一训谕,但"历史学家的作用既不是热爱过去,也

---

① [意] 克罗齐：《历史学的理论和实际》，傅任敢译，商务印书馆1982年版，第2页。
② [英] 柯林武德：《历史的观念》，何兆武等译，商务印书馆1997年版，第316页。
③ [英] 柯林武德：《历史的观念》，何兆武等译，商务印书馆1997年版，第394—395页。

不是使自己从过去中解脱出来，而是作为理解现在的关键来把握过去、体验过去"。①

其二，历史的过去依赖于现在的证据。由于历史是已经消逝了的东西，无凭无据的历史就不是真正的历史，因此历史是需要凭证的，这种凭证包括文物、遗址、文献、碑铭等，这些证据都是活生生的当下存在的，虽然有了这些凭据并不等于拥有了历史，按克罗齐的说法这些是历史的残余，犹如死尸是生命的残骸，它们并不是活历史本身，但是作为复活真正历史的原材料它们却又是不可或缺的。以希腊绘画史为例，流传下来的，虽然有画家的姓名、作品的名称、题材的故事以及对这些画家和作品程度不同的褒贬。"但是不直接知道画家的作品，画家的名字就只是一些空洞的名字，故事是空洞的，画题的描绘、臧否的判断、编年的安排也都是空洞的，因为它们仅仅是算术性的，缺乏真实的发展；由于它缺乏应有的组成因素，所以我们就不能在思想上实现它。"② 一句话，脱离了活凭证的历史作为一种空洞的叙述，它也就没有了真实性。相反，有了活凭证的历史，"当生活的发展需要它们时，死历史就会复活，过去史就会再变成现在的"。③ 像罗马人和希腊人躺在墓室中，直到文艺复兴时期欧洲人的精神有了新出现的成熟，它们便被唤醒了。柯林武德也认为历史需要以现在的事实为凭据，因此对于历史学家而言："我现在所观察的各种事实，是我能从其中推论出关于我的问题的答案的那些事实。"④ 历史学家的任务并不是创造任何事实，而是以事实为证据去复活历史，因此他要受到证据的约束，而正是这种约束

---

① [英] 卡尔：《历史是什么?》，陈恒译，商务印书馆2007年版，第110页。
② [意] 克罗齐：《历史学的理论和实际》，傅任敢译，商务印书馆1982年版，第6页。
③ [意] 克罗齐：《历史学的理论和实际》，傅任敢译，商务印书馆1982年版，第12页。
④ [英] 柯林武德：《历史的观念》，何兆武等译，商务印书馆1997年版，第350页。

保证了历史的真实性,使历史作为思想的复活就与一般流于主观的记忆和感觉区别开来。他举例道:"如果我说'我记得上星期给某某人写了一封信',那么这是关于记忆的一个陈述,但它并不是一个历史的陈述。但是如果我补充说'我的记忆并没有欺骗我,因为这里有他的回信';那么我就是把一个有关过去的陈述建立在证据之上,我就是在谈历史了。"① 正因为历史中有证据,所以历史作为思想的复活就不是主观感觉和一般记忆的"昨日"重现,而是对由证据所形成的客观思想情境的再造,历史在这一再造中就具有了历史的确定性而非普通记忆和感觉的虚幻性了。

其三,历史的过去依赖于治史者的当下选择。历史既然作为过去它就不会是现在,因此重建历史有一个主观的取舍和判断的过程,这要依赖于治史者的当下选择。首先这种选择意味着在事实的汪洋大海中,由治史者来决定哪些事实有意义,成其为真正的历史事实,把芜杂枝蔓的东西过滤掉,因此历史总是历史学家现实取向和精心选择的产物。卡尔就认为:"只有当历史学家要事实说话的时候,事实才会说话。由哪些事实说话、按照什么秩序说话或者在什么样的背景下说话,这一切都是由历史学家决定的。"② 他举例道,我们所知道的作为中世纪史的事实几乎全都是由一代代编年史家为我们选择好的,这些人的职业就是专注于宗教的理论和实践,因此认为宗教是至高无上的,记录一切与之相关的事。而别的东西就显得不重要了。或许事实并不如此,但由于与之相反的证据已丢失,因此,中世纪人虔诚信仰宗教的形象,不管是否真实都已摧毁不了。其次由于历史事实的特殊性,也需要治史者对之进行判断和甄别,需要治史者的积极主动介入。毕竟,历史事实不是纯粹客观的东西,仅

---

① [英] 柯林武德:《历史的观念》,何兆武等译,商务印书馆1997年版,第351页。
② [英] 卡尔:《历史是什么?》,陈恒译,商务印书馆2007年版,第93页。

需要治史者对之进行简单的加工和整理，使理论与之相符就行了。相反，事实的认定既需要专门知识的辅助，如古文字学、考古学、年代学等知识，还需要对人性和心理的普遍洞悉。所以，柯林武德认为复活历史类似于历史学家作为法官在断案，他需要充分调动各种背景知识，理性地推理和判断，从而从大量真假的证据和蛛丝马迹中找到事情的真相。而克罗齐则尤其强调复活历史必须治史者思想的介入，他反对那种排斥理论、简单收集事实、罗列事实的所谓客观治史的做法，他认为：“这种'摒弃思想'的做法实际就是摒弃'思想的严肃性'，是狡猾地把价值给予最庸俗和矛盾的思想，那类思想是由传说传递下来的"①。因此，他提倡反其道而行之："历史永远应当严格地进行判断，永远应当力求主观"②。不过，克罗齐虽然揭示了历史与治史者的紧密联系，但他却又在某些方面过分夸大了主观的作用，使其理论具有很强的唯心色彩。

　　通过以上三点，历史作为过去与现在的相关性建立起来了。如果按沃尔什的区分，以历史实际过程本身为研究对象的称为思辨的历史哲学，以历史认识和历史思维为研究对象的称为批判的或者分析的历史哲学。那么，提出以上三点看法的主要归之为批判的历史哲学家们。但在这里让我们注意到的是，为何历史就仅与现在相关而没有涉及未来呢？这主要在于这一历史哲学派别认为历史不是科学，它关注个别、具体而非普遍、一般的东西，因而历史从不预言，历史学家也不是预言家。但这种没有未来到场的历史是真历史观吗？毕竟，按我们前面第三章的分析，时间的过去、现在、未来是一体化的，是相互蕴含的。而且日常生活中我们往往说：不了解过去就不能放眼未来，某人做出了划时代的贡献等，就意味着在现在和过

---

① ［意］克罗齐：《历史学的理论和实际》，傅任敢译，商务印书馆1982年版，第64页。
② ［意］克罗齐：《历史学的理论和实际》，傅任敢译，商务印书馆1982年版，第65页。

去中就有未来，同时就包含着未来，所以研究历史是不可能不涉及未来的，就连偏重于批判的历史哲学的沃尔什也认为历史学家研究历史仍然具有一种隐性的对现实和未来的关注："历史学家也许不是预言家。但是他们却常常处于一种要做出预言的地位。"① 与批判的历史哲学家相比，以康德、赫德尔、黑格尔、孔德等人为代表的思辨的历史哲学家，则没有把未来排斥在历史之外，他们认为历史是包括过去、现在、未来的一个整体，历史自身有其普遍规律。那么我们接下来看，他们的观点是否揭示了真正的历史，有没有可能使历史上升为科学呢？

思辨的历史哲学对历史的探索突出表现在两个方面：其一，历史的规律性。思辨的历史哲学家认为历史并非杂乱无章的经验堆积，而是具有某种线索和规律的。虽然这种线索和规律不如自然界那般显明，但它毕竟存在。康德就认为人类的行为跟自然事件一样，总是为普遍的自然律所决定。"不管它们（人类行为——引者注）的原因可能是多么地隐蔽，但历史学却能使人希望：当它考察人类意志自由的作用的整体时，它可以揭示出它们有一种合乎规律的进程，并且就以这种方式而把从个别主体上看来显得是杂乱无章的东西，在全体的物种上却能够认为是人类原始的秉赋之不断前进的、虽则是漫长的发展。"② 也就是说，在人类个体无序行为的背后是有着某种基于整体的普遍规律的，康德称这种规律是大自然的"布局"或"计划"。康德还揭示这种规律具体表现为大自然有一种天意，要把任何一个物种的全部自然秉赋充分地发挥出来，因为大自然是合法则的，它绝不会做徒劳无益的事情。因此人类历史从表面上看，虽然交织着个体的愚蠢、幼稚的虚荣、罪恶和毁灭欲，但是大自然正

---

① ［英］沃尔什：《历史哲学导论》，何兆武等译，广西师范大学出版社2001年版，第35页。
② ［德］康德：《历史理性批判文集》，何兆武译，商务印书馆1990年版，第1页。

第四章　实践时空观引发的科学观念变革

是以这种表面的对抗性作为手段唤醒人类全部沉睡的潜能,因此"根据这种自然的目标被创造出来的人虽则其行程并没有自己的计划,但却可能有一部服从某种确定的自然计划的历史"。① 不过,康德也认为由于人类历史还太短暂,这种历史的合理性还不能完全肯定。但是黑格尔则完全肯定历史是合乎理性的,有其必然性。在黑格尔看来,凡现实的都是合理的,凡合理的都是现实的,理性(法则)统治世界,人类历史必然有其规律。他说:"从世界历史的观察,我们知道世界历史的进展是一种合理的过程,知道这一种历史已经形成了'世界精神'的合理的必然的路线——这个'世界精神'的本性永远是同一的,而且它在世界存在的各种现象中,显示了它这种单一和同一的本性。"② 但黑格尔也考虑到了认为历史有普遍规律可能会遭致历史学家们的反驳,认为他把自己的虚构、先天的发明放在历史之中,对此他的辩护是:首先,如果历史不是理性的、合法的,那么历史就成了无稽之谈和以讹传讹的东西。他举例,有些历史学家就犯了这种毛病,荒唐地记载有一个纯粹的僧侣民族,还记载有一个原始的太古民族得到上帝直接教导,赋有完备的见识和聪明。其次,黑格尔认为忠实地采用一切历史的东西,并不意味着放弃规律性,放弃理性和思想。就连抱所谓完全无作为即"纯粹容受"态度的历史学家,他也离不开他的范畴,而且从这些范畴来观察他心目中所见的各种现象。尤其是历史学要想摆脱原始状态,拥有科学之名的话,"理性"尤其应该清醒,反省必须活跃,"谁用合理的眼光来看世界,那世界也就现出合理的样子"。③ 但是,黑格尔与其后的实证主义历史哲学家不同的地方在于,后者如孔德认为历史的规律与自然的规律是一样的,研究历史是先确定事实后找出

---

① [德] 康德:《历史理性批判文集》,何兆武译,商务印书馆1990年版,第2页。
② [德] 黑格尔:《历史哲学》,王造时译,上海世纪出版集团2001年版,第10页。
③ [德] 黑格尔:《历史哲学》,王造时译,上海世纪出版集团2001年版,第11页。

实践时空观 >>>

规律。而黑格尔则认为自然的规律是由他，而历史的规律则是由己，由己就是自由，所以历史是走向自由的过程。他解释道："'物质'因有趋向于中心点的趋势，所以有重力。'物质'在本质上是复合的，它的各个组成部分是互相排斥的。它追求它的'统一'，所以它总显得要毁灭自己，以趋向于它的反对物。"①"'精神'正相反，它刚好在它自身内有它的中心点。它在它自身以外，没有什么统一性，它已经寻到了这个统一性；它存在它的本身中间，依靠它本身存在。'物质'的实体是在它的自身之外，'精神'却是依靠自身的存在，这就是'自由'。"② 把历史规律定义为精神追求自由的过程，实际上表明黑格尔的历史观的目的论色彩，但我们认为不仅是黑格尔的历史观，几乎所有思辨历史哲学家的历史观都有或多或少的目的论色彩。

其二，历史的目的论。历史的目的论是指把历史的发展视为向某个既定的不变的目标行进。从这个含义来看目的论，我们会发现康德、赫德尔、黑格尔都是典型的目的论者。康德认为大自然的目的或计划体现在人类历史上，就是把人类这个物种的全部天赋最终实现出来，因而他提出："把普遍的世界历史按照一场以人类物种的完美的公民结合状态为其宗旨的大自然计划来加以处理的这一哲学尝试，必须看作是可能的，并且甚至还是这一大自然的目标所需要的。"③ 虽然康德因其固有的审慎只能断定这一目标是可能的，但这不妨碍他提出建立起一个"普遍法治的公民社会"，建立一部完美的"公民宪法"作为实现这一大自然计划的必要步骤。其实，他对这一大自然的"隐蔽计划"的向善性是确信不疑的，所以他总结人类历史进程道："应该满足于天意，应该满足于人间事务全体的总进程，

---

① [德] 黑格尔：《历史哲学》，王造时译，上海世纪出版集团 2001 年版，第 17 页。
② [德] 黑格尔：《历史哲学》，王造时译，上海世纪出版集团 2001 年版，第 17 页。
③ [德] 康德：《历史理性批判文集》，何兆武译，商务印书馆 1990 年版，第 18 页。

第四章　实践时空观引发的科学观念变革

这个进程并不是由善开始走向恶,而是从坏逐步地发展到好;对于这一进步,每一个人都受到大自然本身的召唤来尽自己最大的努力做出自己的一份贡献。"① 赫德尔历史观上的目的论表现为,他认为世界具有一个有机体的性质,这个有机体被设计成要在其自身之内发展出更高的有机体来。因此在自然界这一阶段,这种目的性体现为演化过程的每一个阶段都是自然设计好了准备着下一阶段的,但这时候这种目的还没有体现为自身目的。而到了人类,这个过程就达到了顶峰,因为人的本身就是目的。既然自然创造人的目的就是要创造一种理性的生命,因而人性就作为一种精神力量的体系,而在不断发展着自身。但是,在赫德尔的学说中人类追求精神的历程又似于生物的演进,他甚至因此强调种族的优劣,人类历史有自然化之嫌。与赫德尔不同,黑格尔则在世界历史的实际进程中探讨精神如何实现其自由。黑格尔把世界历史具体区分为东方世界、希腊世界、罗马世界和日耳曼世界。黑格尔认为这四个世界乃是精神发展的四个阶段,体现了人类"自由"意识的不同程度。他说:"东方各国只知道一个人是自由的,希腊和罗马世界只知道一部分人是自由的,至于我们(日耳曼世界——引者注)知道一切人们(人类之为人类)绝对是自由的"②。既然世界历史呈现的是精神走向自由的不同环节,因而人类历史的发展便具有一种必然性,这种必然表现为世界历史的舞台上尽管充满着个体的热情、欲望、意志和智慧的冲突和较量,上演着一幕幕跌宕起伏的精彩剧情,但即便是自以为操纵历史航向的伟大人物,也不过是世界精神的玩物,当精神达到其目的,他们便花果凋零。黑格尔称这是"理性的狡计",不过这个狡计的最后,唯一不变的目的便是自由,他激情洋溢地说:"自由

---

① [德]康德:《历史理性批判文集》,何兆武译,商务印书馆1990年版,第78页。
② [德]黑格尔:《历史哲学》,王造时译,上海世纪出版集团2001年版,第19页。

实践时空观 >>>

本身便是它自己追求的目的和'精神'的惟一的目的。这个最后目的便是世界历史。自古到今努力的目标,也就是茫茫大地上千秋万岁一切牺牲的祭坛,只有这一个目的不断在实现和完成它自己:在终古不断的各种事态的变化中,它是惟一不变化的事态和渗透这些事态真实有效的原则。这个最后目的,便是上帝对于世界的目的。"①

与黑格尔哲学这种明显的目的论不同,实证主义历史哲学家认为人类历史跟自然界一样受因果律支配,从表面上看这似乎避免了目的论。但我们认为实证主义的历史观仍然是一种隐性的目的论。这源于实证主义历史观的提出受进化论的影响,正因为进化论把自然界视为本质上进步的,因而实证主义的历史观才会认为人类历史与自然界服从同样的规律。但进化论跟一般的因果律是不一样的,它实质上是一种隐性的目的论,即自然的进化由于它自己能创造越来越美好的生命形式,乃是自动进步的,这实际上与康德的自然目的论有异曲同工之处,只不过康德强调的是大自然的设计,而进化论强调的是大自然的选择。正是基于进化论这种特殊的规律性,受它影响的实证主义历史观便始终摆脱不了目的论的性质。其实,像孔德把历史划分为神学阶段、形而上学阶段和实证主义阶段这样由低到高依次发展的三个阶段,便是一种具有进化论色彩的目的论。所以从这个意义上,我们的结论是思辨的历史哲学的历史观是具有目的论类型的历史观。

这样我们便了解到思辨的历史哲学认为历史有规律,而且这个规律具有目的论的色彩。那么,思辨的历史哲学使历史上升为真正的科学了吗?我们的看法是,思辨的历史哲学把历史视为过去、现在、未来的统一体,并强调历史整体的可理解性,这对于克服批判的历史哲学只关注历史的过去和现在,忽视将来,以及只关注具体

---

① [德]黑格尔:《历史哲学》,王造时译,上海世纪出版集团2001年版,第19页。

第四章 实践时空观引发的科学观念变革

和个别,忽视普遍和一般的倾向是起到了矫正作用的。但是,我们应看到思辨的历史哲学的将来是线性时间的将来,这种将来只是过去和现在的机械延伸,是一种抽象的不具有现实性的将来。而且也正因为这种时间理解的抽象性,思辨的历史哲学预先设定历史有先验的公式或模型,并以之规范鲜活的历史事实,这对于任何一个真正的历史学家来说,都是不可取的。所以从这个意义上讲,思辨的历史哲学虽然企图使历史成为一门科学,但却不能称得上是真正的"历史的"科学。

通过以上分析,我们看到两种历史学说都是基于一种不完整的对时间的理解,批判的历史哲学注意到了时间的生活性,注意到了时间的过去和现在的相关,但缺失了将来这一维。思辨的历史哲学纳入了时间的将来,但其时间却是一种缺乏生活的抽象的时间。因此,前者的历史观具有注重具体、个别的"历史性",后者的历史观具有注重普遍、一般的"科学性",显然真正意义上的历史观,即历史科学观应该是二者的有机统一,而这样的历史科学观的建立正是奠定在历史的生活实践本性、历史的过去现在未来立体相关以及历史具有生活实践的必然性的基础上的。我们认为新的历史科学观其实也正是马克思、恩格斯创立的唯物史观,它使历史成为了一门真正的科学。在本书中,新历史科学观是等同于唯物史观的,而之所以命名为新历史科学观是因为我们认为对唯物史观的传统理解不完全是真正的唯物史观,而新历史科学观才是真正符合马克思主义哲学基本精神的唯物史观。

(1)新历史科学观是以生活实践为基础阐释历史的历史观。新历史科学观是建立在人的现实生活实践的基础上的,它的实质是人的生产生活、物质关系和交往形式,诚如马克思、恩格斯的经典表述所言:"这种历史观就在于:从直接生活的物质生产出发阐述现实的生产过程,把同这种生产方式相联系的、它所产生的交往形式即

实践时空观 >>>

各个不同阶段上的市民社会理解为整个历史的基础,从市民社会作为国家的活动描述市民社会,同时从市民社会出发阐明意识的所有各种不同的理论产物和形式,如宗教、哲学、道德等等,而且追溯它们产生的过程……这种历史观和唯心主义历史观不同,它不是在每个时代中寻找某种范畴,而是始终站在现实历史的基础上,不是从观念出发来解释实践,而是从物质实践出发来解释各种观念形态"①。不难看出,以生活实践为基础的新历史科学观或者说唯物史观超越于思辨的历史哲学的历史观的地方在于,它不像康德、黑格尔、赫德尔、孔德等人的历史观为历史提供先验的范畴和公式,浮于历史事件、行为和进程的表层,毕竟这些抽象的范畴和公式不可能揭示由世世代代的人类生产生活所构建起来的生动而鲜活的现实。相反,马克思、恩格斯指出,研究历史应始终站在现实历史的基础上,从物质实践出发来解释各种观念形态,尽量避免各种抽象,不仅哲学的抽象不存在,甚至实证科学的抽象充其量也不过是从对人类历史发展的考察中抽象出来的最一般结果的概括。"这些抽象本身离开了现实的历史就没有任何价值。它们只能对整理历史资料提供某些方便,指出历史资料的各个层次的顺序。"② 同样,新历史科学观或唯物史观超越批判的历史哲学的历史观的地方在于,它不像克罗齐、柯林武德等人的历史观那样仅仅以激活历史的思想和生命,实现历史的个别性为满足,因为这种个别性,恰恰忽视了历史中最一般的东西,即"人们为了'创造历史'必须能够生活",因而一定的生产方式及与之适应的交往形式便成为现实历史的基础。批判的历史哲学的历史观由于割裂了历史中物质生活的恒常性,它所追求的历史的个别性便容易沦为思想虚构和心灵体验的产物,这离真

---

① 《马克思恩格斯选集》第 1 卷,人民出版社 2012 年版,第 171—172 页。
② 《马克思恩格斯选集》第 1 卷,人民出版社 2012 年版,第 153 页。

实的历史已经相距甚远了。这双重超越表明，新历史科学观不仅比思辨的历史哲学的历史观深入、具体，而且也比批判的历史哲学的历史观更真实、客观。同时，它还有一个优点，即是真正的唯物史观。事实上思辨的历史哲学和批判的历史哲学的历史观都是唯心史观，因为按照马克思、恩格斯的理解，唯心史观并非不承认世界的物质性，如费尔巴哈的历史观，而在于能否从物质的生产生活出发去阐释和厘清全部历史的基础，费尔巴哈没有做到，他没有看到："这种活动、这种连续不断的感性劳动和创造、这种生产，正是整个现存的感性世界的基础"①。所以"当费尔巴哈是一个唯物主义者的时候，历史在他的视野之外；当他去探讨历史的时候，他不是一个唯物主义者"②。既然历史建立在世俗生活的基础上，它本身便表现为一定物质生产方式和与之相适应的交往形式，因而无论是思辨的历史哲学的历史观，还是批判的历史哲学的历史观，由于忽视了历史的物质动因和经济根源，没有意识到历史的秘密恰恰不是在所构造的各种思想观念史、政治宗教史上，而是在市民社会史、商业史和工业史中，它们在本质上便都是唯心史观。但相较而言，以观念论、目的论和抽象公式去阐释历史的思辨的历史哲学的历史观大体偏于客观唯心主义方面，而以重视体验、激活思想的方式去诠释历史的批判的历史哲学的历史观则偏于主观唯心主义方面。

新历史科学观或者说唯物史观在逻辑上是以实践来阐释历史，而非以历史来阐释实践。以历史来阐释实践和以实践来阐释历史是完全不同的，前者使历史外在于人的生产生活而存在，虽然能给人的现实生活提供舞台和发挥外部环境的作用，但它本身却是类似于一个容器似的、僵死的、空洞的东西；同样历史的分期，如时代的

---

① 《马克思恩格斯选集》第1卷，人民出版社2012年版，第157页。
② 《马克思恩格斯选集》第1卷，人民出版社2012年版，第158页。

划分、社会形态更替的时期认定等,因割裂了生活实践,也就仅具有年代学上的单纯物理时间的意义,失去了历史本身所固有的多维含义。后者以实践来阐释历史,历史与人的现实生活是融为一体的,因而历史便是各种生产和再生产的纵横交织,其间包括物质生活资料、生产资料的生产和再生产,也包括人本身的生产和再生产,它既生产自然关系又生产社会关系,还通过交往、社会需要生产意识和思想观念。这样的历史摆脱了"历史总是遵照在它之外的某种尺度来编写的;现实的生活生产被看成是某种非历史的东西,而历史的东西则被看成是某种脱离日常生活的东西,某种处于世界之外和超乎世界之上的东西"①。这样的历史还避免了为了把历史和自然区别开来,人为地把历史塑造成与自然不一样的东西,如观念史、思想史、政治史、宗教史,殊不知历史和自然之间并不存在对立。在生产生活中,人与自然的关系和人与人的关系是同时并存的,因而历史的自然和自然的历史是统一的。在这个意义上,历史并不抽象,历史不过是人们世世代代的现实的物质生活,是追求自己的目的的人的活动而已。同样,以实践来阐释历史,历史的分期便是由人们的政治生活、社会生活、精神生活内在规定的,所以如果研究的是政治的历史,那么政治生活本身就划定了它所属的若干阶段、若干时代。同样,社会史、精神史都有属于自己的时期、"年代"。这样的历史分期与哪一年发生哪些事件的编年史、年代学是不同的,毕竟编年史、年代学只是诸多史实的杂乱堆砌,它们不是内容生命的表现,构不成历史的时代。而历史的时代,它的形式和内容是统一的,形式本身便是内容生命的具体呈现,正如克罗齐所说:"思索历史当然就是把历史分期,因为思想是机体、是辩证、是剧,作为机体、辩证和剧,它就有它的时期、有它的开始、有它的中间、有它

---

① 《马克思恩格斯选集》第1卷,人民出版社2012年版,第173页。

第四章 实践时空观引发的科学观念变革

的结尾、有剧所含有的和要求的其他理想段落……基督教思想家把历史分为基督救赎前的历史和基督救赎后的历史,这种分期对基督教思想不是外加的,它就是基督教思想本身。"[1] 克罗齐认为历史是思想史,因此历史的分期对思想来说是内在的,是由思想的决定所决定的。既然历史时期的形式区分内在于历史生活的内容,基于人类现实生活的丰富和多样,因而时期、时代的划分也就呈现为一幅幅多彩而斑斓的画卷:有思想的、文化的时代,有政治的、宗教的时代,也有经济的、科学的时代……在各种时代中,人们偏好以重大政治历史事件来划时代、作分期,如新教运动、法国大革命、第二次世界大战、鸦片战争、五四运动等,并认为这是真历史。但马克思、恩格斯认为政治、宗教决定一个时代这只是一种幻想,因为政治、宗教都是受物质生活条件制约的次级的、派生的东西,毕竟"物质生活的生产方式制约着整个社会生活、政治生活和精神生活的过程"[2]。因此,从物质生活的生产方式出发,马克思作出了真正具有本源性意义的历史分期:"大体说来,亚细亚的、古希腊罗马的、封建的和现代资产阶级的生产方式可以看做是经济的社会形态演进的几个时代。"[3] 马克思经济的社会形态的区划,后来演变成了"五种社会形态理论",即社会发展由原始社会、奴隶社会、封建社会、资本主义社会、共产主义社会(其第一阶段是社会主义社会)依次演进。与此同时,马克思还提出了"三形态论",即"人的依赖关系(起初完全是自然发生的),是最初的社会形态,在这种形态下,人的生产能力只是在狭窄的范围内和孤立的地点上发展着。以物的依赖性为基础的人的独立性,是第二大形态,在这种形态下,才形成普遍的社会物质变换,全面的关系,多方面的需求以及全面的能

---

[1] [意]克罗齐:《历史学的理论和实际》,傅任敢译,商务印书馆1982年版,第86页。
[2] 《马克思恩格斯选集》第2卷,人民出版社2012年版,第2页。
[3] 《马克思恩格斯选集》第2卷,人民出版社2012年版,第3页。

实践时空观

力的体系。建立在个人全面发展和他们共同的社会生产能力成为他们的社会财富这一基础上的自由个性,是第三个阶段。第二个阶段为第三个阶段创造条件"①。这三种社会形态虽直接表现为人的存在方式的改变,但它本身是奠定在物质生活条件和生产能力的基础上的,因而这里三形态理论与马克思已明确地用"经济"来区分的五种社会形态理论,都异常清晰不过地表明唯物史观的历史分期是由生活实践内在规定的。不过,相比五种社会形态理论,三形态理论的这三个阶段对应于前资本主义社会、资本主义社会和共产主义社会,这其实是马克思所生活的时代的过去、现在和未来的时间节点。在这里,过去、现在、未来这三个阶段好像是截然区分、循序发展的,但如果全面考察唯物史观的具体内容,我们认为马克思、恩格斯恰恰在立足生活实践的基础上,实现了历史观上的时态变革,建构了一种过去、现在、未来立体统一的新历史科学。

(2) 新历史科学观是在时态上实现了过去、现在、未来立体统一的历史观。历史中过去、现在、未来这三个时态的相互缠绕,在历史哲学中一直是一个悬而未决的问题。有学者就指出:"在把握历史这一范畴的含义时,绝不可把之仅仅理解为人类活动的过去,如果这样做就会在逻辑上和事实上陷入混乱,就会使历史哲学存在的合理性受到威胁。例如,几乎所有的历史本体论哲学都在探讨人类的命运问题,而这个问题就不仅仅涉及人类的过去,也涉及人类的现在和未来。在日常语言中,当我们说,如果某个人将来成功了某事,它将改变历史时,这里的历史显然不是指过去了的事件,而是指一个未来的事件。有鉴于此,我们就认为在历史哲学中,历史主要指的是人类的过去,但又不仅仅指人类的过去,还指称人类的现在和未来。严格来讲,历史指的是从纵向角度讲的人类的活动及其

---

① 《马克思恩格斯全集》第46卷上,人民出版社1979年版,第104页。

第四章 实践时空观引发的科学观念变革

产物,历史本体论则指的是从纵向角度对人类活动及其产物的哲学考察。"① 这段话道出了历史中过去、现在、未来缠绕交织的实情,并指出了历史不仅主要包括过去,还联系而且必然联系现在和未来,这是值得肯定的。但是,这种联系究竟是思辨的历史哲学中过去、现在、未来向前机械延伸的那种线性时间逻辑的联系,还是批判的历史哲学的只有过去和现在,缺失了将来这关键一环的不完整的立体时间逻辑的联系,还是没有真正澄清。但既然在前面的章节中我们已揭示真实的时间即过去、现在、将来立体统一的时间是奠定在生活实践的基础上的,而新的历史科学观或者说唯物史观又是以生活实践来阐释和理解历史的。因而,合理的推论便是新历史科学观的历史,是三时态同步一体,建立在立体时间逻辑上的历史,马克思、恩格斯创立的唯物史观在这方面提供了最直接的见证。首先,历史的过去是由现在和将来规定的。马克思、恩格斯认为历史中真实存在的过去,不是思想自由驰骋的产物,在时间上无涯际的过去,而是受现在和今后人类生存的一般条件所规定的,是现实的过去、现实的前提:"我们首先应当确定一切人类生存的第一个前提,也就是一切历史的第一个前提,这个前提是:人们为了能够'创造历史',必须能够生活。但是为了生活,首先就需要吃喝住穿以及其他一些东西。因此第一个历史活动就是生产满足这些需要的资料,即生产物质生活本身,而且,这是人们从几千年前直到今天单是为了维持生活就必须每日每时从事的历史活动,是一切历史的基本条件。"② 马克思、恩格斯否定了那种脱离现实的思辨历史中的过去:"他们的历史思辨所以特别热衷于这个'史前历史',是因为他们认为在这里他们不会受到'粗暴事实'的干预,而且还可以让他们的

---

① 赵家祥等:《历史哲学》,中共中央党校出版社 2003 年版,第 2—3 页。
② 《马克思恩格斯选集》第 1 卷,人民出版社 2012 年版,第 158 页。

实践时空观 >>>

思辨欲望得到充分的自由，创立和推翻成千上万的假说。"① 马克思、恩格斯不仅认为历史的过去应从经验实证的可靠基地出发，更指出了过去的意义，虽然是以思辨的方式诠释的意义也是以现在和将来的预存为前提的："前期历史的'使命'、'目的'、'萌芽'、'观念'等词所表示的东西，终究不过是从后期历史中得出的抽象，不过是从前期历史对后期历史发生的积极影响中得出的抽象。"② 马克思、恩格斯还提出保存过去一切有价值的东西，如发明和已创造出来的生产力，需要取决于日后交往的扩展。否则纯粹偶然的事件，如蛮族的入侵，甚至是通常的战争，都会导致一切从头开始。正如马克思、恩格斯指出的"在历史发展的最初阶段，每天都在重新发明，而且每个地域都是独立进行的"。③ "只有当交往成为世界交往并且以大工业为基础的时候，只有当一切民族都转入竞争斗争的时候，保持已创造出来的生产力才有了保障。"④ 总之，认为历史的过去是由现在和将来规定的。马克思有一句非常精彩的概括："对人类生活形式的思索，从而对这些形式的科学分析，总是采取同实际发展相反的道路。这种思索是从事后开始的，就是说，是从发展过程的完成的结果开始的。"⑤

其次，历史的现在是由过去和将来规定的。马克思、恩格斯认为现在是受过去和将来双重作用的产物，是一种相对的、动态的状况。因此，一是对过去的继承，受过去的影响："人们自己创造自己的历史，但是他们并不是随心所欲地创造，并不是在他们自己选定的条件下创造，而是在直接碰到的、既定的、从过去承继下来的条

---

① 《马克思恩格斯选集》第 1 卷，人民出版社 2012 年版，第 159 页。
② 《马克思恩格斯选集》第 1 卷，人民出版社 2012 年版，第 168 页。
③ 《马克思恩格斯选集》第 1 卷，人民出版社 2012 年版，第 188 页。
④ 《马克思恩格斯选集》第 1 卷，人民出版社 2012 年版，第 188 页。
⑤ 马克思：《资本论》第一卷，人民出版社 2004 年版，第 93 页。

件下创造。"① 这种过去对现在的影响呈现为一种连续不断的世代交替:"每一代都利用以前各代遗留下来的材料、资金和生产力;由于这个缘故,每一代一方面在完全改变了的环境下继续从事所继承的活动,另一方面又通过完全改变了的活动来变更旧的环境。"② 二是受将来的影响和规定,正如马克思所指出的:"19世纪的社会革命不能从过去,而只能从未来汲取自己的诗情。它在破除一切对过去的迷信以前,是不能开始实现自己的任务的。"③ 正是从"未来汲取自己的诗情",从未来去观照现实,所以对待现实,马克思、恩格斯强调,"全部问题都在于使现存世界革命化,实际地反对并改变现存的事物",④ 并批判费尔巴哈道:"和其他的理论家一样,他只是希望确立对现存的事实的正确理解,然而一个真正的共产主义者的任务却在于推翻这种现存的东西。"⑤ 可见推翻一切陈腐的东西,改变自身不幸的命运,在实践中,即通过革命使自己的存在与人的理想性本质相一致,这正是千百万无产者或共产主义者对现实的理解和诉求。总之,马克思、恩格斯认为现在是由过去的状况和未来的趋向决定的,它不是僵化的、凝固的现实,而是变化着的、革命的存在。

最后,历史的将来是由过去和现在规定的。马克思、恩格斯从来不会抽象地谈论将来,而是认为将来是由过去和现在的物质生活条件及各种关系规定的,因为"历史的每一阶段都遇到一定的物质结果,一定的生产力总和,人对自然以及个人之间历史地形成的关系,都遇到前一代传给后一代的大量生产力、资金和环境,尽管一

---

① 《马克思恩格斯选集》第1卷,人民出版社2012年版,第669页。
② 《马克思恩格斯选集》第1卷,人民出版社2012年版,第168页。
③ 《马克思恩格斯选集》第1卷,人民出版社2012年版,第671页。
④ 《马克思恩格斯选集》第1卷,人民出版社2012年版,第155页。
⑤ 《马克思恩格斯选集》第1卷,人民出版社2012年版,第177页。

方面这些生产力、资金和环境为新的一代所改变，但另一方面，它们也预先规定新的一代本身的生活条件，使它得到一定的发展和具有特殊的性质"。① 从这个意义来说，共产主义是受历史条件制约的，不是抽象的理想，正如马克思、恩格斯所说："共产主义对我们来说不是应当确立的状况，不是现实应当与之相适应的理想。我们所称为共产主义的是那种消灭现存状况的现实的运动。这个运动的条件是由现有的前提产生的。"② 这里"现有的前提"，恩格斯在抨击海因岑时，进一步把它明确为："把迄今为止的全部历史，特别是这一历史目前在文明各国造成的实际结果作为前提。"③ 这个前提实际上便是过去和现在既定的物质生活条件、社会状况。除了阐明共产主义具有经济的性质，受历史条件的制约，马克思、恩格斯还犀利地指出："当人们还不能使自己的吃喝住穿在质和量方面得到充分保证的时候，人们就根本不能获得解放。'解放'是一种历史活动，不是思想活动，'解放'是由历史的关系，是由工业状况、商业状况、农业状况、交往状况促成的"④。由此，无论是涉及共产主义还是人类的未来解放，马克思、恩格斯都是从既定前提出发的，因而在唯物史观的视野里，历史的将来确实是由过去和现在规定的。

　　明了历史的过去由现在和将来规定，历史的现在由过去和将来规定，历史的将来由现在和过去规定，这样我们就在唯物史观中见证了新历史科学观的诞生，即新历史科学观是在生活实践的基础上，以过去、现在、未来立体统一的方式，实现了历史的时态变革的历史观。不过在这里，我们想强调的是在过去、现在、将来这三个时态中，"现在"在唯物史观（新历史科学观）中具有优先性，是基

---

① 《马克思恩格斯选集》第 1 卷，人民出版社 2012 年版，第 172 页。
② 《马克思恩格斯选集》第 1 卷，人民出版社 2012 年版，第 166 页。
③ 《马克思恩格斯选集》第 1 卷，人民出版社 2012 年版，第 291 页。
④ 《马克思恩格斯选集》第 1 卷，人民出版社 2012 年版，第 154 页。

础和中心，而过去和将来则是作为背景而存在的，这主要在于唯物史观是从现实的物质的生产生活出发的，因此，马克思、恩格斯总是从他们置身的当时最发达的资本主义社会来回溯过去："资产阶级社会是历史上最发达的和最复杂的生产组织。因此，那些表现它的各种关系的范畴以及对于它的结构的理解，同时也能使我们透视一切已经覆灭的社会形式的结构和生产关系。"[①] 并瞻望未来："人类始终只提出自己能够解决的任务，因为只要仔细考察就可以发现，任务本身，只有在解决它的物质条件已经存在或者至少是在生成过程中的时候，才会产生。"[②] 正是把过去和将来置于现实实践的"普照光"下，因此，唯物史观可以称为以现在为中心的历史观，或者说以时代为中心的历史观，而习近平同志提出的"坚持问题导向，坚持以我们正在做的事情为中心，聆听时代声音"[③] 的要求，其实与以时代为中心的唯物史观在精神意蕴上是完全相通的。我们认为正是基于以时代为中心，从现实实践的视角去解读人类历史，马克思、恩格斯在过去、现在、未来立体统一的基础上，建构了一种不具有抽象的必然性，但却具有生活实践的必然性的崭新的历史科学观。

（3）新历史科学观是具有生活实践必然性的历史观。新历史科学观或者说唯物史观在生活实践的基础上实现了过去、现在、未来的立体统一，这样相比批判的历史哲学，在时态上它不仅是由现在去激活过去，而且还弥补了缺失将来这一环。由于三时态完整，在研究历史时，唯物史观不仅能确保批判的历史哲学注重具体性、个别性的学科禀赋，而且还凸显了历史本应具有的鉴往知来、为后人提供经验教训的更一般的意义。事实上，真正的历

---

① 《马克思恩格斯全集》第46卷上，人民出版社1979年版，第43页。
② 《马克思恩格斯选集》第2卷，人民出版社2012年版，第3页。
③ 《习近平谈治国理政》第二卷，外文出版社2017年版，第34页。

实践时空观 >>>

史学家不仅是以实现历史的个别性、生动性、具体性为满足的，他们都有为未来作史，使历史具有更大概括性和普适性并上升为历史科学的意图，正如卡尔所说，"历史学家并不真正对独特性感兴趣，他们真正感兴趣的是独特性中概括出来的一般性"①，"历史学家与历史事实搜集者之间的区别就在于概括"②，在这个意义上，唯物史观用三时态统一去研究历史，可视为实现了批判的历史哲学和历史学未曾实现的关注未来的目的，使历史具有了普遍性和科学性。同样，相比思辨的历史哲学，新历史科学观三时态完整，不仅确保了历史的普遍性和形式上的科学性，而且还弥补了思辨的历史哲学不注重历史的生动性和具体性的缺陷，毕竟建立在过去、现在、未来无质的区别的线性时间逻辑上的思辨的历史观，感兴趣的是给历史套上适用于一切时代的抽象公式，它不可能对历史生活中那些具体、个别的受物质生活条件制约的东西产生真正的兴趣的。由于新历史科学观或者说唯物史观既有科学性又有历史性，理应成为批判的历史哲学和思辨的历史哲学的一个新的综合，一种新形态的历史科学，但沃尔什还是把唯物史观归入思辨的历史哲学一派中了。尽管他不得不承认唯物史观的历史性："不像他的前人（指其他的思辨历史哲学家——笔者注）。马克思所弄出的一些东西（据它的作者声明）是可以在实际的历史学著作中拿来应用的；而且这类声明显然并不全都是虚假的，因此，一般历史学家对待马克思主义理论的态度——不管对它那最终的可行性采取什么看法——就与他们对于我们上面所讨论过的那些作家（思辨的历史哲学家——笔者注）的相应态度大为不同；其原因就在于马

---

① ［英］卡尔：《历史是什么？》，陈恒译，商务印书馆2007年版，第158页。
② 参见［英］卡尔《历史是什么？》，陈恒译，商务印书馆2007年版，第160页。

第四章　实践时空观引发的科学观念变革

克思的理论具有这一经验的方面,而其他作家们的却没有。"① 之所以如此,在沃尔什看来,马克思与其他的思辨的历史哲学家相比,其理论具有经验的历史的一面,但是在认为历史中存在适用于过去、现在、未来的一般规律上,二者并无不同,因而唯物史观本质上等同于思辨的历史哲学。我们认为沃尔什的看法,甚至包括当今一些唯物史观研究者的主张,都混淆了唯物史观,尤其是其中的历史规律学说与一般思辨的历史哲学的历史规律学说的质的区别。这种质的区别,不仅在时态上表现为思辨的历史哲学奠定在线性时间逻辑上,而唯物史观奠定在立体时间逻辑上,更重要在于思辨的历史哲学的历史规律的必然性是一种适用于所有时代的抽象必然性,而唯物史观的历史规律的必然性则是由生活实践决定的、受一定物质条件制约的有限的必然性。我们认为正是这种生活实践的必然性使唯物史观不仅在时态的形式意义上,而且也在内容实质上,最终成为真正的历史科学。

具体而言,目前唯物史观在历史规律方面存在着两种观点:一种观点认为存在人类历史的发展规律,如认为马克思自己就有人类历史发展道路的理论,其中包括原始社会、奴隶社会、封建社会、资本主义社会、共产主义社会五种社会形态由低级到高级依次更替的理论;"人的依赖性"的社会、"以物的依赖为基础的人的独立性"的社会以及"自由个性"的社会这三大社会形态依次更替的理论;石器时代、铁器时代、蒸汽时代、电器时代以及渔猎社会、农业社会、工业社会依次更替的理论;等等。这种观点还强调在世界历史范围内,五种社会形态依次更替,是历史发展的一般规律。② 另

---

① [英]沃尔什:《历史哲学导论》,何兆武等译,广西师范大学出版社2001年版,第169—170页。
② 赵家祥等:《历史哲学》,中共中央党校出版社2003年版,第11页。

一种观点则认为不存在人类历史发展的一般规律，因为马克思、恩格斯在《德意志意识形态》中明确提出自己的历史观"充其量不过是从对人类历史发展的考察中抽象出来的最一般的结果的概括。这些抽象本身离开了现实的历史就没有任何价值。它们只能对整理历史资料提供某些方便，指出历史资料的各个层次的顺序，但是这些抽象与哲学不同，它们绝不提供可以适用于各个历史时代的药方或公式"。① 既然马克思、恩格斯已否定适用于各个时代的类似"药方"或"公式"的历史发展规律，并且马克思后来在给《祖国纪事》杂志编辑部的信中又非常明确地批驳米海洛夫斯基，"他一定要把我关于西欧资本主义起源的历史概述彻底变成一般发展道路的历史哲学理论，一切民族，不管它们所处的历史环境如何，都注定要走这条道路，——以便最后都达到在保证社会劳动生产力极高度发展的同时又保证每个生产者个人最全面的发展的这样一种经济形态。但是我要请他原谅。（他这样做，会给我过多的荣誉，同时也会给我过多的侮辱。）"② 马克思还在信中直接提出，没有一把适用于所有历史的作为"万能钥匙"那样的一般历史哲学理论。据此这种观点认为马克思、恩格斯的唯物史观是不存在一般的历史发展规律的。但值得注意的是，第一种观点也考虑到了第二种观点的反驳，认为马克思、恩格斯并没有否定"从对人类历史发展的考察中抽象出来的最一般的结果的概括"，没有否认这些概括"能对整理历史资料提供某些方便"。马克思、恩格斯反对的只是使这些"概括"离开"现实的历史"，把它们当作"适用于各个历史时代的药方或公式"，而不是否认这些"概括"本身，即不是否认一般历史哲学理论的存在。③ 我们认为第一种观点和第二种观点都存在问题，第一种观点认

---

① 《马克思恩格斯选集》第 1 卷，人民出版社 2012 年版，第 153 页。
② 《马克思恩格斯选集》第 3 卷，人民出版社 2012 年版，第 730 页。
③ 赵家祥等：《历史哲学》，中共中央党校出版社 2003 年版，第 15 页。

为唯物史观存在历史发展规律没有错，错误在于他们把这种规律解读为思辨的历史哲学的规律，即认为脱离具体的一般历史哲学理论是存在的，而这刚好是马克思反对的，因为马克思认为脱离历史环境去分析具体的历史现象，"使用一般历史哲学理论这一把万能钥匙，那是永远达不到这种目的的，这种历史哲学理论的最大长处就在于它是超历史的"。① 至于认为作为科学抽象的"概括"的存在，表明一般历史哲学理论存在也不成立，因为马克思并不认为科学抽象就能直接解释社会历史发展规律，科学抽象只是第一步，各种科学抽象构成综合统一体才能实现对历史这一庞大有机体的从抽象到具体的观念再现，因而科学抽象只是构成历史规律的要素，而非自己就等同于历史规律。第二种观点认为唯物史观中不存在历史发展的一般规律肯定是错误的，恩格斯就明确表态："正像达尔文发现有机界的发展规律一样，马克思发现了人类历史的发展规律"②。但是，这种观点否定历史中存在一般的历史哲学理论，即思辨的历史哲学家们作为"公式"和"药方"来抽象地阐释历史的那种历史规律理论却是正确的，因为正如马克思所说的，自己关于西欧资本主义起源的历史概述不是"一般发展道路的历史哲学理论"，马克思还在1881年给维·伊·查苏利奇的信中强调：我在《资本论》中关于资本主义起源的"'历史必然性'明确地限于西欧各国"。③

所以，我们认为唯物史观的历史发展规律是存在的，但是它是一种受具体物质条件制约的、具有有限必然性和生成演化性的历史规律。

首先，唯物史观的历史规律是受物质生活条件制约的规律。由于唯物史观认为历史过程中的决定性因素归根到底是现实生活的生

---

① 《马克思恩格斯选集》第3卷，人民出版社2012年版，第730—731页。
② 《马克思恩格斯选集》第3卷，人民出版社2012年版，第1002页。
③ 《马克思恩格斯全集》第19卷，人民出版社1963年版，第268页。

实践时空观 >>>

产和再生产，因而只有深入物质生活的内部才能揭示出历史本身的内在规律。它表现为一切因素间的相互作用，而在这种相互作用中归根到底是经济运动作为必然的东西通过无穷无尽的偶然事件向前发展。正因为唯物史观的历史规律受条件制约，所以恩格斯强调："我们的历史观首先是进行研究工作的指南，并不是按照黑格尔学派的方式构造体系的杠杆。必须重新研究全部历史，必须详细研究各种社会形态的存在条件，然后设法从这些条件中找出相应的政治、私法、美学、哲学、宗教等等的观点。"①

其次，唯物史观的历史规律是在一定生活实践范围内的有限规律。马克思否认历史尤其是经济生活中存在应用于过去、现在、未来一成不变的一般规律。"在他看来，这样的抽象规律是不存在的……根据他的意见，恰恰相反，每个历史时期都有它自己的规律……一旦生活经过了一定的发展时期，由一定阶段进入另一阶段时，它就开始受另外的规律支配……例如，马克思否认人口规律在任何时候在任何地方都是一样的。相反地，他断言每个发展阶段有它自己的人口规律……生产力的发展水平不同，生产关系和支配生产关系的规律也就不同。"②

最后，唯物史观的历史规律是按一定秩序生成演化的规律。马克思不仅揭示了在一定历史时期、在一定生活实践范围内支配社会现象的规律，而且"在他看来，除此而外，最重要的是这些现象变化的规律，这些现象发展的规律，即它们由一种形式过渡到另一种形式，由一种联系秩序过渡到另一种联系秩序的规律……所以马克思竭力去做的只是一件事：通过准确的科学研究来证明社会关系的一定秩序的必然性，同时尽可能完善地指出那些作为他的出发点和

---

① 《马克思恩格斯选集》第 4 卷，人民出版社 2012 年版，第 599 页。
② 《马克思恩格斯选集》第 2 卷，人民出版社 2012 年版，第 92—93 页。

根据的事实"①。的确，马克思、恩格斯非常关注人类历史的动态演化，他们不仅在宏观上揭示了人类社会发展的基本规律是生产力与生产关系、经济基础与上层建筑的矛盾运动，而且在微观上指出，"极为相似的事变发生在不同的历史环境中就引起了完全不同的结果"②。这就意味着研究社会历史现象的规律跟单纯研究自然界的运动、变化的物理、化学规律是不一样的，后者虽与运动、变化相关，实际上是静态的系统，例如天体的运行，"相似的事变"总是引起相同的结果，是可重复的，而历史规律则是"相似的事变"引起了完全不同的结果，是不可重复的，因为社会宛如生物有机体，是一个动态的系统，其规律总是处于不断的生成演化之中，并因历史环境不同而有不同的表现形式。

总之，唯物史观的历史规律是一种有条件的、有限的、生成性的历史规律，因而我们应改变把对唯物史观的历史规律视为无条件的、绝对化的那种认识方式，这尤其体现在怎样认识马克思的历史决定论，它是一种有条件的历史决定论，还是无条件的历史决定论？在这里，按我们前面的分析，是倾向于有条件的历史决定论的。因为无论是五种社会形态依次更替理论，还是资产阶级必然灭亡和无产阶级必然胜利的"两个必然"，抑或是共产主义社会的最终实现等，都是受现实条件制约的，而非抽象的、教条式的必然性。例如，对于五种社会形态的依次更替理论，马克思、恩格斯更强调并非固定的公式，而是始终受具体的物质条件和生产关系制约的。就个别国家和民族而言，由于具体历史条件和社会环境的影响，完全有可能跨越其中某一个或者某几个社会形态，甚至到目前为止，也没有一个国家和民族完全遵照这五种社会形

---

① 《马克思恩格斯选集》第 2 卷，人民出版社 2012 年版，第 92 页。
② 《马克思恩格斯选集》第 3 卷，人民出版社 2012 年版，第 730 页。

态依次演进，但即使如此我们仍然认可其作为历史发展的一般规律，就在于它高度概括了今天以及可以预见到的未来一段时间内人类出现的最基本的几种生产方式，而且这几种生产方式，尤其生产关系之间确实存在着历史的继承关系和进一步发展的必然趋势，正是这些不以人的意志为转移的现实的物质条件，决定了在世界范围内五种社会形态理论为何能作为历史发展的一般规律而存在。同样，资产阶级的必然灭亡和无产阶级的必然胜利这"两个必然"也是有条件的，马克思明确提出"两个决不会"进行限定："无论哪一个社会形态，在它所能容纳的全部生产力发挥出来以前，是决不会灭亡的；而新的更高的生产关系，在它的物质存在条件在旧社会的胎胞里成熟以前，是决不会出现的。"① 至于共产主义的最终实现也并非是绝对的、无条件的，共产主义是从对资本主义的批判中产生出来的，它本身具有经济的性质，所以马克思、恩格斯一直强调共产主义是消灭现存状况的现实的运动，是关于无产阶级解放的条件的学说，因此，共产主义的实现是受现实条件制约的，马克思明确指出："新思潮的优点又恰恰在于我们不想教条地预期未来，而只是想通过批判旧世界发现新世界。"②

但唯物史观这种有条件的决定论，还能保证历史决定论成立吗？或者换一个说法，唯物史观这种有条件的、有限的、生成演化的历史规律，究竟还是不是属于科学规律的范畴，能否真正揭示社会运动的客观必然性呢？在这里我们将直面西方思想界对历史决定论的诘难，波普尔在《历史决定论的贫困》中就唯物史观的历史规律存在的科学性问题，提出了三个相关质疑：一是受条件限制的历史规律是科学规律吗？二是生成演化的历史规律，具有科学规律的性质

---

① 《马克思恩格斯选集》第2卷，人民出版社2012年版，第3页。
② 《马克思恩格斯全集》第47卷，人民出版社2004年版，第64页。

第四章 实践时空观引发的科学观念变革

吗？三是承认历史发展具有必然趋势，符合科学规律吗？

关于第一个质疑，波普尔认为受条件限制的历史规律不是科学规律。因为科学规律都寻求普遍有效的解释，如果指出一切依时间、地点、条件而转移，那么无论是寻求自然规律还是历史规律，都变得无意义，因为"科学方法的一个重要设定（postulate）就是应该寻求其有效性不受限制的那些规律"。① 波普尔以自然科学为例，他说："尽管我们不能保证它们普遍有效，但我们也不必在我们的自然规律的公式上加上某个条件，说他们的被断定只是适于它们被观察到能够成立的那个时期，或者只限于'宇宙的目前阶段'。如果我们真的加上这样的条件的话，那么，这并不是值得称赞的科学审慎的标志，而是我们不理解科学程序的标志。"② 波普尔的质疑貌似有理，实质上没有看出自然科学和历史科学研究对象的背景区别，前者处于一个相对隔离的静态系统，因而，我们研究物理、化学等自然科学时，可以用实验的方式把研究对象从复杂系统中隔离出来，其背景的存在可有可无，所以在寻求普遍有效的自然规律时没有必要优先考虑给自然规律添上某种限定条件。后者却是一个相互联系的有机系统，这个系统表现为各个要素的有机统一，因而历史科学中的任一要素、对象都与其他要素、对象发生相互作用，其规律当然首先要考虑到这个复杂系统的存在。因而在唯物史观中，没有一般抽象的规律，只有受条件限制的特殊规律。所以正如前面指出的自然科学研究人口，人口规律在任何地方、任何时候都是一样的，而马克思的唯物史观研究人口，则认为每一个发展阶段有它自己的人口规律。这种限定了条件和范围的唯物史观的历史规律，我们认

---

① ［英］波普尔：《历史决定论的贫困》，杜汝楫等译，上海人民出版社2015年版，第141页。
② ［英］波普尔：《历史决定论的贫困》，杜汝楫等译，上海人民出版社2015年版，第141页。

实践时空观 >>>

为仍然属于科学规律的范畴,因为自然科学规律本身也是受条件限制的,尽管这个条件限制是后来追加的,不像历史决定论是一开始就作了规定。例如,牛顿万有引力体系中的速度相加原理后来就被限定在小于光速运动的范围内,但我们丝毫不怀疑增加了条件限制的牛顿速度相加原理是科学规律。难道因为唯物史观预先规定自己的规律是受条件限制的,因而便失去规律本身所固有的科学性了吗?而自然科学规律是事后才限制条件和规定其适用范围的,其规律便具有科学规律的性质吗?显然,波普尔这种忽视研究对象背景及内容实质的观点根本不成立。至于受条件限制的规律本身有没有科学性,因为前面我们已证实一切自然科学观实质上都是实践科学观,科学规律都是受条件限制的规律,所以唯物史观作为一种承认自己的规律是受条件限制的规律,本身并没有违背科学规律的形式要求。

关于第二个质疑,波普尔提出唯物史观或者历史决定论这种生成演化的规律不是科学规律。因为科学规律应该是不变的、有确定性的,他说:"如果我们承认规律本身也是变化的,那么规律就不可能解释变化,这就得认为变化纯属奇迹。这将是科学进步的终结,因为,如果意料不到的观察被提出来,也没有必要修正理论——规律发生了变化这个特设性假说就可'解释'一切了。"① 波普尔的这个质疑也站不住脚,我们认为波普尔并没有真正理解唯物史观生成演化的规律的真实含义。其实,唯物史观的规律跟生物学规律相仿,正如考夫曼所指出的:"经济生活呈现出的现象和生物学的其他领域的发展史颇相类似……旧经济学家不懂得经济规律的性质,他们把经济规律同物理学定律和化学定律相比拟……对现象所作的更深刻的分析证明,各种社会有机体像动植物有机体一样,彼此根本不

---

① [英]波普尔:《历史决定论的贫困》,杜汝楫等译,上海人民出版社2015年版,第141—142页。

同……由于这些有机体的整个结构不同,它们的各个器官有差别,以及器官借以发生作用的条件不一样等等,同一个现象就受完全不同的规律支配。"① 正是基于研究生物有机体的生物学规律具有科学性,因而研究社会有机体的具有生成演化特性的历史规律同样具有科学性。确实,唯物史观的规律是有机体规律,不变的确定的东西是这个有机体的基本结构,这个基本结构大致由经济、政治、观念三个结构层面组成,而这三个层面又内在地包括了生产力与生产关系、经济基础与上层建筑的相互作用以及各个要素之间互相制约的因素。所以,唯物史观的历史规律是动态演化的,因为这个有机体的各个要素总是相互制约、相互影响的,因而有机体本身会发生改变。但是,其规律的演化又是有秩序的、服从一定法则的,因为这个有机体的基本框架是确定的,生产力和生产关系、经济基础和上层建筑的矛盾运动,在任何一个社会都是支撑这个社会结构最基础的东西,这是不变的。波普尔由于受传统的物理、化学这类科学规律所限,因而把规律的变化视为奇迹,殊不知这里蕴含着怎样认识生物有机体规律、社会有机体规律,是用一成不变的形而上学的思维方式去认识,还是用发展变化的辩证法的思维方式、更符合现代科学的思维方式去认识。让我们重温恩格斯的这段话:"任何一个有机体,在每一瞬间都既是它本身,又不是它本身;在每一瞬间,它消化着外界供给的物质,并排泄出其他物质;在每一瞬间,它的机体中都有细胞在死亡,也有新的细胞在形成;经过或长或短的一段时间,这个有机体的物质便完全更新了,由其他物质的原子代替了,所以,每个有机体永远是它本身,同时又是别的东西。……所有这些过程和思维方法都是形而上学思维的框子所容纳不下的。相反,对辩证法来说,上述过程正好证明它的方法是正确的……自然界是

---

① 《马克思恩格斯选集》第2卷,人民出版社2012年版,第93页。

检验辩证法的试金石,而且我们必须说,现代自然科学为这种检验提供了极其丰富的、与日俱增的材料,并从而证明了,自然界的一切归根到底是辩证地而不是形而上学地发生的"①。生物有机体与社会有机体的同构性,唯物史观这种动态演化的历史规律是否符合现代科学规律,答案已不言而喻。

关于第三个质疑,波普尔认为承认历史发展具有必然趋势不符合科学规律。波普尔一个众所周知的观点是:首先,人类历史的进程受人类知识增长的强烈影响;其次,我们不能用科学方法来预测科学知识的增长;最后,我们不能预测人类历史的未来进程,历史发展不可能具有必然趋势。波普尔还提出人类历史是一个独一无二的过程,"对一个独一无二过程的观察不可能帮助我们预见它的未来发展。对一个正在成长的蝎子进行最仔细的观察也不能使我们预见它变成蝴蝶"。② 波普尔又指出如果历史具有必然趋势成立,那么人的命运就会宿命化,但事实上人的因素是根本上不确定的和难以捉摸的要素。我们认为波普尔这三个观点都存在问题,他最大的问题出在他把唯物史观(历史决定论)在一定生活实践范围内的有条件的必然性,泛化为一种绝对的必然性。确实让我们无条件地预测在若干个世纪内未来科学知识会如何增长,会产生什么样的新学科、新知识、新技能,以及预测在一个长时段中生物有机体如何成长、演化,最后如何形成新品类、新种群、新纲目,毫无疑问这是魔法不是科学。但是,历史决定论不是作这样的预测,它的科学性和必然性恰恰在于它的现实必然性,即在一定生活实践范围内的有限必然性,马克思如果没有深入研究资本主义社会,特别是研究资本主义的经济运动,揭示资本主义生产方式的特点,就不可能论证资本

---

① 《马克思恩格斯选集》第 3 卷,人民出版社 2012 年版,第 792—793 页。
② [英]波普:《历史决定论的贫困》,杜汝楫等译,上海人民出版社 2015 年版,第 147 页。

主义发展具有自我否定的趋势；如果没有揭示资本主义生产社会化与生产资料私人占有的基本矛盾，也不可能论证资本主义的历史暂时性；如果不揭示资本主义剥削的秘密，证明资本主义的非正义性，工人阶级如何肩负起推翻旧世界建设新世界的历史使命。所以，共产主义的必然趋势是植根于经济生活的现实的，不是一种凭空设想的乌托邦。其实，如果我们把波普尔这种在自然科学中都已不存在的绝对的必然性进行修正，变成有条件的、有限的必然性，不仅确保了历史发展的必然趋势坚如磐石，甚至包括科学知识的增长在一定时段、范围内也仍然是可以进行科学预测的。像计算机技术、人工智能技术、量子技术等高新技术会主导未来几十年世界科技革命潮流，我们是可肯定的，更别提电子技术中那个著名的摩尔定律：当价格不变时，集成电路上可容纳的元器件的数目，约每隔18—24个月便会增长一倍，性能也将提升一倍。摩尔定律从1965年提出至今，半个多世纪了仍然没有失效，所以一定时期内科学增长的必然性是可以预见的。而且现在随着大数据时代的来临，过去视为完全不可预测的大范围的突发事件、经济行为也处处呈现出某种客观必然性。例如，2009年在美国甲型H1N1流感爆发的几周前，谷歌公司的工程师们就在《自然》杂志上发文，不仅预测到流感在全美范围的传播，而且还预测到特定的地区和州。谷歌通过观察人们在网上的搜索记录来完成这个预测，而这种方法以前一直是被忽略的。大数据技术的发展无疑对唯物史观起到了整体助力的作用，因为它增强了唯物史观对人类整体历史进程的把握和预测。波普尔反对唯物史观的一个重要观点是唯物史观对社会进程的整体性预测和规划。他认为小范围的预测和规划是可行的，有利于社会的渐进改良，而大范围的预测、规划是不可行的，没有这样的能力，但是大数据却使人类有了把握社会整体的能力，"以一种前所未有的方式，通过对

实践时空观 >>>

海量数据进行分析，获得有巨大价值的产品和服务，或深刻的洞见"。① 基于这样的技术理念和数据储备，世界将会拥有一种更好的预测工具。但唯物史观在大数据时代的增强以及历史趋势的不可移易，是否会像波普尔所担心的那样使人没有了自由和选择，人生沦为宿命式的悲剧呢？我们认为波普尔误读了历史决定论，历史决定论或者说唯物史观并不否定个人意志，相反，"历史是这样创造的：最终的结果总是从许多单个的意志的相互冲突中产生出来的，而其中每一个意志，又是由于许多特殊的生活条件，才成为它所成为的那样。这样就有无数互相交错的力量，有无数个力的平行四边形，由此就产生出一个合力，即历史结果"。② 可见历史的客观必然性，正是自由意志较量的结果，恩格斯还指出，到目前为止历史总是像一种自然过程一样地进行，其中的每一个人"虽然都达不到自己的愿望，而是融合为一个总的平均数，一个总的合力，然而从这一事实中决不应作出结论说，这些意志等于零。相反，每个意志都对合力有所贡献，因而是包括在这个合力里面的"。③ 总之，历史的必然趋势是存在的，但是它不是波普尔那种绝对的、无条件的必然趋势，那样的必然趋势是不存在的。相反，它是一种有限的、有条件的必然趋势，是一种在生活实践的范围内由过去和现在规定的可以把握的有限未来，这样的必然趋势，是个体自由意志合力的结果，个体的自由意志和选择不是无作为的，它总是内在于这个客观的历史必然趋势的持续不断的生成之中。

通过对波普尔三个质疑的回应，唯物史观作为历史决定论的科学性得以确立，而唯物史观的历史规律作为一种有条件的、有限的、

---

① [英] 维克托·迈尔-舍恩伯格、肯尼思·库克耶：《大数据时代》，盛杨燕等译，浙江人民出版社 2013 年版，第 4 页。
② 《马克思恩格斯选集》第 4 卷，人民出版社 2012 年版，第 605 页。
③ 《马克思恩格斯选集》第 4 卷，人民出版社 2012 年版，第 605—606 页。

生成演化的历史规律也全部成立。至此，唯物史观或者说具有生活实践的必然性的新历史科学观便真正奠定了。最后，回顾新历史科学观建立的整个过程，我们是从立体时间逻辑的维度上洞见到了批判的历史哲学和思辨的历史哲学的历史观在时间逻辑上的缺陷，这一缺陷导致两种历史哲学的历史观的片面性，为克服这一片面性，我们发现唯物史观其实建立了一种以生活实践为基础，时间的过去、现在、未来立体统一，具有生活实践的必然性的新历史科学，所以新历史科学观在本质上便是唯物史观，它的奠定实现了思辨的历史哲学与批判的历史哲学一个新的综合，从此既有"历史性"又有"科学性"的新历史科学因唯物史观而真正奠定。

结　　语

　　我们关于时空的探索在此便告一段落。回顾全书，我们的所有工作可归结为：一是对人类历史上出现的时空观念进行了逻辑有序的梳理；二是在揭示时空生活实践的基础上，建构了一个新的时空观；三是以实践时空观为基础，建构了新的自然科学观——实践科学观，重新诠释了新的历史科学观——唯物史观。因此实践时空观的建立，既承接了时空的历史，又符合马克思实践哲学的基本精神，同时它又能统摄现实生活中不同的时空形式，厘清时空的源与流，因而称得上是最具容涵性和彻底的解释力的真正哲学意义上的时空观。

　　在建构这一新时空观的过程中，本书的主要创新之处在于：其一，把人类历史上出现的时空观念梳理为具有内在逻辑演进的三个系列，实现了时空解释上的历史和逻辑的统一。其二，在揭示时空的生活实践基础时，挖掘了现象学、存在主义、发生学等现代哲学中所蕴含的最精粹的时空思想，并作出了深入浅出的阐述，使这些举世公认的极为深奥晦涩的思想成为实践时空观的有机组成。其三，在建构实践时空观时，对时空的内涵作出了新的界定，在阐明时空的属人性、立体性和演化性时，提供了一种超越传统视界的时空新思维。其四，在探讨实践时空观引发的科学观念变革时，我们建立了新的自然科学观——实践科学观，重新诠释了超越批判的历史哲学和思辨的历史哲学的新的历史科学观——唯物史观。显然，我们列举的仅仅是主要的创新之处，因为从一个全新的视角来揭示时空，理应处处有创新，但本书只是初步实现了这一目标。

可以预见，实践时空观的建立会改变我们对世界的传统看法，亦可加深我们对自身存在的理解，更为重要的是，会引发哲学观念的巨大变革，因为哲学中的本体论、认识论、辩证法都与时空密切相关，所以在这个意义上，实践时空观的建立还仅仅是一个开始、一个基础，相信新的艰巨的课题仍在等待着我们去做出更具开拓性的诠释。最后我想说的是，对时空的研究，使我拥有了一次与人类历史上至为伟大而渊深的思想对话的机会，在对话中我经历了心灵的痛苦和人生的劫波，但现在，我亦可私自安慰：在浩如烟海的时空典籍中，我献上的这一部并非多余之作。

附　录

立体时间逻辑的建立与哲学的视界转换[*]

传统的时间理论把时间视为由过去向现在，再向未来依次流逝的，时间中的每一部分、每一瞬间是有先后次序的，此时不同于彼时，此一瞬间不同于彼一瞬间，时间在这一行进中呈现出的是一种线性的时间逻辑。但这种线性的时间逻辑存在着两个问题：其一，时间的隔离性，即时间与时间之间互不渗透，过去、现在、未来互不相关；其二，时间的抽象性，即时间与人的生存体验无关，时间成了外在的由类似数学极限的点连成的一条长线。这种分割、抽象、孤离的时间是不符合生活的实情的，真实的、生活的时间其实是相互渗透、相互蕴含的，它呈现为一种生活化的、境域化的、立体化的新结构。为便于与旧的线性时间逻辑相区别，我们在这里把这种新的时间结构称为立体的时间逻辑。本文旨在揭示这一新的时间逻辑的具体生成过程，期冀以立体时间逻辑的建构为支点，实现对传统哲学理论思维上的视界转换。

一

我们认为传统的线性时间逻辑之所以不符合生活的真实，被立

---

[*] 原载《江汉论坛》2015年第1期。

体时间逻辑所取代,是因为:首先,构成时间的每一时间点不是纯粹抽象的单位,而是生活化的、境域化的、立体化的存在。传统的线性时间可以说是由无数的诸现在构成的,过去是过去的现在,现在是现在的现在,将来是将来的现在,无数的互不干涉的现在聚合在一起就汇成了时间的整体。但斟酌起来,组成时间整体的最基本单元的现在却不是一个纯粹抽象的时间点,真实的生活中体会到的现在其实是指当前的一种生活状态,是指现在正如何。比如:现在,此时门撞得直响;现在,此刻我在散步;现在,这会儿我在读一本书;等等。海德格尔就揭示道:"只要说到'现在',我们就总也已经领会着'现在之时如何如何',虽然这一点不必一道说出来。这是为什么呢?因为'现在'阐释着存在者的某种当前化。"① 也就是说,一种当下的最切近的生活状态的展开(即当前化)就是现在。现在的这种生活性使它呈现为弹性的、伸缩性的时间建制。一方面现在是无限可分的。诚如奥古斯丁所言,如果说现在是一年,我们马上又可把一年分为十二个月,那么现在只能是其中一个月,同样月又分成天,天又分成小时,以至"设想一个小得不能再分割的时间,仅仅这一点能称为现在,但也迅速地从将来飞向过去,没有瞬息伸展。一有伸展,便分出了过去和将来:现在是没有丝毫长度的"②。另一方面现在又呈现为一种包容性。随着生活及实践范围的扩大,当我们强调"现在"或"当下"的工作或任务时,这个"现在"或"当下"因工作或任务的性质就可能不止是短短的一瞬,也可能是1小时、1天、1年,甚至几十年。这种扩张或延伸的现在,使我们平常所谓的过去和未来,在一个更大的视域中也就被包容在同一个现在中了。无论现在的无限可分性还是包容性都证明了由之

---

① [德]海德格尔:《存在与时间》,陈嘉映等译,生活·读书·新知三联书店1987年版,第479页。
② [古罗马]奥古斯丁:《忏悔录》,周士良译,商务印书馆1963年版,第244页。

实践时空观 >>>

构成的时间不是不可分的抽象的时间点，而是当前的一种生活或存在的境域。正是这一境域性的存在，为我们接下来进一步分析过去、现在、未来的同步性，颠覆传统的线性时间逻辑，提供了思想支点。

其次，过去、现在、未来是同步一体的。如果时间是抽象的、纯粹的时间点，而不是体验性的、境域性的存在，那么不但过去和未来不会存在，就连现在也无法存在。这是因为过去既然已逝去，它就不会存在，未来还没有到来，也不会存在，就即便是现在自身，作为抽象的时间点，我们也无法判断其是否存在，因为我们无法体验到它，它仅是一种数学极限的存在。萨特就指出，不能把时间视为时间点的外在连接，否则就会取消时间，因为"过去不再存在，未来尚不存在，至于瞬间的现在，众所周知，它根本不存在，它是一个无限分割的极限，如同没有体积的点一样。这样，整个系列便都消失了，并且是加倍地消失了"。① 因此，真实的时间不是无数时间点的外在接续，而是境域性的过去、现在、将来相互关联的存在。最初对这种关联性的认识，一般是从现在出发去统摄过去和将来，如奥古斯丁便认为过去是指过去的现在，对应于记忆；现在是指现在的现在，对应于直接感觉；将来是指将来的现在，对应于期望。这样过去和将来都源于现在，源于我们当下的体验方式。胡塞尔也是把过去和将来视为当下的"滞留"和当下的"期待"，现在（即当下）同样成了过去和将来的支点。但正如我们指出的现在是境域性的弹性的，并非是一个牢固的确定的界域，过去和将来要依赖现在，但何谓现在，现在的界限如何划定，同样依赖过去和将来，因此现在也不是轴心，三者是同步一体的。海德格尔就认为三者一样重要，不仅过去与将来依赖现在，现在也同样依赖于过去和将来，

---

① ［法］萨特：《存在与虚无》，陈宣良等译，生活·读书·新知三联书店 2007 年版，第 146 页。

当我们强调其中任何一个时态时，也就必然地携带其他两个时态。因此现在既是现在，同时又是过去的将来，是过去的状况与将来的趋向决定了我们当下有一个什么样的现在。同样，将来不过是现在的过去，而过去则是现在的将来，三者的一体化构成时间，即如海德格尔所说的："我们把如此这般作为曾在着的有所当前化的将来而统一起来的现象称作时间性。"① 海德格尔还特别强调三者的一体化表明它们在时间上是同步的，他说："将来并不晚于曾在状态，而曾在状态并不早于当前。时间性作为曾在的当前化的将来到时。"② 海德格尔之所以强调它们的同步性在于，时间的任何一维都不是独立的，必须与整体同在，否则就会犯过去已逝、将来不来从而取消时间的错误，就此，萨特与海德格尔的看法相同："研究时间性的唯一可能的方法就是把时间性当作一个整体去加以剖析。这个整体制约着它的次级结构并赋予它们以意义，这是我们永远不应忘记的。"③

最后，每一时间点都蕴含着全部的时间。这又分为两种情况：一种情况是时间的背景性蕴涵，是指时间的每一维都携带着其他二维作为背景，因此每一时间不是孤立的，它都携带着属于它的背景时间，同样的背景时间又有自身的背景时间，这种情况亦可无限递推下去，因此每一真实的时间都是在时间整体中现身，它蕴含着全部的时间。怀特海在其包容体学说中便指出："没有延续的瞬间是一个想象的逻辑结构。每一段时间的延续本身都反映着一切时间的延续。"④ 注意，我们在这里需要强调的是只有真实的体验的时间才蕴

---

① ［德］海德格尔：《存在与时间》，陈嘉映等译，生活·读书·新知三联书店1987年版，第387页。
② ［德］海德格尔：《存在与时间》，陈嘉映等译，生活·读书·新知三联书店1987年版，第414页。
③ ［法］萨特：《存在与虚无》，陈宣良等译，生活·读书·新知三联书店2007年版，第146页。
④ ［英］怀特海：《科学与近代世界》，何钦译，商务印书馆1959年版，第63页。

实践时空观 >>>

含着其他全部的时间点，而抽象的时间不可能有这种蕴含性。例如，一段真实的时间体验包括现在的天色早晚，我的身体状态是静坐冥想或是从事体育运动，我正在忙的一件事情等，而这些都是有一个具体的关联整体的，单就天色早晚的情况如何，可递推出作为它的背景之前或之后的天色情况，这样无限递推下去，现在的天色早晚在理论上就蕴含了一个无限的时间整体。而抽象的无体验的一段时间是不包括时间的内容，即在这一段时间如何如何的，因此它作为一种数学意义上的抽象存在，只是一段仅供计算的时间，这种时间不过就像链条上的一环，脱掉这一环并不影响整体，它并不蕴含全体的性质。

另一种情况是时间的自身蕴含性，即每一时间自身就是全部时间的存在证据，自身就包含全部的时间，不过这要以空间为中介。具体地说，每一真实生活的时间都有一种空间证据，证明着在它之前或之后的全部时间的存在，这种空间证据，作为过去显现为某种痕迹或残留，作为未来表现为某种征兆和趋向。我们以对一棵树的时间体验为例，我们眼前的这棵树，不仅证明它存在于此时此刻，树的年轮又证明了它的出生时间，树的生长情况也可以推算它的存在状态，树的种类又可以判断它自然死亡的时间……也就是说，这棵树此刻的存在同时证明了它在过去和未来的存在，它此刻存在的时间自身就证明和蕴含着全部存在的时间。就时间的这一自身蕴含性而言，梅洛-庞蒂便提出："每一刻时间都是所有其它时刻的证据，每一刻时间在到来的时候都显示出'它应该如何运转'，'它将如何结束'，每一个现在最终都以导致承认所有其它时间点的一个时间点为依据"[①]。

需指出的是，时间蕴涵的这两种情况本身就蕴含着生活的意义。

---

① ［法］梅洛-庞蒂：《知觉现象学》，姜志辉译，商务印书馆2001年版，第101页。

这不仅在于只有真实的、具有生活内容的时间才会有一种背景、一种证据（抽象的数学意义的时间既无背景又无证据），导致时间的背景性蕴涵和自身蕴涵的发生，而且更在于背景的存在和时间的证据，都要依赖于我们生活的广度和深度。野地里的一块石头，生化学家可以看出这是多少岁月留下的刻痕，而"我"却做不到；旅程中的一段天色，气象学家能大致判断前后几天的天色情况，"我"却没有这样的背景知识。因此背景和证据的背后乃是实践和生活。由于实践和生活才使背景成其为真正的背景，证据成其为真正的证据，才会导致时间蕴涵从理论上的无限可能成为现实的实际发生。

二

我们证实了具有生活内容的真实的时间，从来都不是线性、隔离的，而是立体、互渗的，这一立体时间逻辑的建立具有极为广泛的方法论意义，它将使我们在本体论、认识论、辩证法和历史观上实现对传统哲学理论思维上的视界转换。

在本体论上，立体时间逻辑的建立将使传统的物质本体论更趋式微，而把世界看成是由人的实践活动、存在方式生成建构的生存论或实践哲学则凸显其理论优势。如果基于旧的时间逻辑，传统的物质本体论其实是无法逾越的，因为对于人类现实的生活世界来说，人工物甚至包括进入实践领域的自然物都会受到生活实践的决定或制约。我们固然可以在本体论上说与生存论、实践哲学直接相关，但是对于人类历史出现之前的自然界，难道也是实践的，也能由生存论的方式来加以阐释吗？可见旧的时间逻辑是无法绕开物质本体论，也无法使实践哲学、生存论贯彻到底的，而立体时间逻辑方始解决这个问题。立体时间逻辑没有把过去看成是独立自存，与现在和将来无关的，相反它是由现在和将来规定的，正是依赖现在的技术状况、科技水平以及对未来发展的价值取向和谋划布局，我们才会通过现有的地质、水文、气候、植物种群、生物化石的证据去复原人类历史之前的自然全貌，阐释宇宙演化的历史。毫无疑问，人类历史之前的自然是由当前的实践状况及发展趋向决定的，史前的自然之光完全来自人类的实践生活之光。我们完全可以设想，原始人离史前自然更近，但是他们为何对史前自然的认识没有现代人清楚？原因就在于现代人实践的"普照光"更强、更盛，因而照亮过去、未来的途程也就更清晰、更宽广。其实马克思正是这样来理解自然（包括史前自然）的，他认为与社会生活实践无关的自然是非现实、无意义的，是一种空洞抽象的自然，他强调："在人类社会的形成过程中生成的自然界，是人的现实的自然界"①。他还说："世界史不是过去一直存在的；作为世界史的历史是结果。"② 既然唯有立体时间逻辑才能使实践哲学和生存论彻底化，这对当前马克思主义哲学本体论的建设也许不无启迪。因为过去我们虽注意到实践在马克思主义哲学中具有世界观的首要意义，因而在传统的辩证唯物主义的提法之后，提出了马克思主义哲学是实践的唯物主义，后来有学者认为历史是一个包容实践且比实践更丰富的范畴，在世界观意义上（非历史观意义上）又提出了马克思主义哲学是历史唯物主义。但无论是实践唯物主义还是历史唯物主义的提法，都不能避免世界观上的二元论，即实践（或历史）与唯物主义到底谁更根本？如果是唯物主义，回归物质本体论，实践作为马克思新世界观的特质将隐没不彰；如果是实践（或历史），那么不合理之处在于：史前自然是否是由实践（或历史）生成建构的呢？好在通过立体时间逻辑的建立，终于可以摆脱掉这个理论的两难困境，使马克思主义哲

---

① 马克思：《1844年经济学哲学手稿》，人民出版社2000年版，第89页。
② 《马克思恩格斯全集》第46卷上，人民出版社1979年版，第48页。

学的本体论建设有可能朝更符合马克思哲学基本精神即实践（或历史）一元论方向发展。

在认识论上，立体时间逻辑的建立能矫正人类认识进程的流俗成见。一个流俗成见是认为认识的进程是先因后果，结果总是最后才出现的，原因与结果是泾渭分明的。但正如立体时间逻辑所揭示的，时间与时间之间总是相互渗透、相互蕴含的，因此认识过程既有先因后果，同时也存在倒果为因。倒果为因的出现，一方面固然在于人的认识与动物本能活动不同，即人一开始认识，认识的结果便采取观念的形态，以蓝图、规划和目标的形式出现在主体的主观世界中；另一方面更在于认识的开端就隐含着某种对全体（或结果）的先行理解和先行把握。如果没有这种对全体的统观，我们为什么要去认识它？为什么我们对此一问题发问而非对彼一问题发问呢？可见，开端即已隐匿结果，发问即已规定回答，甚至即是在作答，如果认为认识过程仅是简单的先因后果，而同时不辅之以倒果为因，则有失偏颇。另一个流俗成见是认为认识过程是由一系列的环节、步骤的简单相加累积而成，前面的环节、步骤在时间上是独立的，而认识的结果只是最后完成的一步。但立体时间逻辑的三时态存在的一体性却告诉我们，前面的环节、步骤并非是独立的，它们与结果应同时成立，如果没有结果的最后实现，前面的环节、步骤也就失去了意义。我们会问它们是谁的环节、谁的步骤？因为没有了整体，也就无所谓部分。关于这一点，我们举一个识别英文单词的例子来辨明：当我们在黑板上写上 tal 这三个字母，没有谁知道这会意味着什么，因为 tal 这三个字母除是字母外没有任何其他含义，但当我加上 k 或 e，变成 talk 或 tale，那么我们便恍然大悟，它们是单词 talk 或 tale 的前三个字母，是拼写这两个单词的有机部分。但如果我们在 tal 后面加上的是 o 或 y，变成 talo 或 taly，由于不存在这样的单词，tal 仍然没有超出字母之外的任何含义，当然更不会被解读为某

实践时空观 >>>

个单词的部分。这个颇具现象学意味的例子生动地阐释了部分、环节是因结果的成立才被同时赋义的，它们不具有脱离结果的任何先在独立性。还有一个流俗成见是认为认识的过程是由浅入深、由低到高的，较高级阶段的认识受较低级阶段的认识的影响，而后者则不受前者的影响，因为较低级阶段的认识已发生过了。显然从线性时间逻辑上来说这没有错。但是按立体时间逻辑上的三时态互相规定，即过去受现在和将来规定，现在受过去和将来规定，将来则受现在和过去规定，可见发生在前的过去和现在都是受将来的影响的，因而先前阶段的认识也必然受发生在其后的较高级阶段的认识的制约。事情往往就是这样，了解了事物更高级的发展阶段，对其先前阶段的认识和理解会变得更为深刻和彻底。这正如马克思所精辟指出的："人体解剖对于猴体解剖是一把钥匙。反过来说，低等动物身上表露的高等动物的征兆，只有在高等动物本身已被认识之后才能理解。"① 在这里我们仅仅简要地剖析了立体时间逻辑的建立对认识过程的流俗成见的三个超越，其实它在认识论上更多的方法论意义还有待我们去深入发掘。

在辩证法上，立体时间逻辑的建立使辩证法的否定性更彻底。辩证法的本质乃在于其批判的、革命的否定性。正如马克思所指出的："辩证法在对现存事物的肯定的理解中同时包含对现存事物的否定的理解，即对现存事物的必然灭亡的理解；辩证法对每一种既成的形式都是从不断的运动中，因而也是从它的暂时性方面去理解；辩证法不崇拜任何东西，按其本质来说，它是批判的和革命的。"② 但是对于辩证法的否定性的理解，我们长期受黑格尔的影响。按照黑格尔的说法，真理是一全体，而部分作为过渡的环节仅具有否定

---

① 《马克思恩格斯选集》第 2 卷，人民出版社 2012 年版，第 705 页。
② 《马克思恩格斯选集》第 2 卷，人民出版社 2012 年版，第 94 页。

性的含义，在没有获得全体真理以前，辩证法需要不断否定自身去接近真理，因而每一次肯定是新的否定的基础，只有在获得全体真理之后，那具有否定本质的辩证法才会消失。不难看出，以黑格尔为代表的传统辩证法不断否定的过程遵循的是线性时间逻辑，即认为之所以否定先前的东西，乃在于在时间流程中晚出的事物才更接近全体真理，才是最完善、最丰富的，这其实又寓意着传统辩证法的否定性依赖现在对过去，将来对现在在时间上的优越性。但是随着新时间逻辑的建立，我们知道过去、现在、将来的关系是同步平等的，因而在时间中晚出的事物并不距离全体性更近，例如生物的多样性和人的健康状况便不是时间越晚便越有优势，因而黑格尔辩证法那种随时间的发展，肯定性逐渐增多，而否定性逐渐减少，以致最终取消否定性的辩证法凸显了其保守和虚妄的一面，这是一种缺乏彻底的否定精神的辩证法，以至于马克思在《1844 年经济学哲学手稿》中批判其为"虚有其表的批判主义"①。同时，以黑格尔为代表的传统辩证法否定性的不彻底还体现在，这个不断否定的过程需要依靠时间的推动，因而这种否定还是有条件的，还不是真正的自我否定。而立体时间逻辑则揭示了全部的时间都互相蕴含着，这表明在我们对事物自身本性的认识上，事物不是在一个时间点上被"看"到、被规定，它只有一种形象，相反它是过去、现在和将来的时间的一种交织，是无数形象的汇聚。这一刻我不仅"看"到了当下，也通过现实的存在证据（如遗址、文物、化学物质等）"看"到了千百万年前或千百万年后的形象，也就是说我在同一时间"看"到了无数时间，在同一形象中"看"到了无数形象，这其实又意味着同一时间就是无数的时间，同一形象就是无数的形象，因此立体时间逻辑恰恰证明了否定不是靠时间的发展来推动的，而是事物自

---

① 马克思：《1844 年经济学哲学手稿》，人民出版社 2000 年版，第 109 页。

身就是一个无限的"界域的结构",它总是自身出离、自我超越的,因此它的否定性是彻底的、无条件的,它呈现为"自否定"的无底深渊。①

在历史观上,立体时间逻辑的建立奠定了历史科学的时态基础。历史在时态问题上究竟是仅仅关于过去,抑或是包括现在,还是过去、现在、未来都包括,这一直是历史观上一个颇为棘手的问题。我们认为只有以立体时间逻辑的三时态同步一体的方式来理解历史才会有真正历史科学的产生。否则要么犯批判的历史哲学在历史观上的错误,有历史无科学;要么犯思辨的历史哲学在历史观上的错误,有科学无历史。之所以这么讲,源于批判的历史哲学,在历史时态上注意到了历史不仅仅是研究过去的人和事,而且也是与现在相关的,与人们现实生活的兴趣、价值、选择打成一片,像克罗齐的"一切历史都是当代史"的命题,柯林武德的"历史是思想的重演"的主张,均注重从现实生活去激活过去,重建和再现历史,就这一意义而言,他们的时间逻辑是立体的,而非线性的。反过来也正是因为批判的历史哲学从立体时间逻辑来理解历史,历史才一改从过去到现在的流水账式的平铺直叙。而只有从现在来激活过去,历史才能在著史者当下的心灵中回荡,著史者才会与这些历史人物、历史事件同悲喜、共命运,对他们有同情的理解,由此历史学注重具体性、个别性的学科品质才能得到根本保证。但是批判的历史哲学认为历史与将来无关,则使这一立体时间逻辑在结构上是不完整的。正因为在结构上不完整,缺了将来这一维,历史也就没有了必然性,因此历史仅仅是历史,而不能成为科学,不能成为科学的历史,使历史本应具有的鉴往知来的这一最基本的功能也失去了,这不能不说是一个致命的缺憾。至于思辨的历史哲学虽然认为历史考

---

① 杨沐:《辩证法的现代生成理路》,《求索》2007年第4期。

察的是人类的全部社会生活进程，因此历史不仅包括过去和现在，也包括将来，由于纳入了将来，历史变得有规律可循，历史也就具有了科学性。但是思辨的历史哲学的历史时态符合的是线性时间逻辑，在这里时间的过去、现在、将来这三个维度没有质的区别，历史的具体性、个别性、生动性和丰富性被这种数学的机械的时间抹平了。因此思辨的历史哲学家尽管热衷于给历史套上各种先验的公式，如康德提出人类历史是人的自然禀赋解放的历史，黑格尔认为人类历史是绝对精神实现自由的历史，孔德主张人类历史是循神学、哲学、实证科学三个阶段呈阶梯进步的历史等，但是他们的历史观却不被历史学家所认可，而被认为是非历史的抽象科学观。这样看来，只有把历史的时态奠定在三时态完整且同步一体的立体时间逻辑的基础上，才能实现对批判的历史哲学和思辨的历史哲学的一个新的综合，使历史研究既有科学性，又有历史性，成为真正的名副其实的历史科学。

参考文献

一 经典文献

《马克思恩格斯全集》第 2 卷，人民出版社 1960 年版。
《列宁全集》，人民出版社 1963 年版。
《马克思恩格斯全集》第 19 卷，人民出版社 1963 年版。
《马克思恩格斯选集》第一至四卷，人民出版社 1972 年版。
马克思：《资本论》第一卷，人民出版社 1975 年版。
马克思：《资本论》第一卷，人民出版社 2004 年版。
《马克思恩格斯全集》第 46 卷上，人民出版社 1979 年版。
《马克思恩格斯全集》第 47 卷，人民出版社 1979 年版。
《马克思恩格斯选集》第 3 卷，人民出版社 1995 年版。
马克思：《1844 年经济学哲学手稿》，人民出版社 2000 年版。
《马克思恩格斯全集》第 47 卷，人民出版社 2004 年版。
《马克思恩格斯选集》第 1 卷，人民出版社 2012 年版。
《马克思恩格斯选集》第 2 卷，人民出版社 2012 年版。
《马克思恩格斯选集》第 3 卷，人民出版社 2012 年版。
《马克思恩格斯选集》第 4 卷，人民出版社 2012 年版。
《习近平谈治国理政》第二卷，外文出版社 2017 年版。

二 中文专著

艾福成：《马克思主义哲学著作研究》，吉林大学出版社 2004 年版。

蔡曙山：《语言、逻辑与认知：语言逻辑和语言哲学论集》，清华大学出版社2007年版。

陈荷清、孙世雄：《人类对时间和空间本质的探讨》，河南人民出版社1986年版。

费孝通：《乡土中国　生育制度》，北京大学出版社1998年版。

冯雷：《理解空间：现代空间观念的批判与重构》，中央编译出版社2008年版。

高清海：《高清海哲学文存》第1—6卷，吉林人民出版社1997年版。

高清海：《高清海哲学文存续编》第1—3卷，黑龙江教育出版社2003年版。

贺来：《辩证法的生存论基础——马克思辩证法的当代阐释》，中国人民大学出版社2004年版。

李烈炎：《时空学说史》，湖北人民出版社1988年版。

李泽厚：《批判哲学的批判——康德述评》，天津社会科学院出版社2003年版。

刘福森：《西方文明的危机与发展伦理学》，江西教育出版社2005年版。

刘文英：《中国古代的时空观念》，南开大学出版社2000年版。

苗力田主编：《古希腊哲学》，中国人民大学出版社1989年版。

孙利天：《论辩证法的思维方式》，吉林大学出版社1994年版。

孙正聿：《超越意识》，吉林教育出版社2001年版。

孙正聿：《崇高的位置：世纪之交的哲学理性》，吉林人民出版社1997年版。

孙正聿：《理论思维的前提批判》，辽宁人民出版社1997年版。

孙正聿：《马克思辩证法理论的当代反思》，人民出版社2002年版。

孙正聿：《孙正聿哲学文集》第1—9卷，吉林人民出版社2007年版。

孙正聿：《哲学通论》，辽宁人民出版社 1998 年版。

汪天文：《社会时间研究》，中国社会科学出版社 2004 年版。

王鹏令：《时间论稿》，人民出版社 1985 年版。

王天成：《直觉与逻辑》，长春出版社 2000 年版。

吴国盛：《时间的观念》，中国社会科学出版社 1996 年版。

杨河：《时间概念史研究》，北京大学出版社 1998 年版。

杨魁森：《哲学与社会主义》，人民出版社 1993 年版。

张明仓：《虚拟实践论》，云南人民出版社 2005 年版。

张世英：《哲学导论》，北京大学出版社 2002 年版。

张志伟主编：《西方哲学史》，中国人民大学出版社 2002 年版。

赵家祥等：《历史哲学》，中共中央党校出版社 2003 年版。

周大荣：《时间运筹学与现代生活》，科学普及出版社 1989 年版。

邹化政：《〈人类理解论〉研究：人类理智再探》，人民出版社 1987 年版。

三　中文译著

[比利时] 皮雷纳：《中世纪的城市》，陈国梁译，商务印书馆 2006 年版。

[德] 费尔巴哈：《费尔巴哈哲学著作选集》上卷，生活·读书·新知三联书店 1959 年版。

[德] 波塞尔：《科学：什么是科学》，李文潮译，生活·读书·新知上海三联书店 2002 年版。

[德] 海德格尔：《存在与时间》，陈嘉映等译，生活·读书·新知三联书店 1987 年版。

[德] 海德格尔：《海德格尔选集》上下卷，孙周兴译，生活·读书·新知上海三联书店 1996 年版。

[德] 海德格尔：《面向思的事情》，陈小文等译，商务印书馆 1999

年版。

［德］黑格尔：《精神现象学》上下卷，贺麟等译，商务印书馆 1979 年版。

［德］黑格尔：《历史哲学》，王造时译，上海世纪出版集团 2001 年版。

［德］黑格尔：《小逻辑》，贺麟译，商务印书馆 1980 年版。

［德］黑格尔：《哲学史讲演录》第一至四卷，贺麟等译，商务印书馆 1959 年版。

［德］胡塞尔：《欧洲科学的危机与超越论的现象学》，王炳文译，商务印书馆 2001 年版。

［德］胡塞尔：《生活世界现象学》，倪梁康等译，上海译文出版社 2005 年版。

［德］加达默尔：《真理与方法》上下卷，洪汉鼎译，上海译文出版社 1999 年版。

［德］卡西尔：《人论》，甘阳译，上海世纪出版集团 2003 年版。

［德］康德：《纯粹理性批判》，邓晓芒译，人民出版社 2004 年版。

［德］康德：《历史理性批判文集》，何兆武译，商务印书馆 1990 年版。

［德］康德：《实践理性批判》，邓晓芒译，人民出版社 2003 年版。

［德］康德：《未来形而上学导论》，庞景仁译，商务印书馆 1978 年版。

［德］赖欣巴哈：《科学哲学的兴起》，伯尼译，商务印书馆 1983 年版。

［法］阿尔都塞：《保卫马克思》，顾良译，商务印书馆 2006 年版。

［法］柏格森：《创造进化论》，肖聿译，华夏出版社 1999 年版。

［法］柏格森：《时间与自由意志》，吴士栋译，商务印书馆 1958 年版。

实践时空观 >>>

[法]福柯:《规训与惩罚》,刘北成等译,生活·读书·新知三联书店 2007 年版。

[法]梅洛-庞蒂:《知觉现象学》,姜志辉译,商务印书馆 2001 年版。

[法]萨特:《存在与虚无》,陈宣良等译,生活·读书·新知三联书店 2007 年版。

[古罗马]奥古斯丁:《忏悔录》,周士良译,商务印书馆 1963 年版。

[古希腊]亚里士多德:《物理学》,张竹明译,商务印书馆 1982 年版。

[古希腊]亚里士多德:《形而上学》,吴寿彭译,商务印书馆 1959 年版。

[美]爱德文·阿瑟·伯特:《近代物理科学的形而上学基础》,徐向东译,北京大学出版社 2003 年版。

[美]爱因斯坦:《狭义与广义相对论浅说》,杨润殷译,北京大学出版社 2006 年版。

[美]法伊尔阿本德:《反对方法》,周昌忠译,上海译文出版社 2007 年版。

[美]弗·卡约里:《物理学史》,戴念祖译,广西师范大学出版社 2002 年版。

[德]胡塞尔:《欧洲科学危机和超验现象学》,张庆熊译,上海译文出版社 1988 年版。

[美]克拉克·布列斯:《时间的秘密》,范昱峰译,上海人民出版社 2004 年版。

[美]米切尔:《伊托邦:数字时代的城市生活》,吴启迪等译,上海世纪出版集团 2005 年版。

[美]尼葛洛庞帝:《数字化生存》,胡泳等译,海南出版社 1997 年版。

［美］苏贾：《后现代地理学：重申批判社会理论中的空间》，王文斌译，商务印书馆 2004 年版。

［美］托夫勒：《第三次浪潮》，黄明坚译，中信出版社 2006 年版。

［美］阿尔温·托夫勒、海蒂·托夫勒：《创造一个新的文明：第三次浪潮的政治》，陈峰译，生活·读书·新知上海三联书店 1996 年版。

［瑞士］皮亚杰：《儿童心理学》，吴福元译，商务印书馆 1980 年版。

［瑞士］皮亚杰：《发生认识论原理》，王宪钿等译，商务印书馆 1981 年版。

［匈］卢卡奇：《历史和阶级意识》，张西平译，重庆出版社 1989 年版。

［意］克罗齐：《历史学的理论和实际》，傅任敢译，商务印书馆 1982 年版。

［意］维柯：《新科学》上册，朱光潜译，商务印书馆 1989 年版。

［英］B·K·里德雷：《时间、空间和万物》，李泳译，湖南科学技术出版社 2002 年版。

［英］牛顿：《牛顿自然哲学著作选》，王福山等译校，上海世纪出版集团 2001 年版。

［英］鲍曼：《全球化：人类的后果》，郭国良等译，商务印书馆 2001 年版。

［英］贝尔纳：《历史上的科学》，伍况甫等译，科学出版社 1959 年版。

［英］波普尔：《历史决定论的贫困》，杜汝楫等译，上海人民出版社 2015 年版。

［英］伯克：《崇高与美》，李善庆译，生活·读书·新知上海三联书店 1990 年版。

［英］豪厄、韦恩：《预测未来》，黄秀铭等译，华夏出版社2006年版。

［英］怀特海：《科学与近代世界》，何钦译，商务印书馆1959年版。

［英］霍金：《时间简史》，许明贤等译，湖南科学技术出版社2002年版。

［英］霍金等：《时空的未来》，李泳译，湖南科学技术出版社2005年版。

［英］霍洛克斯：《麦克卢汉与虚拟实在》，刘千立译，北京大学出版社2005年版。

［英］卡尔：《历史是什么？》，陈恒译，商务印书馆2007年版。

［英］柯林武德：《历史的观念》，何兆武等译，商务印书馆1997年版。

［英］拉卡托斯：《科学研究纲领方法论》，兰征译，上海译文出版社1999年版。

［英］罗素：《西方哲学史》下卷，马元德译，商务印书馆1976年版。

［英］尼尔·巴雷特：《数字化犯罪》，郝海洋译，辽宁教育出版社1998年版。

［英］彭茨、雷迪克、豪厄尔编：《空间》，马光亭等译，华夏出版社2006年版。

［英］威特罗：《时间的本质》，文荆江等译，科学出版社1982年版。

［英］维克托·迈尔-舍恩伯格、肯尼思·库克耶：《大数据时代》，盛杨燕等译，浙江人民出版社2013年版。

［英］沃尔什：《历史哲学导论》，何兆武等译，广西师范大学出版社2001年版。

四 期刊

蔡曙山:《论数字化》,《中国社会科学》2001 年第 4 期。

蔡曙山:《论虚拟化》,《浙江社会科学》2006 年第 4 期。

冯雷:《当代空间批判理论的四个主题——对后现代空间论的批判重构》,《中国社会科学》2008 年第 3 期。

刘奔:《时间是人类发展的空间:社会时—空特性初探》,《哲学研究》1991 年第 10 期。

欧军:《古代蒙古族的时间观念》,《黑龙江民族丛刊》1995 年第 2 期。

齐鹏:《论网络时代的感性》,《中国人民大学学报》2002 年第 2 期。

孙利天:《信仰的对话:辩证法的当代任务和形态》,《社会科学战线》2003 年第 6 期。

孙正聿:《辩证法:黑格尔、马克思与后形而上学》,《中国社会科学》2008 年第 3 期。

孙正聿:《从两极到中介——现代哲学的革命》,《哲学研究》1988 年第 8 期。

王天成:《从外在形而上学到内在形而上学》,《吉林大学社会科学学报》1999 年第 3 期。

吴国璋:《西方社会学对社会时间的研究》,《学术界》1996 年第 1 期。

杨沐:《立体时间逻辑的建立与哲学的视界转换》,《江汉论坛》2015 年第 1 期。

杨沐:《论现象学时空的实践本性》,《学术论坛》2015 年第 6 期。

杨沐:《论信息文明时空观的特征》,《探索》2009 年第 2 期。

杨沐:《时空的新内涵界定》,《福建论坛》(人文社会科学版)2008 年第 11 期。

杨沐、潘宇鹏：《论客观时空的实践构成》，《学术论坛》2008年第9期。

杨沐、王代生：《时空的人性本质——基于人文视野下的时空考察》，《科学技术哲学研究》2017年第6期。

杨沐、王立红：《时空的实践本性与人类的新科学观》，《学术论坛》2010年第12期。

叶秀山：《论时间引入形而上学之意义》，《哲学研究》1998年第1期。

尤根·米特斯特拉斯：《新生物学对伦理学的影响》，《求是学刊》2008年第3期。

俞吾金：《马克思时空观新论》，《哲学研究》1996年第3期。

臧佩洪：《历史的提问方式如何可能——论马克思主义哲学的方法论性质》，《哲学研究》1997年第3期。

张今杰、谢常青：《世纪大争论：爱因斯坦、玻尔之争与量子力学的发展》，《求索》2007年第4期。

张奎良：《马克思时空观新论》，《江海学刊》2004年第2期。

张世英、陈志良：《超越现实性哲学的对话》，《中国人民大学学报》2001年第3期。

周天禄：《现代时间生物学及其研究现状》，《云南师范大学学报》1994年第1期。

朱德生：《关于思维与存在同一性问题的思考》，《哲学研究》1997年第3期。

后 记

　　这本由博士学位论文起底的书动笔发端于西南的贵阳，初成答辩于东北的长春，增补完善于南海之滨的汕头，其间历时约15年，所幸在业界素有口碑的资深编辑刘艳女士的襄助下，这本书终于正式出版与大家见面了。对笔者而言，人生的一个阶段性任务也因此达成，所以一方面有如释重负之感，但另一方面作为自己学术人生的第一本书，其间经历的痛苦与快乐、迷惘与希望、沉郁与爆发、苦心孤诣与柳暗花明，此生估计永远都无法忘却了，更重要的是这本书也规定了自己今后的志业和哲学致思的方向。

　　那么，我为什么去写关于时空的这样一本书？一是这是一个亘古常新的问题，与整个人类历史相终始，它满足了我对哲学问题的始源性追问和形上诉求；二是这是一个关涉科学前沿的问题，使我与相对论、量子力学、虚拟时空、元宇宙、人工智能等新事物携手同行；三是这是一个关切人生的问题，能否超越时空的有限和无限？能否在短暂的人生中拥有绝对的自由和幸福？这些关乎时空的发问，在每一个时代都魅力无穷；四是这是一个关系我的文化传承的问题，因为我本科和博士就读的吉林大学，是中国马克思主义哲学改革的策源地，是实践哲学的大本营，而时空是实践的，最终奠定了实践哲学的本体论基石。正是这四个方面的问题，使我决意去写这样一本书，这些问题的解决或局部解决，为我打开了新的思想视野,也坚定了我用今后的人生去寻找属于自己的真实的精神家园。

那么,作为读者的你又会怎样读这本书?有三种读法:一个是资料性的读,即获得时空知识,收集相关资料的阅读。做学问的前提是需要收集充足的资料,至今犹记得为了找到原始民族的时空资料,我曾从长春专程跑到北京,找遍了各大书店,最终在北大附近的风入松书店淘到了刘文英先生的《中国古代的时空观念》一书时,那种如获至宝、欣喜、激动、兴奋之情。总的来说,本书在如下三方面为这种读法的读者提供了相应的知识和素材:其一,系统归纳梳理了历史上存在的时空观念,发掘了现象学、存在主义、发生认识论等现代哲学中所蕴含的最精粹的时空思想,并作了深入浅出的阐释。其二,参考和借鉴了托夫勒、鲍曼、尼葛洛庞帝、米切尔、刘文英、陈荷清、杨河、吴国盛等中外学者的时空研究成果,尽管这些研究成果在这里是作为整个体系的有机成分而存在的,但仍葆有其作为知识和材料可供大家进一步发掘的意义和价值。其三,实践时空观的建构带来的新知识、新观念。如时空的新定义,时空的实践本性揭示,建构新的自然科学观、新的历史科学观等。所以,读者即便是抱着收集资料、功利计较的目的而与本书结缘,著者也坚信一定会不虚此行、收获满满。

另一个是带着问题读,你可以以跟作者对话的方式去阅读。例如,如果时空是实践的,为何在日常经验中人们更认可客观时空?人类历史以前的时空也是实践的吗?我们能用实践这个貌似不确定的变化的东西去建立实践科学观吗?我们能建构既强调历史学的个性,又具有科学的共性的新历史科学观吗?记得我答辩时,最具古典哲人风范的王天成老师提了一个幽默而又充满哲学机锋的问题:如果时空是实践的,那猫眼看到的世界也是实践的,不是客观的吗?

当时引发了全场欢快的爆笑声。其实对这些问题的回答,本书有提供现成答案,也有需要你自己去发现和领会的。例如对于天成老师的问题,我们可以这样回答:猫和其他动物的眼睛看到的时空世界,我们人类其实是不知道的。我们唯一能做的是通过实践生活,去发现和理解猫和其他动物的眼睛与我们人类的眼睛的相同或不同之处,即我们是用生活实践之眼去揭示动物、生物之眼的。所以我们为什么会知道蝙蝠用超声波看、蛇用红外线成像,原因便是它们有不同于我们人类的夜间观察和捕猎的能力,由此形成经验的初步推理并最终为科学实验所印证。通过对这个问题的回答,我们还获得了超越康德的关于人类只能认识现象界的额外礼物。举这个例子无非是想说明,你如果真的带着问题去读,书中隐秘的珍宝(如果有的话)将会为你打开,活化为你的思想资源。

最后是获得新的哲学视界的读。本书在导论中阐明了后主客式、生存论与实践哲学的三位一体性,跟着本书的章节读,便自然循着主客二分进入后主客式的现代哲学的思维新境。其实现象学、存在主义、发生认识论等现代哲学的思维方法,说穿了便是用人生的亲证来建构客观对象、客观之物的。这种亲证,可以是生活实践,也可以是直觉体验。本书揭示了时空的本质是实践性,揭示了时空作为客观之物被生活实践建构的全过程。既然我们一向认为最客观的时空都是被实践建构的,那么万物、宇宙是否同样如此呢?所以本书拉开的是一个更为宏大的新的存在论、宇宙生成论或创世论的序幕。今天元宇宙、Sora 的出现,正在开启科技创造世界乃至整个宇宙的大门。尤其是作为世界模拟器的 Sora 的横空出世,让我们窥见了造物主的真容:Sora 可以在短时间内把一个包括房舍、街道、桥梁、交通工具、自然万物甚至生命的影像大世界轻易地生成出来。按现在的技术实现能力,假如再给影像赋予 3D 的逼真效果,给其间的生灵赋予一定的数字意识,这不就是一个活生生的新世界、新宇宙、新现实吗？倘如此，Sora 就不仅是世界的模拟器，更是世界的生成器，是造物主本身了。所以时空哲学的发展，已走到了一个让我们不得不去破释宇宙之谜的关键节点，而宇宙之谜的破释，将彻底颠覆我们对知识、规律、真理、万物、生命以及人本身的传统性解读。

  本书前三章为博士学位论文内容，在申请获国家社会科学基金项目资助后，前言被扩充为导论，并增加了第四章的新内容，所以本书也是国家社科基金的最终结项成果。本书章节的部分内容，已撰有7篇论文发表在C刊上。其中第二章发表了2篇，第三章发表了4篇，第四章发表了1篇。本书的附录是发表在《江汉论坛》上的《立体时间逻辑的建立与哲学的视界转换》一文。之所以选列这篇，是因为本书原拟写实践时空观引发的哲学观念变革作为第五章，但在把历史观纳入第四章以后，即科学观念变革既包括自然科学的观念变革，又包括历史科学的观念变革，全书的结构其实已相对完整，所以就舍弃了更多涉及形上建构的第五章。而把这篇文章收为附录，可从一个侧面了解实践时空观是如何在本体论、认识论和方法论上实现了哲学的观念变革的，是对正文的一个补充。这里对为我顺利结题提供巨大帮助的黄玉梅老师表示真诚的感谢；对发表这些论文的编辑老师——胡彩芬、陈金清、洪强强、金华宝、殷杰致以诚挚的感谢，是他们万人丛中一握手，为我的学术人生增添了暖意。

  写到这里，眼前不由浮现两位友人亲切的面容：一个是吴友军，一个是王代生。想起他们，便忆起了我往事青春的苦乐年华。正是他们的鼓励和支持，我才得以顺利考入名满天下的孙正聿先生的门下求学。孙正聿先生可以说是当今中国思想界最具王者风范的哲学家之一，他的"前提批判"和"哲学通论"，是对整个传统哲学根基的清理，使不断被科学驱逐的流浪的哲学找到了属于自己的真正家园。孙老师作为 77 级吉林省高考文科状元，不仅具有冠世的才华、光明的人格，而且虚怀若谷、开放包容，在他的学园中，会聚了当今中国哲学界最优秀、最活跃、最有才华的一批学者。正是在孙老师的直接指导和同门的砥砺启发下，我关于时空的思考最终得以成形。所以我真诚地感谢我的导师孙正聿教授，感谢我前进道路上的每一位良师益友，他们是贺来、李大强、李聪、田忠锋、王立红、曲红梅、张守夫、王庆丰、杨晓、莫雷、杨淑静、潘宇鹏……他们中有的人已成为新的思想巨子，正在吸引着整个民族的目光，没有他们在人生关键时刻的无私助力，就没有这本著作的诞生。

在本书成稿之际，我来到了千年学府岳麓书院。踏入书院大门，那棵千年古树掉下的果子恰好落到了我的头上，那个刹那突然感到一种心灵的莫名悸动，看着眼前的学府，我心中渐渐印现出人生求学路上一个个老师鲜活的面容，他们是邴正、王天成、孙利天、刘福森、艾福成、杨魁森、刘连朋诸先生，他们不正是今天的朱熹、张栻、王阳明吗？邴正老师足以载入文化史册的开讲、天成老师超越尘世烟云的授业、利天老师直击灵魂天籁梵唱般的论道……此时此刻仿佛全都融入我的文化血脉，我隐隐感受到了一种类似责任和使命的东西的无声催逼。于是，在赫曦台上欣然留下这首小诗：煌煌红日楚天开，朱子感怀筑此台。道南正脉今何在，赫曦台上我又来。是啊！今上赫曦台，千古秋风荡涤胸怀，愿从今莫负时光，能接续这传承千年的文化道脉！

最后，我想把这本书献给我的父亲母亲，是父母无条件的帮助，使我度过人生的至暗岁月；我也想把这本书献给抚育我成长的外祖父母，两位老人的慈爱成为永远滋润我心灵的活泉；我还想把这本书献给给过我人生宝贵机会的程家明、杨再模、刘诗钟、李明富、朱健华诸先生，没有你们当初的选择，我的学术之路不会走到今天……该感恩的人太多太多，而我所能回报的太少太少。哦，我还忘了一个人，感恩作为我生命中最不可少的一部分的我的妻子，她与我共同分享了这本书后期创作全部的艰辛、痛苦和喜悦。也许，她还是这本书正式出版后第一个认真的读者。

杨沐

2024年5月于汕头阳光誉苑